신사와선비

신사와 선비

백승종 지음

사우

비슷하면서도 다른, 신사와 선비의 길

— **1** —

신사와 선비, 역사 속 그들은 지혜의 상징이었다. 서양 속담에, 노인 세 명이 가진 지혜라야 중국 선비 한 사람에 맞먹는다는 말이 있을 정도였다.

조선의 선비 역시 마찬가지였다. 정조 때 영의정을 지낸 번옹(樊翁) 채제공이 전하는 이야기 한 토막을 소개한다. 진주목사 정재원이 임지 진주에서 깊은 병을 얻어 숨을 거두었다. 비보를 들은 세 아들이 달려가 통곡했다. 그들이 진주 아전들이 가지고 있던 장부를 살펴보니 회계가 엉망이었다.

그런데 정재원의 머리맡에 작은 상자 하나가 놓여 있었다. 아들들이 열어 보니 정재원이 평소에 기록한 것으로 보이는 기다란 종이 한 장이 나왔다. 관청의 재무 상태가 일목요연하게 정리되어 있었다. 이 문서를 바탕으로 세 아들은 진주 관아의 회계장부를 완벽하게 정리했다. 채제공은 그 일을 낱낱이 기록한 다음, 이렇게 평했다.

"하나도 남거나 부족한 것이 없었다. 이 선비는 마지막까지 벼슬살이하는 법도가 이처럼 삼가고 정밀하였다."

정재원은 다산 정약용의 아버지였다. 그래서였는지, 『목민심서』에는 한 가지 흥미로운 대목이 발견된다.

"지혜로운 선비는 평소에 서류를 잘 정리해둔다. 임기가 끝난 그다음 날 소리 없이 관아를 떠나는 것은 맑은 선비의 법도다. 모든 장부를 투명하고 바르게 마감하여, 절대 이러쿵저러쿵 잡음이 나지 않게 하는 것이 지혜 있는 선비가 할 일이다."

서양의 신사에 대해서도 같은 말을 할 수 있다. 19세기 미국 시인 랠프 왈도 에머슨이 신사의 특징을 열거했다. 신사는 진실하다. 자신의 행위에 책임을 질 줄 알고, 이를 행동으로 표현하는 사람이다. 그는 언제나 독립적이다. 남의 하수인도 아니고, 평판과 재력 따위에 쉽게 휘둘리지도 않는다.

에머슨의 말이 옳다고 생각한다. 훌륭한 신사와 선비는 책임감이 강하고, 타인의 평판에 휘둘리지도 않는 독립적 인간이었을 것이다. 그들은 일상생활에서 삶의 지혜를 실천하는 고상한 인격체였다고 본다.

— 2 —

신사와 선비는 기득권층의 대명사이기도 했다. 그들 가운데는 재력과 권력을 앞세워 무소불위의 세력을 행사하는 사람들도 적지 않았다. 그래서인지 서양 속담에 제법 쓸 만한 표현이 있다. 가난한 사람은 감히 부자와 다투지 못하는데, 엔간한 부자라도 중국 선비와는 다투지 않는 법이라고 했다. 신사에 관해서도 비슷한 말이 있다. 재물을 훔쳐 부자가 된 사람이 신사 대접을 받는다는 것이다. 선비와 신사는 동서양의 지배층이었으니, 비리와 부정부패도 그들과 무관할 리 없었다.

1572년(선조 5) 2월 8일자 『선조실록』에는 명종 때 조식이 올린 상소문이 인용되어 있다. 일찍이 그는 단성현감에 임명되었으나, 부패한 세상을 개탄하며 사직을 고집했다. 조식은 다음과 같이 울분을 토로했다.

"지위가 낮은 관리들은 시시덕거리며 주색(酒色)을 즐기고, 벼슬이 높은 대관(大官)들은 우물쭈물하며 뇌물을 모아 재물을 불립니다. 어느 누구도 나라의 근본적인 폐단을 바로잡으려 하지 않습니다. 서울의 벼슬아치들은 자신들의 세력을 여기저기 심어서 마치 못 속의 용처럼 세력을 독점합니다. 시골의 벼슬아치들은 백성의 재물을 긁어모으며, 들판의 이리처럼 날뜁니다. (……) 이런 까닭에 저는 낮이면 하늘을 우러러 깊은 생각에 잠긴 채 장탄식할 때가 많았습니다. 그러다가 밤이 되면 하늘을 쳐다보고 다시 한탄하였습니다. 쓰라린 가슴을 억누르며 살아온 지도 이미 오래되었습니다.”

세상을 망가뜨리는 것은 크고 작은 벼슬아치들. 그들도 세상이 선비 또는 신사라 부르는 사람들이었다.

— **3** —

그러나 여기서 우리의 이야기를 서둘러 끝낼 일이 아니다. 신사와 선비의 행실은 세상의 모범이 되기에 족할 때가 많았다. 19세기 프랑스의 작가 알퐁스 알레는 신사의 미덕을 칭송했다. 누가 보든 말든 신사는 예절과 격식을 철저히 지킨다는 뜻으로 그는 이렇게 말했다.

“신사는 혼자 있을 때도 설탕을 손가락으로 집지 않고 집게를 사용한다.”

신사의 언행은 남달라야 한다는 믿음이 지금까지도 유럽 사회에 널리 퍼져 있다. 신사는 자신이 주저앉힌 여성일지라도 그녀가 일어서려고 하면 도와준다고 했던가. 20세기 영국의 유명한 배우 알렉 기네스가 한 말이다. 기네스는 배우로 큰 성공을 거두어, 나중에는 기사 작위까지 받은 사람이다. 20세기 미국의 영어학자 윌리엄 라이언 펠프스 교수 역시 범인과 신사의 차이를 강조했다. 신사란 자신에게 무가치한 사람도 존중한다고 했다.

조선시대의 선비들은 예의범절에 각별한 주의를 기울였다. 18세기의 실학자 성호 이익은 『성호사설』에서 선비의 행실, 곧 ‘유행(儒行)’에 관한 자신의 신념을 다음과 같이 털어놓았다.

"세상은 조화롭지 못하다. 간사한 말로 멋대로 둘러대는 습관에 젖어 있다. 때문에 타고난 기질이 여간 꿋꿋하고 방정하지 않고서는 선비가 자립하기란 어려운 일이다. 자칫하면 바람이 부는 대로 흔들리는 풀과 같이 되어 세상사에 지레 놀라 자빠질 것이다. 모름지기 선비는 마음을 굳게 지켜야 한다. 그래야 세상의 함정에 빠지지 않는다."

신사든 선비든 품위를 지키기란 결코 쉬운 일이 아니었다. 그래서였겠지만, 그들의 삶을 깊이 들여다보면 실로 중층적이었다. 부정적인 측면도 많았다. 신사와 선비의 역기능을 염두에 두면서도, 내가 좀 더 주목한 것은 그들의 사회적 순기능이다. 그런 관점을 견지하면서 신사와 선비의 다양한 모습을 이 책에 담을 것이다.

— **4** —

신사의 길과 선비의 길에는 서로 비슷한 점이 많았으나, 양자를 동일시할 수는 없다. 신사의 길은 중세 기사도에서 비롯되어, 결국 근대 시민사회의 미덕으로 승화되었다.

선비의 길은 그렇지 않았다. 조선 500년 동안 숱한 역사적 굴곡을 겪으며 선비의 길은 더욱 세련되고 빛났으나, 퇴락한 점도 없지 않았다. 그러다가 조선왕조의 멸망과 더불어, 선비는 명맥조차 잇기 어렵게 되었다. 현대 한국 사회를 자세히 관찰해보면, 지금도 선비의 숨결이 살아 있는 듯하다. 그렇지만 그것은 매우 미약한 흐름이다.

나는 중세를 인류의 이상으로 여기는 낭만주의자가 아니다. 유교적 복고주의자도 아니다. 역사적 결정론에 사로잡힌 역사주의자는 더더욱 아니다. 다만 한 사람의 역사가로서, 과거부터 현재에 이르는 시간의 긴 흐름 속에

펼쳐진 사건들을 추적하는 데 흥미를 느낀다. 비슷해 보이면서도 서로 달랐던 신사의 길과 선비의 길을 마음속으로 더듬어보는 것이 내게는 여간 즐거운 일이 아니다.

이 책을 쓰는 동안 내 가슴속에는 한 가지 물음이 저절로 떠올랐다. 서구에서는 신사의 길이 결국 시민의 길이 되었다. 그러면 선비의 길에도 과연 그에 상응하는 변화가 일어날 수 있는 것일까?

미래 일은 누구도 알 수 없다. 조바심을 내며, 나는 선비의 역사를 한국의 미래에 조심스레 투영해본다. 21세기 한국 사회가 더 정의롭고 평화롭기를 바라는 심정에서다.

— **5** —

이 책은 3부로 구성되어 있다. 1부에서는 신사의 역사를 탐색한다. 중세의 기사도를 계승하여 신사도가 성립되고, 그것이 근대시민의 교양으로 발전하는 과정을 서술한다. 신사의 가치관과 태도가 서구사회의 발전에 중요한 동력을 제공했다고 믿기 때문이다.

2부에서는 조선의 선비가 걸어간 길을 더듬어볼 것이다. 선비들은 도덕적 가치를 가장 소중히 여겼다. 독특한 지식계층이었다. 선비의 길은 아름다운 길이었으나, 조선왕조의 조락(凋落)으로 안타까운 굴절을 겪어야 했다.

끝으로, 3부에서는 선비문화가 한국의 미래를 밝히는 등불이 될 수 있을지를 헤아려볼 것이다. 동서고금의 역사를 살펴보면, 문화적 전통은 단속적(斷續的)으로 후세에 영향을 준다. 가령 고대 그리스 황금시대의 민주정치는 서양 근대에 이르러 찬란하게 부활했다. 전통의 계승이란 과거의 모습을 그대로 복원하는 일이 아닐 것으로 믿는다. 세월의 간격을 뛰어넘어 후세가 공감하는 가치와 태도를 되살리는 것이면 족하다. 선비의 전통을 바라보는 나의 관점이 그러하다.

이 책은 동서양의 역사를 조망하며, 우리가 나아갈 길을 모색한다. 물론 지난날의 역사가 오늘의 현안을 해결하는 데 결정적인 도움을 주기는 어렵다. 하지만 때로 우리는 역사 속에서 섬광처럼 번쩍이는 지혜의 보석을 발견할 수도 있다.

나의 공부는 여러모로 부족하다. 독자들이 이 책에 대해 어떤 평가를 내리게 될지 두려운 심정이다. 오류가 있다면 그것은 전적으로 부족한 내 잘못이다.

책을 집필할 때 조언과 도움을 베풀어주신 여러 분들에게 감사드린다. 특히 하서학술재단의 김재억 선생님은 물심양면으로 많은 격려와 지원을 아끼지 않으셨다. 이 기회를 빌려 감사의 말씀을 드린다. 이번에도 사우출판사의 편집진에게 많은 신세를 졌다. 진심으로 감사드린다.

2018년 여름
평택 불악산 아래 서실에서

백승종

차례

◆

1부

신사도,
시민의 교양으로 화려하게 부활하다

◆

─────────── 조선에는 선비가 있었고, 서양 중세에는 기사가 있었다. 기사들에게는 독특한 사고방식과 행동규범이 있었다. 기사가 세상을 살아가는 법을 '기사도(chivalry)'라고 부른다. 무사들 고유의 사고방식과 행동양식이 기독교 신앙과 굳게 결합한 것이다. 서양 중세사회의 성격을 이해하는 데 필수적인 부분이다.

기사도의 역사를 살펴보면, 거기에도 흥망성쇠가 있었다. 11세기부터 점차 모습을 갖추었고, 12~13세기에 그 절정에 달했다. 그러나 14세기 이후 르네상스 시대가 시작되자 사정이 달라졌다. 중세사회는 해체되기 시작했고, 16세기에 이르러 기사도는 결국 종말을 맞았다. 그 후 기사도는 사람들의 뇌리에서 서서히 잊혀갔다.

그러나 이것이 역사의 끝은 아니었다. 18~19세기가 되자 서구 근대시민들의 가슴속에서 기사도가 부활했다. 중세 기사들의 가치관이 근대사회의 정치적·경제적·문화적 상황에 맞추어 변신했다. 신사도(gentlemanship)의 탄생이었다. 신사는 예의를 중시하고 도덕적으로 행동했다. 이러한 삶의 양식은 공교육의 발달 덕분에 차츰 근대사회의 보편적 가치로 자리 잡았다.

현대 서구의 시민들은 직접적, 간접적으로 신사도의 문화적 영향을 받고 있다. 그들은 수백 년 전 중세 기사들이 그랬듯, 기꺼이 정의의 편에 서고 개인의 명예를 중시하기를 원한다. 어려운 처지일지라도 기품을 잃지 않으려 애쓴다. 깍듯한 예의와 절도 있는 생활을 높이 평가한다. 다급한 위기의 순간에도 아이와 여성부터 보호하는 것을 확고한 원칙으로 삼는다. 또 모든 경쟁에서 페어플레이를 추구한다.

현대 서구의 시민들은 이상을 실천하고 명예를 지키기 위해서 스스로를 기꺼이 희생하는 이들을 존경한다. 서구의 시민교육은 과거의 기사나 신사처럼 고상한 기질과 품성을 가진 이를 모범으로 여기는 것이다.

그런 점에서 중세 기사도의 이상은 현대에도 살아 있다고 하겠다. 혹자는 기사도를 지나치게 낭만적인 관점에서 미화하고 호평한다. 물론 이를 못마땅하게 여기는 사람들도 적지 않다. 그들은 기사도의 허구를 날카롭게 지적하며, 기사도의 미덕 따위는 터무니없는 전설에 불과하다고 비판한다.

그럼 기사도의 진실은 과연 무엇일까. 역사의 진실을 캐는 문제는 중요하고도 흥미롭다. 그런데 내가 더욱더 매력을 느끼는 지점은 따로 있다. 왜, 망각된 기사도가 시민들의 기억에서 되살아났을까. 어떠한 사회적 필요로 인해 근대 시민사회는 기사도에 또다시 주목하게 되었을까 하는 점이다.

산업혁명 때문일 것이다. 산업혁명으로 인해 서구 근대사회는 분열과 혼란의 늪에 빠졌다. 대량생산 시설의 등장으로, 소수의 자본가들이 점점 더 많은 부(富)를 독차지하게 되었다. 때문에 대다수 노동자들은 극도의 빈곤에 시달려야 했다. 빈민층의 사회적 불만은 걷잡을 수 없이 커졌다. 이것은 서구 근대사회의 운명을 위태롭게 만들었다.

19세기 영국 작가 찰스 디킨스(1812~1870)는 그런 빈곤층의 사회 문제를 고발했다. 그가 『올리버 트위스트』에서 묘사한 영국의 사회상은 아비규환의 지옥을 방불케 했다. 만약 이런 상태가 수십 년 더 지속되었더라면, 서구사회는 어떻게 되었을까. 아마 파탄을 피하기 어렵지 않았을까.

사실 18세기부터 서구에서는 사회적 차별과 불평등을 우려하는 목소리가 높아졌다. 일부 지식인들은 문제의 해결책을 보다 적극적으로 탐구했다. 그 과정에서 일부 사람들은 '기사도'에 주목했다고 생각한다. 지배층의 윤리가 강화되어야 할 시점이었기 때문이다. 이런 흐름이 그 시대의 공기를 지배했다고 단언하기는 어려울 것이다. 기사도에 향수를 느낀 이들 중에는 보수반동적인 인사들이 더 많았을 것도 같다. 한데 그들의 복고적 취향이 기사도를 재조명하는 데 중요한 역할을 했다.

이밖에도 18세기에는 중세의 기독교와 사회질서에 매력을 느낀 낭만주의자도 많았다. 그들의 탐구정신도 기사도에 관한 일반의 관심을 키우는 데 일조했다. 한 마디로, 근대 시민사회의 다양한 문화적 흐름 속에서 기사도에 대한 관심이 부활했다고 하겠다.

기사도의 가치를 재생한다는 것은 무엇이 어떻게 되었다는 말일까. 서구인들은 근대 시민사회의 가치에 부합하도록 중세 기사의 충성심과 영웅적 행동을 개조했다. 이것이 신사도의 탄생으로 이어졌다. 기사들이 숭상한 예절과 기독교적 도덕관념이 근대의 옷을 입고 화려하게 부활한 것이다. 이는 시민사회의 이상인 자유와 평등을 구현하는 데 기여했다. 기사도라는 중세적 유산이 신사도로 변형되어, 근대 시민국가의 건설에 이바지한 것이었다. 흥미로운 일이었다.

이런 점을 염두에 두고, 1부에서는 세 가지 주제를 다룬다. 첫째, 기사도가 무엇인지를 조금 더 구체적으로 알아보려 한다. 기사도가 역사적으로 어떻게 변천해왔는지도 따져볼 것이다. 서구 근대사회에 유행한 기사문학에 아로새겨진 기사정신의 의미도 되새겨볼 것이다. 이로써 기사도에 관한 우리의 이해가 한층 깊어질 수 있기를 바란다.

둘째, 산업혁명의 격동 속에서 기사의 후예들이 과연 어떠한 역할을 했는지도 궁금하다. 지난 1세기 동안 산업혁명에 관해 다양한 연구들이 진행되었다. 그 바탕 위에서 나는 영국의 산업혁명에 미친 젠트리(gentry), 즉 기사의 후예이자 전통적인 향신(鄕紳)들의 긴밀한 관계를 살펴볼 것이다.

최근의 연구에 따르면, 영국의 산업혁명은 젠트리의 사회적 활동과 깊은 관계가 있다고 한다. '신사자본주의', 곧 젠트리의 자본주의라는 표현도 이제 낯설지 않게 되었다. 이와 관련하여 어떤 연구자는 젠트리의 인구 증가가 산업혁명을 추동했다고 주장하기도 한다. 매우 흥미로운 문제 제기라 생각되어, 이 책에서도 그 문제를 들여다보기로 한다.

끝으로, 신사도가 근대 유럽의 공교육에 어떻게 스며들었는지도 따져볼 것이다.

공교육을 통해서, 신사도가 근대시민의 보편적 가치로 전환되었다는 사실은 크게 주목할 만하다. 중세의 기사도가 근대의 보편적 가치로 변용되었다는 뜻인데, 근대 유럽 사회의 본질을 이해하는 데 중요한 지점이 아닐까 한다.

현대 한국 사회는 서구의 이러한 역사적 경험을 제대로 인식하지 못하고 있다. 뿐만 아니라, 우리는 조선시대 선비들이 지녔던 청고(淸高)한 이념과 도덕적 가치도 구시대의 유물로 간주할 때가 많다. 늘 바쁘기만 한 우리로서는 지나간 역사를 차분히 되짚어볼 시간이 없다.

그래서인지 현대 한국 사회는 앞으로 나아갈 방향을 잃어버린 것처럼 보이기도 한다. 우리는 도덕적 준거를 망각한 지 오래다. 결과적으로 지도층의 부패와 몰염치는 도를 넘었다. 사회적 갈등이 갈수록 첨예하다. 혼란이 날로 깊어가지만 뾰족한 해결책이 보이지 않는다. 사회적 분노는 있으나, 대안을 발견하지 못하는 안타까운 상황이 계속되고 있다.

영국을 비롯한 근대 서구사회도 많은 문제를 안고 있는 것은 사실이다. 그래도 그들은 근대의 사회적 혼란을 상당 부분 극복했다고 볼 수 있다. 이런 사실이 우리에게 중요한 시사점을 던져주고 있다고 생각한다. 서구사회가 걸어간 길을 무작정 흉내 내자는 뜻이 아니다.

아무려나 그들에게는 그들의 전통이 있고, 우리는 우리식대로 살아야 할 것이다. 그렇다 해도, 되돌아볼 타산지석이 존재한다는 사실은 그래도 다행한 일이다.

1장

기사도가 자랑스러운
문화유산이 되기까지

이번 장에서는 서구사회가 자랑스러운 문화적 유산으로 믿고 있는 기사도의 전통을 탐색할 작정이다. 네 가지 주제로 나눠서 살펴보려 한다.

첫째, 기사도란 무엇일까 하는 질문에 하나의 답을 찾아보자. 기사도의 본질을 되도록 간단명료하게 설명할 수 있으면 좋겠다.

둘째, 기사도에도 역사가 있음은 당연한 일이다. 시대적 흐름에 따라 기사도가 어떻게 형성되고 발전했는지도 정리할 필요가 있다. 이 과정에서 우리는 기사도에 적지 않은 영향을 미친 기독교의 역할에 대해서도 충분히 숙고해야 할 것이다.

셋째, 기사도가 발달함에 따라 중세 문학에도 기사문학이라는 장르가 등장했다. 영국의 『아서왕 전설』과 독일의 『니벨룽의 노래』가 특히 유명하다. 그와 같은 기사문학의 특징에 관해서도 궁금증이 생긴다. 또 기사도가 사실상 소멸한 뒤 불쑥 나타난 근대소설 『돈키호테』 역시 관심거리다. 작가 세르반테스는 이 소설을 통해 무엇을 말하고 싶었던 것일까. 이런 문제들을 차례로 하나씩 검토해보자.

끝으로, 중세 서구에 기사도가 있었다면, 일본에는 '부시도(武士道)'가 있었다고들 말한다. 일본의 사무라이들은 과연 서구의 기사들과 무엇을 공유했다고 봐야 할 것인가. 상호 비교하는 작업도 필요하다고 본다. 이것은 서구 중세사회와 일본은 물론이고 조선 사회의 특징을 구체적으로 이해하는 데도 조금이나마 도움을 줄 것이다.

01

기사도의
전통

―――――

유럽의 여러 나라는 기사도의 전통을 공유했다. '기사'의 어원도 하나였다. '기사'란 중세 라틴어의 '카발라리우스(caballārius)'다. 문자 그대로 '말 탄 병사'를 가리킨다. 기사도는 프랑스어로 '슈발레리(chevalerie)'였다. 곧 '기사의 법규'라는 뜻이다. 영어로 '쉬벌리 코드(chivalry code)'라 해도 동일한 뜻이다. 스페인어의 '코디고 카바예레스코(código caballeresco)' 또는 '카바예리아(caballería)'도 전혀 차이가 없다. 독일어로는 '리터리히카이쓰코데(ritterlichkeitscode)'라고 부른다. 역시 그 뜻에는 조금의 차이도 없었다. 유럽 어디서든 기사도란 '기사의 법규'인 것이다.

믿기 어려울지도 모르겠지만, 역사 속의 기사는 일종의 폭력집단이었다. 그들은 무기와 갑옷을 독점적으로 소유했다. 당시 수준에서 보면 고도의 살상무기를 소유했기 때문일까. 여차하면 그들은 약탈을 일삼았다. 강간도 마다하지 않았다. 평민들을 상대로 잔학행위를 자행했고, 동료 사이에도 재물과 권익을 둘러싸고 싸움과 배신을 일삼았다. 사실상 부랑배나 다름없는 기사들이 많았다.

기사들은 농업이나 상업 같은 생업에 종사하지 않았다. 일상적인 경제활동을 전혀 하지 않았다는 말이다. 기사들이 믿을 것은 오직 무기뿐이었다. 전쟁이 일어날 경우에 대비해 서구사회는 어디에서나 기사들을 필요로 했다. 하지만 평시에는 여러모로 성가시고 골치 아픈 존재가 바로 그들이었다.

서양 중세사회는 어떤 식으로든 기사들의 폭력행위를 제한하려 했다. 휘하에 기사를 거느린 봉건 영주는, 저마다 자신의 형편에 따라 일정한 규모의 봉토를 기사들에게 나눠주었다. 사회적 특권도 허용했다. 생계가 안정되면 함부로 문제를 일으키지 않을 것이라 기대했기 때문이다. 그러나 흉년이 들면 기사들은 곧 사나운 폭도로 변해 농민들을 약탈했다. 이것은 기정사실이었다. 아니, 사실은 영주의 처지도 별반 다르지 않았다. 영주도 약탈자였다.

사태를 더욱 꼬이게 만드는 심각한 문제가 하나 더 있었다. 봉토를 받지 못한 기사들이 상당수 존재했다. 그들은 경제적 위치가 불안정했으므로 도처에서 문제를 일으켰다. 그들은 왕과 영주 또는 교회의 통제가 미치지 않는 곳에서 산적이나 다름없이 굴었다. 조직폭력배가 따로 없었다. 그들은 농민과 상인들에게 '보호'의 대가를 요구했다. 멋대로 통행세를 갈취하는 일도 많았다. 무리를 지어 도적질을 일삼을 때도 있었다. 기사들의 사회적 일탈은 유

기사는 생업에 종사하지 않았고, 평민들을 대상으로 잔학행위를 일삼는 일종의 폭력집단이었다.

럽 중세사회의 어두운 그림자였다.

기사도는 이러한 사회 문제를 완화하기 위해 등장했다. 기사들이 도덕과 예의를 내면화하도록 함으로써, 사회 안정을 꾀했던 것이다. 당시 유럽 사회를 지배한 것은 기독교회(정확히는 로마가톨릭)였다. 로마교황청의 권위가 세속 정치 권력을 압도하던 시절이었다. 교황청은 곳곳에 독립적인 영지를 소유했고, 주교, 대주교, 추기경 등 고위 성직자가 영주 노릇을 했다. 상당수 기사들은 직접적으로 교회의 지배를 받았다. 설사 그런 경우가 아니었다 해도, 교회의 힘이 막강해서 아무도 교회의 간섭에서 벗어날 수 없는 형편이었다.

더 구체적으로 말해보자. 10~11세기 유럽 사회는 매우 불안정했다. 대부분의 나라에서는 중앙권력이 제대로 발달하지 못했다. 때문에 영주들 사이에 정치적 분쟁과 갈등이 끊이지 않았다. 그 와중에 많은 기사들이 생계를 보장받지 못한 채 이리저리 방황했다.

로마교황청은 유럽 사회의 위기가 심각한 수준이라고 판단했다. 교황청은 적극적으로 유럽 전역의 귀족들을 통제할 생각으로 '하느님의 평화'를 선포하고, 기사를 포함한 귀족계급 모두를 교회에 철저히 복종시켰다. 교황청은 유럽 각국의 왕이나 봉건영주와는 비교할 수 없을 만큼 방대한 재산을 소유했기 때문에 가능한 일이었다. 기독교는 당시 유럽의 유일한 종교였고, 그리하여 교황청은 신앙심을 매개로 모든 왕과 귀족들 위에 군림할 수 있었다.

교회가 특히 주목한 것은 귀족층의 말단에 위치한 기사들이었다. 교황청은 그들이 교회의 가르침에 따라 도덕적 규범을 충실히 실천하기를 요구했다. 이에 부응하여 기사들은 왕 또는 영주에 대한 충성을 맹세했다. 그들은 기독교 신앙에 투철한 용사가 되기로 다짐하기도 했다. 즉 기사는 기독교 신앙에 기초하여 이웃을 사랑하고 겸손을 실천하며 타인에 대한 관용을 베풀겠다고 서약했다. 또 여성(과부)과 아동(고아)으로 대표되는 사회적 약자를 보호하는 데 앞장서겠다고 약속했다. 아울러 기사 본연의 임무를 잊지 않고, 제 아무리 강한 적을 만나더라도 용맹하게 싸우겠다고 선언했다. 이것이 기사 도였다. 기사의 역할을 다각도로 규정한 것이었다.

일차적으로, 기사는 교회의 방패막이었다. 성직자, 선교사 및 성지 순례자들을 보호하는 것은 그들의 신성한 임무였다. 또 여성과 아동을 보호한다는 선서에서 보듯, 기사는 사회적 책무를 진 존재였다. 기사는 사회 정의를 구현하기 위해 애쓰며, 교회의 권력과 가르침에 순종하기를 맹세한 사람들이었다.

물론 이러한 기사의 규범이 등장했다고 해서, 기사들의 악습이 일순간에 제거될 수는 없었다. 기사들의 비행은 결코 완전히 사라지지 않았다. 이해를 돕기 위해 비근한 예를 하나 들어보자. 현대 국가는 저마다 엄격한 부패방지법을 정해두고 있다. 그러나 청렴한 공직자는 어느 나라에도 드물다. 중세 서양 사회라고 다를 수가 없었다. 기사도를 철저히 실천한 경우는 별로 없었다. 그러나 어느 곳에 한 기사가 있어 자신의 언행을 규칙대로 엄격히 통제했다고 가정해보자. 그러면 그는 곧 대단한 명성을 얻을 가능성이 높았다.

그 점은 조선의 선비들 역시 마찬가지가 아니었을까 한다. 선비다운 선비는 항상 소수였다. 그러나 바로 그런 예외적인 선비야말로 사회 전체에 통용되는 가치의 준거로 기능했다. 그들이야말로 그 시절의 모든 인간이 어떻게 살아야 하는지를 보여주는 모범이었다. 중요한 것은 숫자가 아니었다. 서양 중세의 기사들도 이와 똑같았다고 볼 수 있다. 극소수의 모범 사례가 한 시대의 분위기를 결정했다.

여기서 한 가지 주의할 점이 있다. 기사도라고 하는 것, 즉 기사의 법규가 고정불변인 것으로 알면 곤란하다. 시대와 장소에 따라 법규의 내용도 달라졌다. 그럼에도 기사도 또한 표준화되었다. 기사도의 정립과 전파에 중요한 역할을 담당한 것은 문자생활의 확산이었다.

유럽 중세사회에는 독서문화가 점차 발달했다. 그리하여 기사들도 차츰 문맹 상태에서 벗어나 책을 읽게 되었다. 스스로 문학작품을 창작하기도 했다. 어느덧 기사들은 교양인으로 처신하게 되었다. 이로써 기사계층의 성격에 상당한 변화가 일어났음은 물론이었다.

그래도 분명한 한계가 있었다. 중세의 기사들은 종교적·신분적 편견에서 자유롭지 못했다. 그러면서도 그들에게는 여성을 존중하는 풍조가 있었다. 이른바 '기사도적 사랑'이 유행했다. 이는 대개의 기사들이 아직 미혼이었다는 점과 관계가 깊었다. 젊은 기사들은 자신들이 모시는 귀부인(영주의 부인)을 향한 존경과 흠모의 정을 문학작품으로 표현하는 경우가 많았던 것이다.

특히 12세기 이후에 한동안 그런 풍조가 유행했다. 유럽 각국에서는 기사들이 연정을 고백한 문학작품이 대량으로 출현했다. 기사문학이 연애감정만 표현한 것은 아니었다. 그들은 기사의 이상형을 상정했고, 많은 작품 속에서 이를 구체화했다. 그러한 문학작품에 주인공으로 등장하는 기사들은 언제 어떤 경우에도 기사도에 충실한 정의의 화신이었다. 이러한 기사문학의 성행으로, 기사에게는 반드시 지켜야 할 윤리규범이 엄연히 존재한다는 사회적 통념이 형성되었다.

기사도 정신은 서양 중세 귀족문화의 정수라고 볼 수 있다. 기사의 도덕성이 강조되었고, 전통적인 상무(尚武)정신이 문자로 고정되었다. 기사는 영주에 대한 봉사를 신성한 의무로 받아들였다. 기사와 왕 또는 영주의 관계 역시 법제화되었고, 거기에 종교적 신성함까지 부여되었다.

중세의 기사와 영주는 봉토를 주고받을 때 서약을 했다. 또는 '재산목록'을 만들어서 쌍방이 대조하고 확인했다. 만약 영주와 기사의 관계에 조금이라도 변화가 생기면, 그들은 서약서 또는 재산목록을 처지에 알맞게 개정했다. 그런데 만일 기사가 영주에게 서약한 의무를 소홀히 했을 경우에는 처벌이

뒤따랐다. 그는 기사법정에 회부되어 즉결심판을 받았다.

기사도가 널리 퍼지자 사회 인식에도 상당한 변화가 나타났다. 기사는 정의의 편이요, 타인을 위해 봉사하는 특별한 존재라는 인식이 뿌리를 내렸다. 현실 속의 기사와 달리 관념 속의 기사는, 신의 정의와 종교적 진리에 충성을 다하는 성스러운 존재가 되었다.

오늘날 인류 보편의 가치로 자리 잡은 인도주의(humanitarianism)도 기사도와 일맥상통하는 것 같다. 인도주의란 과연 무엇인가. 18세기 영국의 인도주의자들은 범죄자에 대한 잔인한 형벌의 폐지를 요구했다. 극도로 열악한 비인간적 노동조건의 개선도 촉구했다. 어린이를 강제로 노동에 종사하게 하는 것도 반대했다. 러시아의 작가 톨스토이는 문학작품을 통해 인도주의를 적극적으로 지지했다. 중세의 기사들은 인도주의자들보다 수백 년 앞서 약자에 대한 보호를 자신의 의무로 인식했다. 그들은 정의의 실현을 당연한 의무로 자임했다.

기사도에는 확실히 특별한 매력이 있었다. 기사는 명예심이 강했고, 끝까지 직무에 충실하기를 서약했다. 전쟁터에서는 용감히 싸우며, 한 번 한 약속은 반드시 지킨다고 했다. 기사는 누군가로부터 모욕이나 의심을 받으면 결투를 신청해서라도 반드시 명예를 회복하고자 했다.

그러나 모든 일에는 끝이 있기 마련이다. 16세기가 되자 사회경제적 변화가 가속되어 중세는 막바지에 이르렀다. 대포와 총의 위력에 밀려, 기사라는 계급이 사라졌다. 자연히 기사도에 대한 관심도 시들해졌다. 한동안 그렇게 세월이 흘러갔다.

18세기가 되자 이런저런 이유로, 사람들은 다시 기사도에 관심을 갖기 시작했다. 그로부터 다시 100년쯤 세월이 흐르자, 기사도에 대한 사회적 관심은 더욱 증폭되었다. 각종 문헌에서 기사도를 회고하고 미화하는 경향이 뚜렷해졌다. 19세기 유럽인들은 기사도를 다음과 같이 설명했다.

첫째, 기독교회와 기사도의 밀접한 관계가 강조되었다. 기사는 교회의 가르침을 믿고 교회의 방침을 따랐다고 했다. 기사는 교회를 수호할 책임이 있었다고도 했다. 한 걸음 더 나아가, 기사는 이교도에게 자비를 베풀지 않았고, 이교도를 무찌르기 위해 선전포고를 주저하지 않았다고 믿었다.

오늘날의 관점에서 보면, 기사란 종교적 편견에 사로잡힌 존재였다. 그러나 중세에는 그것이 충실한 기독교도의 신성한 의무로 해석되었다. 19세기까지도 서구사회의 통념은 바뀌지 않았다.

둘째, 국가에 대한 기사의 책임감이 강조되었다. 기사는 나라를 사랑했다고 보았다. 기사는 하느님의 법에 어긋나지 않는 한, 모든 봉건적 의무를 수행했다는 식이었다. 요컨대 기사는 애국적이고 기존의 사회질서를 수호하는 화신이라는 인식이었다.

19세기에는 기사도가 애국주의를 고양하는 하나의 방편이 되었다. 그런데 국가에 대한 기사의 충성심을 극단적으로 강조할 경우, 상당한 문제가 일어날 것은 빤한 일이었다. 그것이 결국에는 개인에게 민족주의, 국가주의 또는 제국주의를 강요하는 수단이 되기에 이르렀다. 2차 세계대전 당시의 독일, 이탈리아, 일본이 바로 그런 역사의 함정에 빠졌다. 파시스트들은 과도한 애국심을 강요했고, 자국의 상무적인 전통을 멋대로 과장했던 것이다.

셋째, 19세기 서구인들은 중세의 기사도에서 근대 시민사회의 미덕을 발견하기도 했다. 기사는 약자를 존중하고 보호했다고 했다. 기사는 약자에게 관대했다고 믿었다. 기사는 결코 거짓말을 하지 않았고, 반드시 약속을 지켰다고 믿었다. 기사는 언제나 정의의 편에 서서 선을 실천하고 악과 불의에 맞서 싸웠다는 것이다. 이러한 주장을 통해, 기사는 시민사회가 등장하기 오래전에 이미 시민정신을 실천한 모범으로 기려졌다.

요컨대 19세기의 서구사회는 중세의 기사도를 다시 강조함으로써 시민과 국가의 관계를 강화하려 했다. 기독교의 가치를 강조함으로써 교회와 시민사회의 관계를 복원하려 했다고 볼 수도 있다. 그러나 가장 중요한 목적은 시민사회의 도덕성을 키워 사회적 갈등을 해소하는 데 있었을 것이다.

하나의 제도와 관념이 후대에도 어떤 의미를 가진다면, 거기에는 모종의 사회문화적 맥락이 숨어 있다고 봐야 할 것이다. 전통의 재발견은 그 전통이란 것이 현실의 문제를 해결하는 효과적인 수단이 되리라는 사회문화적 확신에서 출발한다. 망각된 과거의 역사적 사실이 화려한 수사의 옷을 입고 찬란하게 부활하는 배경이다.

때로, 이것은 과거에 존재하지 않았던 전통의 창조로 귀결되기도 한다. 적나라하게 말해, 역사의 조작이 일어나는 것이다. 세계 역사에서 결코 드물지 않은 현상이다.

기사도에 관한 19세기 서구인의 재인식은 어떤 경우에 해당했을까. 전통의 재발견이었을까. 아니면 전통의 창조였을까. 독자들의 판단이 궁금하다.

끝으로, 기사의 길과 선비의 길에 관한 나의 생각을 짧게 적어본다. 서양 중세의 기사도는 조선의 선비가 사는 법과 상당한 유사점이 있었다. 기사든 선비든 그들은 명예를 목숨처럼 소중히 여겼다. 책임감도 투철했다. 선비도 끝까지 약속을 지키려 했고, 환과고독(鰥寡孤獨: 홀아비, 과부, 고아, 버려진 노인)을 보살피는 데 마음을 썼다. 또 목숨을 바쳐서라도 나라를 구하려 했다.

그러나 그들 사이에는 큰 차이점이 있었다. 알다시피 선비의 무기는 칼이 아니라 붓이었다. 또 선비는 기독교와 같은 종교기관에 복종하지 않았다. 선비는 성리학(유교)의 이념에 충성을 바쳤다. 게다가 기사와 달리 조선의 선비는 왕으로부터 한 조각의 경작지도 받지 못하는 경우가 태반이었다. 선비의 경제적 기반은 대체로 열악했다. 그럼에도 선비의 의무는 조정대신과 다름이 없었다. 기사와는 근본적으로 다른 점이었다.

　더 본질적인 차이점도 있었다. 서양의 기사는 사람에게 충성을 바쳤다. 기사는 자신이 섬기는 영주(왕, 주교 포함)의 명령에 철저히 복종했다. 조선의 선비는 그렇지 않았다. 도리에 어긋난 왕명을 거역하고, 왕과 국가의 잘못된 결정에 반대하는 것이 선비의 충성으로 이해될 경우가 많았다. 선비는 명령권을 가진 이에게 순종하기만 하는 존재가 아니었다. 그는 천명(天命)에 따라 백성을 돌보고, 인과 예의 가치를 수호하며, 종묘사직의 안녕을 위해 자신을 바쳐야 하는 사람이었다. 서양의 기사가 현실 권력에 절대복종한 것과 달리, 선비는 도덕과 이념에 헌신했다.

02

기사도의
역사

기사란 중세 유럽의 기마 무사였다. 그러나 전마(戰馬)를 소유했다고 해서 누구나 자동적으로 기사가 되는 것은 아니었다. 기사가 되려면 수년간의 고된 수련 절차를 밟아야 했다.

한 사람의 기사가 탄생하는 과정을 약술해보자. 우선 7~8세에 기사가 될 아이가 영주의 성으로 들어가 시동(侍童)이 된다. 장차 기사가 될 그는 영주 또는 영주 부인의 시중을 든다. 아이는 궁정의 예절을 익히며 독실한 기독교 신자로 자라난다. 음악도 배운다. 시동으로 보내는 기간은 대략 5년이었다.

12~14세가 되면 기사 견습생 또는 종사(從士)로 승격한다. 영주를 수행해 전장에 나가기도 한다. 그러나 적과 창칼을 부딪쳐 싸울 자격은 아직 없다. 방패를 들 수는 있다. 종사의 역할은 기껏해야 싸움터에서 영주의 시중을 드는 정도다. 그래도 평시에는 무예를 훈련한다. 무술경기에도 출전할 수 있다. 견습생으로 보내는 기간은 10년 정도였다.

드디어 21~23세, 그는 기사가 된다. 기독교회의 대축제일 또는 왕실에서 주관하는 작위 수여식에서 기사로 임명되었다. 기사 서임식은 화려했고 규모도 성대했다. 전쟁터에서 기사로 현지 임관되는 경우도 많았다. 이 경우에는 의식이 매우 단출했다. 어쨌든 기사 신분을 얻으면 상류사회에 진입한 것으로 인정되었다. 기사 작위도 대대로 세습되었다.

기사로 서임될 때 입는 윗옷은 적색, 백색, 흑색의 삼색이 섞여 있었다. 적색은 영주와 교회에 바칠 붉은 피를 상징했다. 백색은 기사의 청정한 마음, 흑색은 죽음을 뜻했다. 죽음을 두려워하지 않고, 기사로서 명예를 지키며, 평생토록 주군과 교회를 위해 헌신하겠다는 다짐이었다.

경건한 신앙심과 교회 및 영주에 대한 충성이 기사도(기사의 규칙)의 핵심이었다. 기사는 영주의 부인에 대해서도 헌신을 맹세했다. 그는 청렴과 절도 있는 생활을 당연한 의무로 받아들였다. 중세의 문학작품에는 기사들의 이러한 가치관이 빼곡히 적혀 있다.

기사도의 역사를 설명하기에 앞서 우선 봉건사회의 특징을 간단히 정리하는 것이 좋겠다. 중세에는 교회, 국왕 또는 영주만이 토지를 소유할 수 있었다. 영주는 교회 또는 국왕으로부터 봉토를 받았다. 교회의 고위 성직자와 국왕도 제각기 직할지를 소유한 대영주였다. 영주는 농민을 자신이 소유한 일정한 토지에 귀속시켰다. 이것이 봉건제도의 핵심이었다. 8세기경부터 이러한 봉건제도가 유럽에 널리 퍼졌다.

농민이 경작지를 보유한 경우도 있었지만 소유권은 인정되지 않았다. 다만 토지를 마음대로 경작하고, 그 권리를 대대로 물려줄 수는 있었다.

농민은 영주에게 지대(地代)를 납부했다. 영주가 요구하는 부역도 제공했다. 그러면서 농민들은 자발적으로 촌락공동체를 유지했다. 많은 경우 촌락의 경작지는 여러 명의 영주에게 분할 소유되었다.

영주 역시 여러 지방에 크고 작은 장원을 소유했다. 그는 경영 효율성을 높이기 위해 분산된 장원을 다른 영주와 교환하여 한곳에 장원을 집중하기도 했다. 시간이 흘러 화폐경제가 발달하자, 일부 영주들은 직영지를 분할해 농민들에게 소유권을 매각했다. 지대에도 상당한 변화가 일어났다. 농업 생산물로만 거두던 지대를 화폐로 받는 일이 늘었다. 이와 달리 상당수 영주들은 직영지에 대한 경영권을 오히려 강화하기도 했다.

농민들이 모여 사는 촌락공동체는 어떤 모습이었을까. 한 농부의 경작지가 이웃 농민의 경작지와 서로 뒤섞여 있는 경우가 많았다. 이 경우 농부는 자신의 경작지에 가서 농사를 지으려면 남의 경작지를 통과해야 했다. 그들의 양해를 얻어야 했다. 농사에 필수적인 경작, 파종, 제초, 수확도 농부 한 사람의 노동력으로는 해결할 수 없었다. 촌락의 농민들은 공동으로 작업했다. 작업 일정은 촌락공동체가 집단적으로 논의해서 결정했다. 조선시대의 마을 운영과 비슷한 점이 많았다.

촌락공동체의 사방에는 숲도 있고, 목초지도 있었다. 농민들은 이를 공동으로 이용했다. 거기서 땔감도 구하고, 건축자재도 얻었다. 가축을 먹일 사료도 채취했고, 방목지로도 이용했다.

중세의 기사는 바로 이러한 봉건사회의 말단 지배자였다. 그는 소규모의 봉토를 받아, 이를 농민들에게 맡긴 다음 지대를 받아서 생활했다. 영주와 달리 기사는 자신을 섬길 가신(家臣)을 거느리지 못했다. 기사는 지배층의 일원이었으나, 그 위세가 대단하지 못했다.

11세기 유럽 사회는 아직 전형적인 농업사회였다. 영주의 경제력은 토지에서 나오는 지대로 결정되었다. 만약 상속으로 인해 영주의 토지가 분할된다면, 그의 지배력은 약화될 수밖에 없었다. 지배층은 그 점에 유념했다. 그리하여 영주에게 아들이 여럿일 경우 가문의 전통을 이어갈 상속자 한 명만 결혼시켰다. 나머지 아들들은 평생 아내를 거느리지 못하고 재산도 없이 홀로 지낼 운명이었다. 거처조차 불투명한 경우도 많았다. 그들도 운이 좋으면 언젠가 부유한 귀족가문의 과부와 결혼할 수 있을 것이었다. 그러나 그런 기대는 현실적으로 실현되기 어려웠다.

때문에 서양 중세 초기에는 지배층의 아들들이 대부분 의지할 곳을 잃은 채 무리를 지어 떠돌았다. 그들은 곳곳에서 약탈과 폭력을 일삼았다. 바로 이런 부류의 사람들 속에서 기사계급이 탄생했다. 만약 거기에도 끼지 못하면 평범한 군인으로 전락하고 말았다.

유럽의 최상층 지배자들(왕과 교회의 최상층 사제들)은 기사들의 난폭한 행위를 못 본 척할 수 없었다. 사회질서가 혼란에 빠지면 정치적 위기가 찾아올 것이 뻔했다. 그래서 로마교황청이 단호한 입장을 취했다. 기회가 있을 때마다 교황청은 기사들에게 다음과 같은 지침을 하달했다.

"예수의 수난을 기념하는 금요일과 일요일에는 절대로 피 흘려 싸우면 안 된다."

"기사는 성직자와 수도승을 존경하라."

"성스러운 교회 근처에서 기사들은 격투를 중지하라."

"교회는 누구에게든 피난처를 제공하는 곳이다."

"고귀한 여성을 못살게 구는 것은 교회의 가르침에 어긋난다."

"상인의 재물을 약탈해서도 안 된다."

"싸움은 명예를 지키고자 하는 기사들끼리만 하라."

교황청의 거듭된 요구는 점차 기사들의 행동강령으로 자리 잡았다. 12세기에 기사도가 전성기를 맞이한 배경이 그것이었다. 13세기에는 기사도의 보급이 절정에 달했다. 유럽 각국으로 기사도의 이상이 널리 퍼졌다. 어느 나라에서든 기사는 교회를 섬겼고, 영주에게 충성을 맹세했다. 또 자신의 명예를 지키기 위해 목숨을 걸었다.

기사도가 전 유럽에 확산되는 중요한 계기가 있었다. 십자군전쟁이었다. 십자군전쟁은 11세기 말에 시작되어 2세기 동안 계속되었다. 무려 여덟 차례에 걸친 원정사업이었다. 교황청의 주도로 유럽 각국의 기사들이 전쟁터

십자군전쟁을 계기로 기사도가
전 유럽에 확산되었다.

로 나갔다. 그들은 기독교의 성지 팔레스티나(팔레스타인)와 성도 예루살렘을
이슬람교도들로부터 탈환하기 위해서 전쟁을 한다고 주장했다. 그때 기사들
은 가슴과 어깨 부위에 십자가 표시를 했다. 이 원정을 십자군이라고 부르게
된 이유다.

십자군 원정의 성격은 복합적이었다. 종교적 열정을 표면상의 이유로 내
세웠으나, 실지로는 세속적인 목적이 있었다. 전쟁에 참가한 봉건영주와 기
사들은 지배 영역을 확장하기 위해 싸움터로 나갔다. 상인들은 아프리카, 이
슬람과의 무역 확대를 갈망했다. 또 농민들은 봉건사회의 사슬에서 탈출하
고자 병사가 되어 전쟁터로 달려갔다. 혹자는 모험심과 호기심이 발동해서,
혹자는 이교도를 약탈하기 위해 원정군에 합세하기도 했다.

십자군 원정을 원활하게 수행하기 위해 유럽 각지에서는 다양한 기사단이
조직되었다. 기사단마다 규칙을 정했고, 이 기사도가 기사계층 전반으로 퍼
져나갔다. 특이한 기사단도 있었다. 예수의 무덤에서 수여식을 거행한다고
해서 성묘기사단(Kinght of the Holy Sepulchre)이라 불리는 기사들도 있었다. 이
기사단은 여러 기사단으로부터 정예용사만을 뽑아서 만든 특수 조직이었다.

그들은 전술적으로 탁월했다. 특히 근접전에 능했다고 알려져 있다. 그러나 그들의 헌신적인 노력에도 불구하고 십자군운동은 결국 실패로 끝났다.

십자군전쟁이 본래의 목적을 달성하지 못하고 끝나자, 원정사업을 추진했던 교황청의 위신이 추락했다. 원정에 참가한 기사단과 봉건영주들도 기대한 만큼의 대가를 얻지 못해 불만이 쌓였다. 이와 달리 유럽의 상인들은 아프리카, 이슬람을 연결하는 교역망을 건설함으로써 막대한 이득을 얻었다. 가장 대표적인 것은 베네치아의 상인들이었다. 덕분에 유럽 각국 사이에는 원거리 무역이 발달했고, 도시의 발전이 가속화되었다.

이슬람 지역으로부터 과학기술과 고대 그리스 및 로마의 지적 유산이 속속 유입되기도 했다. 그동안 유럽인의 뇌리에서 잊힌 유클리드의 기하학이며 고대 그리스 철학자들의 저술, 이슬람의 천문학과 의술 등이 유럽에 전해졌다. 여태껏 알지 못했던 새로운 농작물과 생활도구도 전해졌다. 지식 및 정보의 이전이 괄목할 만큼 활발했다. 이로써 유럽은 중세의 깊은 잠에서 깨어났다. 이처럼 문화지형이 바뀌자 14세기 이탈리아에서 르네상스 운동이 일어났다. 이후 르네상스 운동은 200년이나 계속되어 근대의 문을 활짝 열었다.

그러나 그것은 나중의 일이었다. 십자군 원정이 끝난 직후 유럽은 혼란에 빠졌다. 오랫동안 전운이 가시지 않았다. 세속권력끼리의 전쟁이 격화되었는데, 백년전쟁이 대표적이다. 프랑스를 전쟁터로 삼아, 영국과 프랑스 양국이 1337년부터 1453년까지 무려 116년 동안 단속적으로 전쟁을 벌였다. 이것은 두 나라 왕실 간의 왕위계승 전쟁이었다. 더 정확하게 말해, 플랑드르와 기엔 지방의 지배권을 둘러싼 싸움이었다.

플랑드르는 당시 유럽 최대의 모직물 생산지였다. 그 원료인 양모는 영국에서 수입되었다. 이 지방에 대한 경제적 지배권은 영국의 수중에 있었다. 프랑스 왕들로서는 참기 어려운 일이었다. 그들은 이 지역에 대한 지배권을 행사하고 싶었다. 또 기엔 지방도 비슷한 문제를 안고 있었다. 유럽 최고의 포도주 생산지였던 기엔 역시 영국 왕의 차지였다. 역대 프랑스 왕들은 이 지역도 직접 지배하기를 원했다. 백년전쟁은 이 두 지방의 지배권을 둘러싼 영국과 프랑스의 치열한 공방전이었다.

유럽에서 전쟁이 장기화되자 여러 가지 부수적인 변화가 일어났다. 첫째, 공격 무기인 대포의 성능이 크게 개선되었다. 둘째, 전쟁의 효율적 수행을 위해 중앙집권제가 강화되었다. 셋째, 대포를 비롯한 신형 화기의 발달로 기사의 군사적 효용성이 사라졌다. 그리하여 전쟁터에는 용병이 대량으로 투입되었다. 결과적으로 15세기에는 기사제도가 붕괴하기 시작했다.

그 시기에는 원거리와 근거리 무역이 더욱 활발해졌다. 이에 짝하여 화폐 경제가 나날이 발달하여, 봉건제도의 근간이었던 장원(莊園) 경제가 붕괴했다. 기사계급의 몰락은 피할 수 없는 역사적 대세가 되었다. 오직 한 가지 예외가 있었다. 그 나라는 영국이었다. 그곳에서는 다수의 기사들이 농촌의 지주, 즉 젠트리(gentry)로 변신했다. 이후 수백 년 동안 젠트리는 영국 사회의 지배층으로서 신분적 정체성을 유지했다.

16세기가 되자 유럽 각국의 기사계급은 완전히 몰락했다. 대포와 소총의 눈부신 발달로 인해, 말 탄 기사의 창과 칼은 구시대의 유물로 전락했다. 기사는 더 이상 정예군의 중심세력이 아니었다. 기사계급이 몰락하자 기사도의 시대도 자연스럽게 막을 내렸다.

그때부터 기사 작위는 왕이 마음대로 수여하는 일종의 명예직이 되었다. 왕은 자신에게 충성을 바치는 고위관리들에게 기사 작위를 주었다. 기사라는 용어의 본뜻은 '말 탄 전사'였다는 점을 고려할 때, 이 제도의 본래 취지에서 동떨어진 현상이었다. 오늘날 영국 여왕은 예술과 학술 등 여러 분야에서 탁월한 업적을 낸 사람들에게 기사 작위를 준다. 비틀스의 드러머였던 링고 스타도 기사 작위를 받았다. 가수 폴 매카트니와 엘튼 존, 영화배우 숀 코네리, 축구선수 데이비드 베컴 등도 작위 소지자가 되었다. 2018년에 작고한 물리학자 스티븐 호킹은 작위 수여를 사양했다고 한다.

03

문학으로 남은
기사도 정신

———

중세는 기사의 시대였다. 비록 기사는 지배기구의 최하층을 차지했으나, 우리로서는 과소평가할 수 없다. 왕과 영주도 넓은 의미에서는 기사였기 때문이다. 조선시대에도 실은 그러했다. 아무 벼슬도 없는 초야의 선비란 지배층의 말단에 불과했으나, 조정의 고관대작도 선비요, 심지어 조선의 왕도 본질적으로는 선비와 같았다. 중세 서양과 조선의 한 가지 공통점이 거기 있었다.

서양 중세에는 기사의 삶을 주제로 한 문학이 크게 발달했다. 11세기 프랑스에서 처음 시작된 기사문학은 차츰 유럽 전체로 퍼져나갔다. 12세기에는 절정에 달했다. 작가들 중에는 기사가 단연코 많았다. 왕과 성직자 중에서도 기사문학의 창작에 가담한 경우가 적지 않았다. 그런데 13세기가 되면 기사문학이 시들해졌다. 세상이 변하고 있었기 때문이다. 도시가 빠른 속도로 발달했다. 그러자 문학의 소재가 기사를 떠나 도시생활 중심으로 바뀌었다.

기사문학의 갈래는 크게 서정시와 서사시로 나뉜다. 기사문학의 원류라 할 수 있는 프랑스에서 그런 경향이 나타났다. 서정시는 프랑스 남부 지방에서 발달했다. 가장 인기 있는 주제는 연애였다. 연애시의 작가를 프랑스 사람들은 '트루바두르(troubadour: 음유시인)'라 불렀다. 그러나 프랑스 북부 지방에서는 서사시가 유행했다. 특히 기사의 무공을 서술한 작품이 많았다. 기사의 영웅적인 전투 장면을 묘사하거나, 영주(왕, 주교)와 기사들 사이에서 벌어진 충성과 반역의 드라마를 다룬 서사시가 대부분이었다. 물론 이러한 문학 사조도 고정불변은 아니었다. 12세기에는 프랑스 북부에도 애정서사시가 유행했다. 그런데 13세기에 들어서 십자군 원정이 장기화되자 종교적인 작품이 많아졌다. 기독교 신앙을 수호하기 위해 싸우는 기사들의 모험담을 서술한 서사시가 인기를 끌었다. 프랑스 북부에서는 기사문학의 작가들을 '트루베르(trouvere: 음유시인)'라고 불렀다.

프랑스의 기사문학은 『장미 이야기(Le Roman de la Rose)』를 모태로 삼았다고 한다. 그것은 아름다운 여인을 장미로 의인화한 운문형식의 소설이었다. 소설에는 구애에 성공하기까지의 과정이 다양한 방식으로 서술되었다. 10세기에 처음 출현한 이 소설의 제1부는 4500여 행이나 되는 장편이었다. 소설에 등장하는 다양한 화제들은 이후의 기사문학에서도 줄곧 되풀이되었다. 13세기 이후에 완결된 소설의 제2부는 더욱 긴 장편이었다. 제1부에 비해 세 배도 넘는 분량이었다. 무려 1만 7700여 행이나 되었다. 그 가운데는 귀족을 멸시하는 구절도 포함되어 있었다. 중세의 사회질서를 비판한 것이라고 할 수 있다. 기사계급의 쇠퇴를 반영하는 것으로 해석된다.

프랑스의 이웃나라인 독일에서도 프랑스 기사문학의 영향이 관찰되었다. 독일의 기사들이 문학작품을 창작한 것은 12세기부터였다. 그런데 그들 중에는 '부자유민(Unfree, unfreie)'이 많았다. 기사들의 출신이 프랑스와는 사뭇 달랐다. 당시 독일인의 80~90퍼센트는 부자유민이었으니 놀랄 일은 아니었다. 독일의 부자유민은 농노와 자유민의 중간 단계에 위치했다.

독일의 기사문학을 대표하는 작품은 독일의 고유한 정서를 담은 서사시 『니벨룽의 노래』다. 정확히 말해, 부르군트족의 전설을 토대로 한 서사시다. 부르군트족은 고(古)게르만 민족의 일부였다. 그들은 동(東)게르만계에 속한 부족이었다.

　기사문학은 프랑스로부터 도버 해협을 건너 영국으로도 전파되었다. 영국의 기사들이 가장 애호한 작품은 『아서왕 전설』이었다. 아서왕은 6세기경 영국(잉글랜드)에 살았던 켈트족의 전사로 부족장까지 지냈던 인물이다. 켈트족은 누구인가. 본래 프랑스 남부 지방에 거주하던 인도-아리아 계통의 유목민족이다. 그들이 영국으로 이주하여 그곳의 토착민이 되었다. 『아서왕 전설』은 켈트족의 구전설화에 기사도의 옷을 입힌 것이었다.

　이밖에도 기사문학은 유럽 여러 나라로 뻗어나갔다. 각 나라의 신화 또는 설화와 결합하여 많은 작품이 탄생했다. 남유럽의 스페인에서도 기사문학의 명작이 탄생했다. 카스티야 출신인 로드리고 디아스 데 비바르(Rodrigo Díaz de Vivar, 1044~1099)의 일대기가 그것이었다. 스페인의 기사들은 로드리고의 이야기를 더욱 멋지게 개작하여, 『엘시드의 노래』를 선보였다. 알다시피 카스티야는 스페인 민족의 발상지다. 『엘시드의 노래』가 처음 등장한 것은 1120년경이고, 익명의 기사가 구술했다고 한다. 이후 여러 차례 개작되었고, 13세기 초에 문자로 정리되었다.

　이 시가는 주인공 엘시드의 용맹함을 자세히 서술하고 있다. 또 그가 국왕에게 얼마나 충성스러운 신하였는지도 기술했다. 아울러 아내와 딸들에 대한 엘시드의 애정이 얼마나 깊었는지도 절절하게 묘사했다. 엘시드는 한때 억울한 일을 당했고, 그로 인해 명예를 잃었다. 그러나 그는 포기하지 않았다. 엘시드는 명예를 되찾기 위해 톨레도 의회와 싸웠다. 마침내 그는 자신의 딸들을 스페인 왕자들과 결혼시킴으로써 명예를 회복했다.

　아래에서는 기사문학의 정수로 인정받는 영국의 『아서왕 전설』과 독일의 『니벨룽의 노래』를 좀 더 자세히 소개할 생각이다. 또한 세르반테스의 기사소설 『돈키호테』에 대해서도 약간의 설명을 붙이고 싶다. 『돈키호테』는 르네상스 이후 유럽인들의 기억에서 사라져간 기사문학의 인기를 되살린 작품으로 정평이 있었다.

『아서왕 전설』, 유럽으로 퍼져나가다

『아서왕 전설』은 복합적인 성격을 띠었다. 이 전설의 토대는 영국의 토착 민족 켈트족의 역사였다. 거기에 바다 건너 영국으로 진출한 앵글로색슨의 설화가 덧칠되었다. 그에 더해 기독교 사상이 입혀졌다. 이런 아서왕 전설이 유럽 각지로 퍼져나갔다. 그 과정에서 유럽 각국의 전설과 민담도 끼어들었다. 한 마디로 『아서왕 전설』은 영국적이면서도 유럽적이었다. 이 전설은 여러 나라 기사들의 무용담과 연애담을 집대성한 것이라 해도 과언이 아니다.

15세기 영국의 토머스 맬러리 경(Sir Thomas Malory)은 이 전설을 개작했다. 『아서왕의 죽음(Morte d'Arthur)』이었다. 맬러리 경의 작품은 웬만한 대하소설을 능가하는 방대한 규모였다. 이렇듯 『아서왕 전설』은 영국의 산문문학사에도 지대한 공헌을 했다.

이제 『아서왕 전설』의 배경을 좀 더 자세히 알아보자. 우선 5~6세기 영국의 역사를 잠시 들여다보자. 쇠약해진 로마제국이 병사들을 철수시키자 권력의 공백이 생겼다. 그러자 영국을 차지하기 위한 전쟁이 일어났다. 켈트족은 토착세력으로서 그 땅의 주인이 되고 싶어했다. 당연한 일이었다. 그런데 스칸디나비아 반도와 유틀란트 반도에서 건너온 앵글로색슨족이 켈트족에게 도전장을 내밀었다. 두 세력 사이에 각축전이 치열했다.

저간의 사정에 관해서는 6세기 영국의 수도사 길다스(Gildas)가 남긴 역사 기록이 있다. 켈트족의 왕 보티게른은 픽트족과 패권을 다퉜다고 했다. 픽트족은 스코틀랜드의 동부 및 북부에 살던 토착민이다. 두 부족이 영국의 패권을 다투는 과정에서 용병까지 개입되었다. 켄트 지방의 주트족(게르만족의 일부) 이었다. 주트의 족장 헹기스트와 호르사 형제가 색슨족을 동원하면서 전쟁 은 복잡해졌다. 이에 보티게른 왕은 자신의 세력을 강화하기 위해 헹기스트 의 딸 로웨나와 결혼했다.

그런데 헹기스트 형제가 보티게른을 배신했다. 보티게른의 두 아들이 아 버지를 위해 복수의 칼을 뽑았다. 보티메르와 카티게른이 헹기스트의 동생 호르사를 살해했다. 그러자 이번에는 헹기스트가 보티메르 형제를 죽임으로 써 동생의 원수를 갚았다. 『아서왕 전설』은 주트족과의 전투를 승리로 이끈 켈트족의 이야기를 모티프로 삼은 것이었다.

『아서왕 전설』의 또 다른 배경도 있었다. 우선 아서왕에 대한 9세기의 문헌 을 살펴보자. 웨일스의 수도사 넨니우스(Nennius)가 쓴 『브리튼의 역사(Historia Brittonum)』가 대표적이다. 아서왕은 열두 번의 전투를 진두지휘했다고 하는 데, 마운트 바든 전투에서 대승을 거두었다고 한다. 그때 아서왕은 단신으로 960명의 목을 베었다 한다. 또 다른 문헌도 있었다. 10세기에 작성된 『캄브 리아 연대기(Annales Cambriae)』(캄브리아는 웨일스의 옛 지명)가 그것이다. 이 연대 기는 바든 전투를 더욱 상세히 서술했다. 그밖에도 아서왕이 반역자 메드라 우트(모드레드)와 격전을 벌인 캄란 전투도 자세히 나와 있다. 그런데 전문가 들의 견해에 따르면, 위에서 언급한 『브리튼의 역사』와 『캄브리아 연대기』의 신빙성은 별로 없다고 한다.

어쨌든 한 가지 사실은 분명해 보인다. 『아서왕 전설』은 6~10세기에 기술 된 여러 종의 역사 기록과 민간 전설을 합쳐놓은 것이다. 그런데 당시 유럽 에는 아직 기사도라는 것이 존재하지 않았다. 기독교 신앙 역시 영국인의 마 음에 뿌리내리지 못하고 있었다. 『아서왕 전설』은 후대의 창작이었다. 영국 에 기사 집단이 확고히 자리 잡고, 기독교의 영향력이 커진 다음에 서술된 것이다. 기사도 정신을 빌려 고대의 전설을 완전히 개작한 것으로 평가된다. 고대의 전설에 등장하는 수많은 영웅들이 저마다 탁월한 중세의 기사로 변신하여, 다양한 무용담과 로맨스의 주인공으로 옷을 갈아입었다.

『아서왕 전설』의 줄거리는 너무도 유명하다. 다 아는 대로 이 전설의 주인공 아서는 사생아였다. 우선 펜드래곤이 유부녀인 이그레인(본래 골로 공작의 부인)을 겁탈해서 낳은 아들이었다. 혼외자인 아서는 엑터 경이라는 기사의 손에 맡겨져 남몰래 양육되었다. 아서는 자신의 출생에 얽힌 비밀을 모른 채 성장했다.

그런데 아서의 운명은 특이했다. 그는 "이 칼을 뽑는 이가 잉글랜드의 왕이다"라는 글귀가 새겨진 바위에 꽂힌 칼을 뽑는 기적의 주인공이 되었다. 그리고 예언대로 그는 결국 잉글랜드 왕이 되었다.

나중에 어느 전투에서 아서왕의 명검이 갑자기 부러져버렸다. 그가 기사도에 어긋난 싸움을 했기 때문이다. 이에 예언자 멀린이 아서왕을 어느 호숫가로 데려갔다. 호수의 요정이 눈앞에 나타나, 왕에게 '엑스칼리버'라는 새 명검을 주었다.

불행히도 아서왕의 아들 모드레드가 반란을 일으킨다. 나라는 극도로 혼란에 빠진다. 왕은 자신에게 반역한 아들을 처단하고 쓰러진다. 이때 아서왕은 신하에게 자신의 명검 엑스칼리버를 호수에 던지라고 명령한다. 그러고는 잉글랜드가 자신을 필요로 할 때 다시 돌아오겠다는 말을 남기고 훌훌 떠나간다.

이것이 『아서왕 전설』의 줄거리다. 주인공이 아서왕이라고는 하지만, 이 전설이 유럽 각지로 전파되는 과정에서 많은 작품들이 탄생했다. 판본에 따라서는 랜슬롯이 전설의 주인공으로 나오기도 한다. 랜슬롯은 아서왕이 거느렸던 원탁의 기사단의 일원이었다. 그는 진정한 영국 기사의 전형이었다.

누구보다 용감하고 예의 바른 기사였다.

어떤 판본에서는 갤러해드가 주인공으로 부각되었다. 갤러해드도 원탁의 기사 중 한 사람이었다. 그는 앞에서 말한 랜슬롯의 아들이다. 아버지를 닮아 용모가 수려하고 고결한 품위를 갖춘, 그야말로 기사 중의 기사였다.

『아서왕 전설』에 나오는 '원탁'의 유래도 흥미롭다. 카멜리아드 왕(레오데그란스)이 자신의 딸 기니비아 공주를 아서왕과 결혼시킬 때 둥근 탁자를 선물로 주었다. 이 원탁과 함께 100명의 기사도 딸려왔다. 그리하여 아서왕과 기사들은 항상 원탁을 빙 둘러 앉았다. 그들은 상하 구별 없이 서로를 동료애로 대했다. 이 기사들이 크고 작은 이야기의 주인공이었다.『아서왕 전설』은 그런 에피소드를 하나로 묶어놓은 것이었다.

이야기 속 아서왕은 신앙심이 깊은 기독교 신자였다. 그는 기사 중의 기사였고, 매력 넘치는 인물이었다. 르네상스의 기운이 짙어지고 중세가 종말을 고하게 되자, 이 전설도 서서히 잊혀갔다. 아서왕 전설이 재조명된 것은 19세기 말이다. 아서왕의 부활은 기사도를 이은 신사도의 유행과도 관련이 있었다고 생각한다. 그것은 19세기 영국 사회를 휩쓴 민족주의의 범람과도 불가분의 관계가 있었다고 나는 믿고 있다.

『니벨룽의 노래』, 독일 기사문학의 대표작

『니벨룽의 노래(Das Niebelungslied/ Niebelungenlied)』는 12세기 말 또는 13세기 초 중세 독일어로 기록되었다. 게르만족의 영웅 지크프리트가 주인공으로 나오는 영웅 서사시다. 수백 년 동안 구전으로 전해온 이야기가 드디어 문자로 정착한 것이다. 이 시가는 프랑스 기사문학의 정수인『롤랑의 노래(La Chanson de Roland)』와 더불어 유럽 기사문학의 쌍벽을 이룬다. 두 작품 모두 기사들의 상무정신과 기독교 신앙이 단단히 결합한 작품이다. 그 출현 시기로 보면 『롤랑의 노래』가 100년 이상 앞섰다. 그때는 프랑스가 여러모로 유럽에서 가장 선진적인 나라였다.

말이 나온 김에 『롤랑의 노래』에 대해 조금만 더 이야기해보자. 시가의 시대 배경은 8세기 말이다. 프랑스 왕 샤를마뉴가 스페인 땅을 지배하던 사라센(이슬람)을 격퇴하기 위해 전쟁을 벌이고 있었다. 이슬람의 군주 마르실은 프랑스 왕에게 충성을 서약했으나 신뢰하기 어려웠다. 기사 롤랑은 사라센을 정벌할 것을 주장했다. 이를 둘러싸고 프랑스 궁정에서 갑론을박이 일어났다. 우여곡절 끝에 롤랑은 사라센군을 격퇴했다. 그러나 그는 순교자로서 생을 마감했다. 이후 롤랑은 충성스럽고 신앙심 깊은 기사의 화신이 되었다.

『니벨룽의 노래』는 어떤 내용인가. 1부는 영웅적 기사 지크프리트의 영광과 비극적 죽음을 서술한다. 지크프리트의 아내 크림힐트가 죽은 남편을 위해 끝까지 복수한다는 내용이다.

지크프리트는 북유럽 신화에서 차용한 인물이다. 스칸디나비아에 『에다(Edda)』라는 전설집이 있다. 운문과 산문의 두 종으로 되어 있다. 또 『뵐숭 일족의 사가(Die Sage von den Wölsungen)』라는 전승도 있다. 이러한 여러 신화에 공통적으로 등장하는 영웅이 시구르드(Sigurðr)였다. 독일어로는 지구르트(Sigurt)라 했다. 『니벨룽의 노래』에서는 지크프리트(Siegfried)라는 이름으로 나온다. 북유럽의 신화 속 영웅을 기사문학의 주인공으로 삼은 것이다. 그 과정은 영국의 『아서왕 전설』과 유사하다. 결과적으로 신화 본연의 모습에 상당한 변화가 나타났다. 북유럽의 신화에 등장하는 여러 신들이 기독교 신앙에 밀려 자취도 없이 사라졌다. 신화 특유의 폭력성도 순화되었다. 명예와 정의, 신앙과 순결이 강조되는 기사문학으로 재탄생하기 위해서는 어쩔 수 없는 변화였다. 『니벨룽의 노래』는 기사도 정신을 한껏 미화했다. 한 걸음 더 나아가 인간은 헌신적 사랑을 통해 구제될 수 있다는 믿음을 강조하기도 했다.

요컨대 『니벨룽의 노래』는 오래된 게르만의 영웅전설을 기독교의 윤리에 알맞게 각색하고 거기에 기사도 정신을 불어넣어, 완전히 새로운 이야기로 꾸민 것이다. 당대에도 이미 인기가 높았고, 후세에는 다양한 사본과 이본이 등장했다.

대개는 2부로 구성되며 그중 1부는 지크프리트 전설을 빌린 것이다. 대략의 줄거리를 알아보자. 지크프리트 왕자는 부르군트족의 크림힐트 공주에게 청혼하여 결혼에 성공했다. 그러자 공주의 오빠 군터 왕은 브륀힐트 여왕에게 구혼했다. 처음에는 일이 뜻대로 되지 않았다. 결국 지크프리트의 지혜를 빌려 결혼이 성사되었다.

그런데 어느 날 크림힐트와 브륀힐트가 서로 언쟁을 벌였다. 누구의 남편이 더 훌륭한 용사인가 하는 것이 문제였다. 둘 다 한 치도 양보하지 않았다. 크림힐트는 자신의 남편 지크프리트가 더 훌륭하다는 점을 증명하기 위해 비밀을 폭로했다. 그가 브륀힐트를 속여서 군터와 결혼하게 만들었다며, 브륀힐트가 지크프리트에게 준 허리띠를 증거물로 내밀었다. 브륀힐트는 자신이 지크프리트에게 속아서 군터 왕과 결혼했다는 사실을 뒤늦게 깨달았다. 수치심을 느낀 브륀힐트는 지크프리트에게 복수하기로 결심했다.

복수심에 불탄 브륀힐트는 신하 하겐을 사주했다. 그러나 지크프리트를 죽이는 것은 쉽지 않았다. 지크프리트는 용을 물리칠 때 그 피를 뒤집어쓴 적이 있었기 때문에 불사신이나 다름없었다. 하겐은 궁리 끝에 속임수를 생각해냈다. 그는 크림힐트에게 접근하여 지크프리트의 약점을 알아냈다. 마침내 그는 창으로 지크프리트를 찔러 죽였다.

크림힐트는 하겐에게 속은 것을 깨닫고 복수를 결심했다. 그녀는 지크프리트가 유산으로 남긴 황금을 가지고 전사들을 불러 모으려 했다. 그러나 하겐은 군터 왕의 허락을 받아 지크프리트의 유산을 라인강 어딘가에 숨겨놓았다. 여기까지가 1부의 내용이다.

2부에서는 크림힐트의 복수극이 벌어진다. 이것은 부르군트족의 멸망에 관한 전설을 토대로 한 것이었다. 2부에는 새로운 사람들이 등장한다. 이야기의 분위기도 완전히 다르다.

과부가 된 크림힐트에게 훈족의 에첼 왕이 청혼해왔다. 크림힐트는 하겐을 죽이기 위해 에첼과 결혼했다. 그러나 하겐은 만만치 않은 상대였다. 우여곡절 끝에 에첼은 하겐을 자신의 궁으로 초대했다. 중간에 여러 번의 위기가 있었으나, 마침내 하겐은 훈족의 왕궁에 도착했다. 환영 연회가 벌어졌다. 이때 크림힐트의 지시를 받은 훈족 전사들이 하겐의 부하들과 치열한 싸움을 벌였다.

하겐과 그의 친구 폴커, 군터 왕은 여간해서 무너지지 않았다. 에첼은 동맹 세력인 디트리히 폰 베른과 그 부하 힐데브란트의 힘을 빌렸다. 그들은 가까스로 폴커를 제거했다. 하겐과 군터 왕은 생포되었다.

크림힐트는 하겐에게 지크프리트의 유산이 어디 있는지를 자백하라고 추궁했다. 대답을 거절하자 크림힐트는 자신의 오빠인 군터 왕을 먼저 살해했다. 이어서 하겐의 목도 잘랐다. 그러자 힐데브란트는 여성이 감히 용사의 목을 잘랐다고 분개하며 크림힐트를 살해했다. 이로써 부르군트 왕족은 몰살당했다.

『니벨룽의 노래』는 기사들의 충성과 배신, 신앙심과 야심, 사랑과 분노, 명예를 둘러싼 다양한 관점을 실감나게 묘사했다. 독일 기사문학의 대표작으로 손색이 없다.

이 시가의 줄거리는 몰락의 과정으로 점철되었다. 하지만 자세히 살펴보면, 생명의 탄생과 죽음이 혼재하는 대서사극이라고 볼 수도 있다. 인간은 그 누구라도 죽음의 운명을 피할 수 없다. 그렇다면 모든 것이 무너진 폐허는 생명의 종말을 뜻하는 것일까. 아닐 것이다. 죽음의 어둠 속에서 다시 생명이 솟아난다. 죽음은 새 생명의 출발점이 될 수 있다. 철학적으로 보면 그렇게 해석할 수 있다. 그런 점에서 『니벨룽의 노래』는 비극적이면서도 비극을 초월한 영웅담이다. 아마도 그래서이겠지만, 이 시가는 근대 독일인들 사이에서 엄청난 인기를 끌었다.

1871년 비스마르크가 독일 통일을 달성했다. 그로부터 불과 3년 뒤인 1874년, 리하르트 바그너가 오페라 대작을 내놓았다. 『니벨룽의 반지』 4부작을 완성한 것이다. 1876년 바그너는 자신이 열정을 쏟아 만든 이 작품을 대중 앞에 선보였다. 『니벨룽의 노래』가 오페라로 찬란하게 부활한 것이었다. 독일의 예술사에 기념비적인 작품이 등장한 셈이었다.

바그너는 근대의 미학을 활용하여 게르만족의 신화를 되살려냈다. 당시로서는 가장 효과적인 방법으로 독일의 위대한 전통을 재현하는 데 성공했다. 독일인들은 그의 작품에 열광했다. 이것은 양날의 칼이었다.

긍정적으로 보면, 바그너를 통해 게르만의 유구한 전통이 부활했다. 그리하여 인류문화에 새로운 빛깔과 문양을 더했다고 볼 수 있다. 그러나 부정적인 측면도 분명히 존재했다. 오페라 『니벨룽의 반지』는 독일의 국수주의자들을 자극했다. 그들은 용감한 게르만 민족의 전통을 확신했고, 자국민들도 신화 속 인물들처럼 애국심에 불타오르기를 바랐다. 훗날 그들은 배타적이고 침략적인 군국주의 노선을 더욱 강화했다. 2차 세계대전의 원흉인 아돌프 히틀러가 바그너의 열렬한 숭배자였다는 것은 널리 알려진 사실이다.

『돈키호테』, 시대를 뛰어넘은 걸작

르네상스 시대를 거치면서 기사문학은 유럽인의 기억에서 차츰 희미해졌다. 그러나 중세 기사들의 서사시가 완전히 잊힌 적은 결코 없었다. 지식인들의 서가 한쪽 귀퉁이에는 기사문학 작품이 장식품처럼 꽂혀 있었다. 기사문학의 존립에 영향을 준 스페인의 작가가 있었다. 세르반테스(Saavedra Miguel de Cervantes, 1547~1616)였다. 그의 소설 『돈키호테(Don Quixote)』는 기사문학의 전통을 계승하면서도 새로운 방향을 모색했다.

스페인 이야기를 조금 해보자. 16세기 스페인 사람들은 남미에 진출하여 금은보화를 독차지했다. 당시 스페인은 가장 부유하고 강한 나라였다. 그러나 영광의 시간은 짧았다. 불과 한 세기도 지속되지 못했다. 16세기 말 스페인은 국가파산의 쓴맛을 보았다. 스페인의 몰락은 수 세기에 걸쳐 진행되었다. 그 사이 이 나라는 잔혹한 마녀사냥과 유대인 학살로 악명을 떨쳤다. 이렇게 혼미를 거듭하는 와중에도 스페인 사람들의 위대한 예술혼은 세상을 깜짝 놀라게 할 때가 있었다. 『돈키호테』의 등장은 그중의 하나였다.

1605년 『돈키호테』 제1부가 완성되었다. 그로부터 10년이 지난 1615년, 『돈키호테』 제2부가 독자들에게 공개되었다. 소설의 인기는 대단했다. 같은 제목의 발레가 등장한 것만 보아도 충분히 알 수 있다.

소설의 주인공 돈키호테는 시대착오적인 인물이다. 그는 자칭 기사였으나, 후세에는 무모한 사람의 대명사가 되었다. 풍차를 거인으로 착각해, 말을 타고 돌진했으니 무리가 아니었다. 그의 우스꽝스러운 행각은 폭소를 자아낸다. 그는 여행 중에 여관이 나타나자 전에 읽은 기사소설 속의 성으로 오인했다. 여관 주인이 숙박비를 요구하자, 돈키호테는 기사소설에 등장하는 성주가 손님에게 숙박료를 요구한 적은 없었다며 완강히 거절했다. 이 엉뚱한

프랑스 화가 귀스타브 도레가 그린 삽화. 기괴한 돈키호테 캐릭터를 잘 표현하고 있다.

주인공 곁에는 충직한 산초 판사가 있었다. 두 인물의 명콤비가 독자들의 주목을 끌었다.

돈키호테에게는 의외의 면모도 있었다. 때로 그는 지극히 상식적인 인물처럼 보인다. 연인에게 배신당해 가슴 아파하는 여성을 위로하며 충고를 아끼지 않은 적도 있었다. 그때 돈키호테는 말하기를, 일생의 동반자를 충동적으로 선택해서는 안 된다고 했다. 제법 그럴듯한 충고가 아닌가. 또 아들의 학업 문제로 고민하는 부모에게는 부모가 아이들의 능력과 의사를 무시하고 마음대로 학교를 결정하는 것은 잘못된 일이라고 비판했다. 지극히 상식적인 말이 아닌가.

『돈키호테』덕분에 다시 유명해진 중세의 기사도 있었다. 이탈리아의 오를란도(Orlando)였다. 이 이름은 프랑스어의 롤랑(Roland)에 해당한다. 알다시피 기사 롤랑은 프랑스 기사문학을 대표하는 존재였다. 작품 속에서 돈키호테는 『광란의 오를란도(Orlando Furioso)』를 거듭 인용했다. 이것은 이탈리아의 영웅 서사시로 루도비코 아리오스토(Ludovico Ariosto, 1474~1533)의 펜 끝에서 탄생한 시가였다. 집필 기간만도 30년(1502~1532)이요, 규모 또한 거창했다. 무려 3만 8736행이나 되는 시가였다. 이 시가는 인문주의자 마테오 마리아 보이아르도(Matteo Maria Boiardo)의 미완성작인 『사랑에 빠진 오를란도(Orlando Innamorato)』의 속편이었다.

세르반테스의 『돈키호테』는 『광란의 오를란도』를 패러디한 것이라고 한다. 혹자는 『돈키호테』가 쓸데없이 장황하기만 하고, 박진감이 부족한 졸작이라고 혹평한다. 그도 그럴 것이 소설 곳곳에서 세르반테스는 자신의 후원자들을 칭송하는 구절을 삽입했다. 이 때문에 소설을 읽기가 불편하다고 푸념하는 독자들이 적지 않다. 일리 있는 비판이다.

그러나 이 소설이 400년 전에 나왔다는 점을 우리는 잊지 말아야 한다.

『돈키호테』는 현대인의 감각에 맞는 소설이 될 수 없다.

『돈키호테』는 위대한 걸작이라고, 나는 생각한다. 그 작가에게는 시대적 한계를 뛰어넘은 비상함이 있었다고 확신한다. 그 단서는 물론 작품 가운데서 발견된다. 세르반테스는 소설의 주인공을 통해 다음과 같이 말했다.

"내 소원은 다른 것이 아니다. (중세의) 기사문학에 나오는 거짓되고 터무니없는 이야기를 사람들이 증오하게 만들고 싶었을 뿐이다."

겉으로 보면, 『돈키호테』는 기사도의 낭만적 가치를 강조하는 것 같다. 그러나 그 이면을 살펴보면 그야말로 반전이다. 이 소설은 이성적인 성향이 짙다. 작가는 돈키호테라는 어처구니없는 인물을 통해 인간의 속물근성을 적나라하게 고발한다. 그는 진정한 이상주의자가 아니던가. 돈키호테야말로 현실 비판적 인물이다. 미치광이처럼 보이는 그가 실은 중세적 계급질서를 부정하고, 종교적 억압에 저항하는 인물인 것이다. 돈키호테는 인간의 삶 어디에 진정한 가치가 있는지를 묻고 있다. 이렇게 본다면 『돈키호테』야말로 근대문학의 이정표가 되기에 족하다.

그러므로 돈키호테의 이상한 행동은 작가가 의도적으로 설정한 장치가 아닐까 한다. 세르반테스는 17세기 스페인의 엄혹한 검열을 피하기 위해 돈키호테를 일종의 광인으로 위장한 것이다. 20세기 스페인의 철학자 호세 오르테가 이 가세트는 그 점을 날카롭게 지적했다. 가세트는 세르반테스의 문학성을 새롭게 해석하여, 돈키호테는 진지한 사회 비판정신의 구현이라고 힘주어 말했다.

한 마디로 『돈키호테』의 역할은 이중적이다. 한편으로는 르네상스 시대 이후 이탈리아에 구시대의 잔영처럼 남아 있던 기사문학의 전통을 계승했다. 그러나 다른 한편으로는 현실 비판의 예리한 칼날을 벼려 다가오는 근대를 향해 손짓했다. 기사문학이라는 화살이 중세의 시위를 떠나 근대문학으로 넘어가는 분수령 어딘가에 세르반테스의 귀한 자리가 있다.

이제 이야기를 마무리해보자. 11~14세기 유럽에는 기사문학이 유행했다. 이탈리아에서는 15~16세기까지도 그 흐름이 이어졌다. 17세기 초 스페인의 세르반테스는 그 전통을 비판적으로 계승하여 근대소설의 길로 안내했다.

19세기가 되면 기사문학의 흐름은 또 한 차례 변화를 맞았다. 독일의 정열적인 예술가 바그너의 오페라를 통해 기사문학은 화려한 재생의 꽃을 피웠다. 신사도에 대한 근대사회의 요구가 점증하는 가운데, 바그너식의 복고적인 작품들은 타오르는 민족주의 열풍에 기름을 부었다. 그것은 왜곡되기 십상이었다. 그리하여 왜곡되고 과장된 위험한 예술이 되고 말았다. 기사의 전통이 침략적 제국주의의 온상으로 전락하는 굴절이 나타났다.

그럼 조선 선비의 문학은 어떠했을까. 선비는 본래 책을 읽고 글 쓰는 것을 본업으로 삼았다. 단순히 양적인 면에서 비교한다면, 조선의 선비들이 남긴 문학작품의 총량은 서구의 기사문학과는 비교할 수 없을 정도로 방대했다. 수많은 문집도 여간한 거질(巨帙)이 아니려니와, 조선 500년 동안에 생산된 대부분의 공사(公私) 기록은 선비들의 붓끝에서 나왔다 해도 과언이 아니다.

작품을 질적으로 비교하면 어떠할까. 이것은 물론 단언하기 어려운 일이다. 그럼에도 몇 가지 특징을 언급할 수 있을 것이다.

첫째, 기사문학은 특수한 몇몇 장르에 국한되었다. 서양 고대의 신화를 기독교 사상과 접목해서 재해석한 점이 특징적이다. 선비들의 문학은 달랐다. 때로 그들은 성리학(유교)의 이상을 바탕으로 불교와 도교의 사상을 융합하기도 했으나, 정반대의 노선을 추구할 때가 더 많았다. 불교와 도교 등을 이단으로 배척했고, 유학이라 해도 오직 성리학만을 정학(正學)으로 못 박는 등 교조적인 풍조가 성행했다.

둘째, 기사문학은 약 300년에 걸쳐 유행했다가 사라졌다. 그러고는 수백 년의 세월이 흐른 뒤 다시 부활했다. 19세기에 재탄생한 기사문학은 좋은 의미로든 나쁜 의미로든 근대적 가치의 세례를 받은 것이었다. 기사문학은 유럽 역사의 변화에 발맞춰 다양하게 재해석되었다.

조선 선비의 문학은 장기지속의 구조였다. 14세기 말부터 조선왕조가 망할 때까지 500년 넘게 유지되었다. 자세히 살펴보면 그 나름의 내적 변천이 없지 않았다. 그러나 괄목할 만한 질적 변화가 일어났다고 보기는 어려울 것 같다. '수기치인'에 대한 선비들의 인식을 살펴보더라도, 조선 초기부터 후기까지 사실상 근본적인 인식 변화는 일어나지 않았다.

조선 사회는 오랜 세월의 흐름 속에서도 사회경제적으로 본질적인 변화를 겪지 않았다. 그 때문인지 선비의 문학에도 변동의 폭이 별로 크지 않았던 것 같다. 선비들은 자신들이 신봉하는 성리학적 이념을 더욱 강화하면서 사회 변화를 적극적으로 저지하기도 했다. 서양의 기사들에게는 그처럼 막강한 힘과 기능이 부여된 적이 없었다.

서양의 기사도와
일본의 '부시도'

———

서양의 기사도와 비슷한 사회 현상이 동아시아에도 있었다. 일본인들은 그들의 '부시도(武士道)'가 기사도를 방불케 했다고 주장한다. 둘 사이에는 과연 유사점이 있었다.

서양 중세사회와 마찬가지로 일본의 전통사회를 지배한 것은 무사였다. 그들은 일본 사회를 안정적으로 지배하기 위해 자신들의 역할을 명확히 규정할 필요를 느꼈다. 그리하여 사회 지도층으로서 무사들이 준수할 규범을 마련했다. 또 사회적 위신을 지키기 위해 도덕적 가치를 체득해야 했다. 아울러 무사집단의 고유한 미학적 관점이란 것도 필요했다.

어느 사회에서든지 지배층은 그들의 가치관에 합당한 도덕과 규범을 상정한다. 또한 그들은 계급적 취향에서 비롯한 독특한 미적 관점을 공유하기 마련이다. 지배층의 미학적 관점과 도덕 규범은 역사의 용광로에서 녹아, 하나의 독특한 세계관을 형성한다. 이것은 자명한 일이다.

그 점에서 일본도 예외가 아니었다. 무사의 규범이 처음 등장한 것은 13세기였다. 가마쿠라(鎌倉) 막부(幕府) 시절이었다. 1232년 『고세이바이시키모쿠(御成敗式, 또는 貞永式目)』라는 법전이 탄생했다. 총 51개 조항으로 구성되었는데, 이를테면 무가(武家) 최초의 규칙이라고 볼 수 있다. 이 법전에는 고케닌

(御家人: 사무라이)이 상호 간에 지켜야 할 규정이 기록되었다. 또 고케닌과 영주 사이에 분쟁이 일어날 경우 문제를 공평하게 처리할 기준도 구체적으로 명시되었다. 고케닌이란 무엇인가. 쇼군과 주종관계에 있는 무사를 뜻한다. '사무라이(侍)'의 오래된 명칭이 바로 고케닌이다.

그런데 엄밀히 말하면, 13세기에 제정된 그 법은 고케닌과 영주 사이의 분쟁을 처리하는 데 초점이 맞춰져 있었다. 일종의 시행규칙이었던 것이다. 일본의 사무라이들이 도덕 기준으로 삼아야 할 윤리라고 보기에는 미흡했다. 요컨대 가마쿠라 시대의 법전은 동시대의 기사도와는 차이가 컸다. 일본의 사무라이들은 서양의 기사에 비해 조직의 발달이 한참 늦었다.

중세의 기사도와 어느 정도 흡사한 규칙이 제정된 것은 17세기 초였다. 그때 에도(江戸) 막부는 사무라이가 지켜야 할 규칙을 광범위하게 설정했다. 1615년부터 문서화되기 시작한 '무가제법도(武家諸法度)'였다. 여기에는 최고 권력자인 쇼군(將軍)에게 사무라이들이 충성을 바쳐야 한다는 항목이 포함되었다. 사무라이에 대한 쇼군의 정치적 훈계도 수록되었다. 치안을 유지하기 위한 세부규정도 마련되었다. 사무라이가 각종 의례에서 지켜야 할 규칙도 정해졌다. 사무라이들이 대대로 섬기는 다이묘(大名: 영주)의 사회적 활동에 대해서도 세부지침이 결정되었다. 다이묘 집안의 결혼에 관한 규칙도 등장했다. 아울러 사무라이는 결코 도당을 결성해서는 안 된다는 점, 영주의 군비증강도 일체 용납하지 않는다는 금령이 포함되었다. 흥미롭게도 이 법전에는 누구든 지위고하를 막론하고 기독교 신앙을 가져서는 안 된다고 못 박았다.

'무가제법도'의 성격을 어떻게 보아야 할까. 사무라이의 윤리강령이라고 보기는 곤란하지 않을까. 그러나 사무라이의 사회적 책무와 권한의 한계를 명시한 점에서, 역사적으로 중요한 문헌임에 틀림없다. 부시도에 관한 중요한 문서로 취급해도 좋을 것이다.

에도 중기인 18세기 초에 또 한 건의 중요한 문서가 생산되었다. 1716년 규슈(九州) 사가번(佐賀藩)에서 펴낸 책자였다. 이것은 사무라이의 바람직한 언행을 자세히 설명한 『하가쿠레(葉隱)』였다. 여기에는 사무라이의 독특한 사생관(死生觀)이 표출되어 있다. 선종(禪宗)의 영향을 받아 형성된 죽음의 미학이었다. 즉 사무라이는 목숨을 버려야 할 때가 오면, 당당하고 아름답게 목숨을 내놓을 줄 알아야 한다고 했다. 사무라이다운 죽음을 극단적인 형태로 연출한 것이 '세푸쿠(切腹)', 곧 할복이었다.

할복의 전통은 20세기 중후반까지 이어졌다. 일본의 현대소설가 미시마 유키오(三島由紀夫)는 사무라이 정신을 무척 강조했다. 그는 군국주의의 광신적인 추종자로서, 자신의 최후를 할복으로 마감해 일본 사회에 큰 충격을 주었다. 미시마는 우익의 영웅으로 추앙되었다. 그가 쓴 소설 『우국(憂國)』(1960)에는 할복 장면이 극사실적으로 묘사되어 있다. 미시마도 그랬지만, 역사상 상당수 사무라이들이 그들 고유의 미학적 죽음을 연출함으로써 명예를 얻었다. 그런데 할복은 유족에 대한 사회적 동정심을 유발하는 수단이기도 했다. 할복한 사무라이의 유족은 생계를 염려할 필요가 없었다.

사무라이의 윤리도덕이 구체적으로 드러난 것은 18세기였다. 사무라이 문화의 쇠퇴기였다. 아이러니한 일이었다. 그때부터 사무라이는 갈수록 본연의 길에서 멀어졌다. 200년 넘게 평화가 지속되었기 때문이다. 평화가 오랫동안 지속되자 사무라이의 사회적 입지는 좁아졌다.

당시 도쿄와 오사카는 저마다 인구 100만 명을 헤아리는 세계 최대의 도시로 성장했다. 상공업도 크게 발달하여, 상인과 도시 거주자들(조닌)의 사회적·경제적 약진이 두드러졌다. 이러한 변화로 인해 사무라이의 지위는 상대적으로 약화되었다. 이미 전쟁도 사라졌고, 중앙집권적 통치체제도 정교해졌다. 사회는 더 이상 사무라이의 무예를 필요로 하지 않게 되었다. 그들이 무공을 통해 국가에 기여하거나 개인적으로 이름을 떨칠 기회는 사실상 사라졌다. 18~19세기의 사무라이는 기껏해야 영주를 호위하거나, 정부기관의 행정실무에 종사함으로써 약간의 봉급을 받았다. 사무라이의 영광은 사라졌다.

일본의 사회문화적 형편은 그러했다. 에도시대가 완전히 끝나고, 근대화가 시작될 무렵까지도 부시도의 윤리규범 같은 것은 본격적으로 체계화되지 못했다. 굳이 그런 노력을 기울여야 할 사회적 요구가 없었던 것이다.

이런 가운데 19세기 후반이 되자, 사무라이 계층은 일대 위기를 맞았다. 서구의 개방 압력이 커져 일본 사회가 급변했기 때문이다. 사무라이들은 '쇄국정책'의 지지자로서 개항을 반대했다. 그로 인해 개방정책을 추가하는 중앙정부와 전쟁을 벌이게 되었다. 세이난전쟁(西南戰爭)이었다. 1877년 사무라이들은 사이고 다카모리(西鄕隆盛)를 중심으로 굳게 단결하여, 메이지 신정부의 개방정책을 반대했다. 그보다 10년 전인 1867년, 사이고 다카모리는 에도 막부를 타도하고 메이지의 왕정복고를 적극적으로 지지했다. 그러나 그는 메이지 신정부에서 높이 등용되지 못했다. 이에 분노한 사이고는 가고시마현(옛 사쓰마)에 사무라이 학교를 세워 무사를 양성했다. 그러고는 신정부 타도를 외치며 반란을 일으켰던 것이다.

1877년 2월 15일, 사이고가 이끈 사무라이들이 구마모토현(熊本縣)을 무대로 반란을 일으켰다. 그들은 장장 6개월 동안 저항하다가 전멸했다. 서양의 지원을 받은 신정부의 신식 군대를 상대하기에는 역부족이었다. 이로써 구식의 사무라이들은 일본 땅에서 완전히 소탕되었다. 일본의 근대화를 가로막는 구세력이 역사의 무대에서 사라진 것이다. 이후 메이지 유신은 순풍에 돛을 달았다.

사상적인 측면에서 보면, 사이고 다카모리 등은 구한말의 위정척사파에 해당했다. 그들은 유교적 세계관을 옹호했고, 서구 지향의 근대화를 끝까지 반대했다. 그런 점에서 양자 사이에는 공통점이 있었다. 그런데 일본은 사무라이의 나라였으므로, 무력투쟁을 통해 나라의 장래가 결정되었다. 조선은 선비의 나라여서 끊임없는 논리적 공방이 계속되었다. 결과적으로 저들은 6개월간의 전쟁을 통해 장차 국가가 나아갈 방향을 결정지을 수 있었다. 그에 비해 조선의 찬반양론에는 끝이 없었다. 어느 편이 더 나았을까. 대답하기 난처한 문제다. 그러나 어느 편이 더 효율적이었는지를 묻는다면 그 대답은 간명하다.

사무라이 정신이 화려하게 재탄생한 배경

사무라이가 일본 역사의 무대에서 사라지고 다시 20여 년의 세월이 흘렀다. 사무라이의 환영이 화려하게 재탄생했다. 한 사람의 학자가 그 산파 역할을 자임했다. 니토베 이나조(新渡戶稻造, 1862~1933)라는 식민학자였다. 일찍이 그는 미국의 존스홉킨스대학과 대학원에 유학했다. 영어에 능통한 일본의 재사였다. 훗날 니토베는 교토제국대학과 도쿄제국대학에서 식민학을 강의했다. 그런 이력에 걸맞게 그는 일본의 식민지 지배를 이론적으로 정당화하는 데 앞장섰다. 니토베의 활동무대는 국제적이었다. 그는 국제연맹의 사무차장까지 지낼 정도였다. 전 세계에 이름이 널리 알려진 인사였다.

1931년 일본이 만주사변을 일으켜 북중국 일대를 강제 점령했다. 그러자 니토베는 유창한 영어 실력을 바탕으로 일본의 침략행위를 적극적으로 변호했다. 그는 군국주의의 대변인이었다.

자신의 조국 군국주의 일본에 바친 그의 가장 탁월한 업적은 무엇이었을까. 일본의 역사와 문화를 서양에 널리 알린 점이었다. 1899년 그는 일본의 전통문화를 널리 선전할 목적으로 한 권의 야심찬 책자를 간행했다.『부시도! 일본 정신(Bushido! The Soul of Japan)』이었다. 그가 이 책을 쓴 동기는, 일본의 고유한 윤리와 도덕을 강조함으로써 문화국가 일본의 위상을 높이는 것이었다. 서양이 기독교 중심으로 윤리의식을 발전시켜온 것과 달리, 일본에서는 사무라이 특유의 도덕관념이 발전했다. 이렇게 선전하는 것이 그의 저술 목적이었다. 거듭 말하거니와 일본의 무사도를 국제사회가 납득할 수 있도록 체계적이고 아름답게 서술하는 것. 이것이 니토베의 사명이었다. 결과적으로 그는 성공했다. "일본에는 서양 중세의 기사도를 무색하게 하는 무사 중심의 고급문화가 존재했다." 니토베는 서구의 지식인들이 이렇게 믿게 만들었다.

니토베는 자신의 책에서 16세기 말 도요토미 히데요시(豐臣秀吉)가 일본을 통일하기 이전에는 일본 사회가 지연(地緣)을 바탕으로 조각조각 나뉘어 있었다는 점을 상기시켰다. 그 시절의 사무라이는 주군(영주)에게 절대적인 충성을 바쳤다고 기술했다. 만일 그 사무라이가 목숨을 바쳐 충성을 다하면, 주인은 죽은 사무라이의 가족을 돌봐줄 의무가 있었다. 요컨대 사무라이에게 충성이 미덕이라면, 주군은 '은혜[仁]'의 덕목에 충실했다고 주장했다. 일본의 전통사회에는 쌍무적인 도덕률이 지배했다는 것이다.

그는 사무라이를 도덕적 존재로 부각시켰다. 의(義), 용(勇), 인(仁), 예(禮), 성(誠), 충(忠)의 도덕적 덕목으로 철저히 무장한 존재였다는 것이다. 또 사무라이는 할복으로 자신의 명예를 지키는 도덕의 화신이라고도 말했다. 충신(忠信), 충의(忠意), 충용(忠勇), 충성(忠誠), 충절(忠節)을 위해 기꺼이 목숨을 버리는 존재가 일본의 사무라이였다고 힘주어 말했다.

니토베는 사무라이의 도덕적 품성에 종교적인 색채를 입히기도 했다. 일본인의 가슴속에 깃든 유교와 선종의 사상적 영향이라고도 했다. 사무라이

일본의 무사도를 국제사회에 널리 알리는 책을 쓴 니토베 이나조의 초상과
그의 저서를 현대 일본어로 번역한 책.

는 유교의 가르침인 인의예성(仁義禮誠)을 묵묵히 실천하며, 공공의 이익을
추구하는 존재였다는 것이다. 그들은 개인의 이기심을 극도로 억제하는 존
재라고 추앙했다. 또 불교의 영향으로 사무라이는 선(禪)을 최고 수준으로 실
천했다는 점도 강조했다. 사무라이의 고유문화로 정착한 할복의 경우에서
보듯, 죽음마저 두려움 없이 받아들이는 사무라이의 태도는 누구라도 존경
하지 않을 수 없는 숭고함을 가지고 있다고 말했다.

　니토베의 책이 출간되자 서구의 지식인들이 열광했다. 그들은 그제야 일
본 문화의 정수를 발견한 듯 기뻐했다. 많은 서구인들이 이 책을 통해 일본
정신의 독특한 미학을 이해할 수 있게 되었다며 호평을 아끼지 않았다. 부시
도에 대한 니토베의 저술을 계기로, 일본인들의 자긍심은 더욱 높아졌다. 내
가 보기에, 사무라이의 미덕에 대한 일본 사회의 자화자찬은 지나쳤다.

　니토베가 재발견한 사무라이의 미덕은 서양 학자들의 연구에도 큰 영향을
미쳤다. 나는 지금 미국의 인류학자 루스 베네딕트를 염두에 두고 있다. 베네
딕트는 자신의 대표작『국화와 칼(The Chrysanthemum and the Sword)』(1946)에서
일본인의 '이중성'을 다음과 같이 설명했다.

"일본인은 싸움을 좋아하면서도 선(善)을 사랑한다. 무술을 숭상하면서도 아름다움을 추구하고, 야만적이고 난폭한 것 같으면서도 고상하다. 또 융통성이 없으나 임기응변에 뛰어나다. 순종하는 것 같지만 타인에게 지배받기를 싫어한다. 충성스러워 두 임금을 섬기지는 않지만, 때로 신의를 저버리고 의를 배반하기도 한다. 일본인은 용감하지만 비겁하고, 보수적이지만 새로운 문물을 기꺼이 수용한다. 이처럼 상호 모순된 기질을 가지고 있으나, 일본인의 기질은 어떤 것이든지 최고 수준으로 표현된다."

베네딕트의 일본관은 다음의 두 가지 측면에서 나의 관심을 끈다. 첫째, 그의 평가는 중요한 사안을 모두 이항대립으로 설정했다는 사실이다. 얼핏 보면 객관적이고 균형 잡힌 관점으로 보인다. 하지만 이런 식의 평가는 인류사회의 어느 집단에게나 공통적으로 적용될 수 있다. 베네딕트가 일본 사회의 특징이라고 명명한 양면성은 어느 사회에서나 공통적으로 관찰되는 것이다. 굳이 일본만의 고유한 특성으로 취급할 이유가 없다. 그런 점에서 베네딕트의 연구는 심오한 연구라고 평가하기 어렵다.

둘째, 일본에 대한 베네딕트의 호기심과 긍정적인 관점이 내게는 충격적이다. 이 책이 출간된 시점은 2차 세계대전이 막 끝난 뒤였다. 그러므로 그의 연구는 미국이 한창 일본과 전쟁을 벌이던 1940년대에 진행되었다. 그런데도 베네딕트는 적국인 일본이 모든 면에서 '최고 수준'이라는 찬사를 아끼지 않았다. 상식을 깨는 발언이었다.

베네딕트의 일본관은 극단적으로 긍정적이다. 이것은 어떻게 된 일인가. 모든 것이 니토베의 책 때문일까. 그렇게 단언할 수는 없다. 그럼에도 베네딕트가 니토베의 책으로부터 적지 않은 영향을 받은 것은 명백한 사실이다. 그 책으로 인해 서양의 지식인들은 부시도의 존재를 알게 되었고, 일본의 고유문화를 긍정적으로 평가하게 되었다.

서양인들은 왜 일본 문화에 호의적인가

과거에 나는 10여 년 동안 독일의 여러 대학에서 동양학을 가르치고 연구했다. 그 경험에 비추어볼 때, 내 생각은 대강 이러하다. 니토베가 등장하기 전에도 서구의 지식인들은 일본에 대해 우호적인 입장이었다. 그런 관점은 니토베를 통해 더욱 강화되었다. 물론 오늘날에도 서양인의 일본관은 매우 긍정적이다. 서양인들이 일본의 역사와 문화에 호감을 가지는 이유는 무엇일까. 내 생각에는 서너 가지 이유가 있는 것 같다.

첫째, 17세기부터 일본은 네덜란드와 부단히 교류했다. 네덜란드 상인들은 일본인들의 상무적인 기질을 좋아했고, 일본 사회의 질서정연함에 반했다. 일본의 화려한 대도시와 상공업의 발달도 그들의 눈길을 끌었다. 일본의 독특한 불교문화도 네덜란드인들의 호기심을 자극했다. 네덜란드 상인들을 통해 서양에 소개된 일본은 지극히 긍정적인 모습이었다.

둘째, 19세기 후반 서양에 다량으로 전파된 일본의 다색판화도 일본 문화에 대한 평판을 좌우했다. 우키요에(浮世畵)라 불리는 일본의 다색판화가 파리의 인상파 화가들에게 큰 영향을 주었다는 사실은 잘 알려져 있다. 당시 네덜란드의 화가 반 고흐도 일본 예술을 애호했다. 고흐는 일본 문화에 심취하여 일본 판화를 모방할 정도였다.

또한 에도시대 일본에서 생산된 도자기 역시 서양인들의 사랑을 받았다. 널리 알려진 대로 조선에서 일본으로 끌려간 도공의 후예들은 아름다운 예술품을 생산했고, 이것이 많은 서양인들의 애장품이 되었다. 자연히 일본에 대한 서구인들의 평가는 긍정적이었다.

셋째, 일본은 비(非) 서구 지역에서는 유일하게 서구식 근대화에 성공한 나라였다. 19세기 후반 일본은 메이지 유신이라는 이름 아래 체계적이고 적극적인 산업화 정책을 추진했다. 20세기 초가 되면 일본은 서구열강과 어깨를 나란히 할 정도가 되었다.

이에 더하여 니토베 같은 일본의 근대적 지식인들은 서구인의 호기심을 자극하는 책자를 다수 간행했다. 때문에 20세기 초 서구사회에는 일본 문화를 애호하는 제법 두터운 식자층이 형성되었다.

물론 니토베에 의해 미화된 일본의 부시도를 가장 환영한 것은 일본의 군국주의자들이었다. 그들은 사무라이의 '일본혼[大和魂]'을 일본 군국주의의 상징으로 부각시켰다. "천황과 조국 일본을 위해 목숨을 바치라." 이것이 사무라이의 후예인 일본인의 도리라고 군국주의자들은 강변했다. 이에 부시도는 일본 제국주의의 상징이 되었다. 그리하여 일본 군대의 침략을 부추기는 악역을 담당했다.

일본 역사를 돌이켜보면, 사무라이는 주인에게 절대적인 충성을 바치는 경향이 있었다. 니토베의 주장과 달리, 그들의 충성은 체계적인 신념에 기초했거나 도덕적으로 미화될 만한 것이 아니었다. 양자 사이에는 약간의 연관성이 있었을 뿐이다.

사무라이들의 생활습관에서 우리는 절제된 측면을 발견할 수 있다. 그들은 극기를 생활화했고 자기희생을 실천했다. 달리 말해 사무라이는 집단의 이익을 위해 충성을 다했으며, 그로 인해 국가의 역량이 한곳으로 집중되는 효과가 나타나기도 했다. 사무라이의 문화적 유산은 효율의 극대화라는 점에서 긍정적으로 평가될 만하다고 생각한다.

요컨대 19세기 말 니토베가 미화하고 체계적으로 구성한 부시도는 역사적 사실과 일치하지 않았으나, 그가 주장한 부시도를 연상케 하는 사무라이의 문화는 분명히 존재했다. 이를테면 사무라이의 직업윤리 같은 것이 있었다. 오랜 세월 동안 사무라이는 유교와 불교의 영향을 받으며 일본의 지배계층으로 성장했다. 그런 점에서 그들은 서양 중세의 기사들과 상당한 공통점을 가지고 있었다. 기사와 사무라이 모두 상무적이었고, 주인(영주)에게 충성을 다했으며, 명예를 소중히 여겼다. 기사와 사무라이는 그들이 속한 사회의 지배이념 또는 종교로부터 큰 영향을 받기도 했다.

하지만 양자 사이에는 몇 가지 차이점이 있었다. 첫째, 16세기가 되면 서양의 기사계급은 역사의 무대에서 완전히 사라졌다. 그에 비해 사무라이는 19세기 후반까지 존속했다. 그들의 윤리관도 13세기부터 더딘 속도로 조금씩 마련되었다. 그것을 완결한 이는 다름 아닌 니토베라는 근대적 지식인이었다.

둘째, 서양에서는 기사문학이 발전했으나, 사무라이에게는 특수계층의 문학이라고 일컬을 만한 것이 별로 없었다. 일본의 서사문학인 모노가타리(物語)에서 사무라이의 언행을 다룬 작품은 무척 많다. 그런데 17세기 이전에는 사무라이가 창작 활동에 종사하는 경우는 거의 없었다. 유교적 교양을 갖춘 사무라이 출신의 문인들이 대거 등장한 것은 18세기 이후의 일이다. 서양에서 기사문학이 전성기에 도달한 것은 12세기였다. 동시대 일본에는 사무라이가 창작한 문학이 사실상 존재하지 않았다. 18세기 이후 다수의 사무라이들이 교양계층에 편입되었다지만, 그 시기는 사무라이의 해체기 또는 쇠퇴기라고 봐야 한다. 전반적으로 말해, 일본의 사무라이는 인문적 성향이 부족했다고 생각된다.

셋째, 19세기 서양에서는 기사도의 인기가 부활하여, 국가주의 또는 제국주의적 성향을 조장하는 데 일조했다. 그러나 그것이 전부는 아니었다. 기사도에 뿌리박은 신사도는 시민들의 명예심을 북돋우고 사회적 약자에 대한 보호를 강조했다. 이로써 근대 시민정신을 북돋우는 데도 긍정적인 역할을 했다. 그럼 근대 일본에서 부시도의 역할은 어떠했던가. 니토베와 같은 근대적 지식인이 출현해 부시도를 강조했으나, 그 역할은 대체로 부정적이었다.

일본 사회를 더더욱 국수주의로 이끌고, 군국주의적 침략에 몰입하게 만들었기 때문이다.

일본의 부시도를 조선의 선비정신과 비교해보면 어떤 결과가 나올까. 왜, 하필 조선의 선비정신인가? 중국과 일본에도 선비(士)라 불리는 사람들이 있었지만, 조선시대야말로 선비정신이 가장 뚜렷했기 때문이다. 우리는 다음 세 가지 측면에 특히 유념해야 할 것이다.

첫째, 사무라이든 선비든 양자는 성리학(유교)의 영향을 받았다. 그리하여 일본의 사무라이들은 주인에 대한 의리와 충성심을 키웠다. 조선의 선비들은 달랐다. 선비들은 사람이 아니라 덕목 자체에 충실하고자 했다. 사무라이는 주군의 명령을 거역할 수 없으나, 선비는 왕명을 거부하고 조정의 정치를 강도 높게 비판할 때가 많았다. 그런 점에서 양자는 큰 차이를 보인다.

둘째, 선비와 사무라이는 자신들의 신념을 집단적 행동으로 표현하는 방식에서도 차이가 있었다. 선비는 공동명의의 상소를 올려 국정에 대한 의사를 표현했다. 그러나 사무라이들은 집단적인 반대의사를 표현하지 못했다. 극단적인 경우 그들은 무기를 움켜쥐고 반란을 일으키는 것이 전부였다. 선비의 문화에서는 토론이 발달한 데 비해, 사무라이 문화에서는 상명하복이 거의 절대적이었다.

셋째, 생활양식에서도 양자는 크게 달랐다. 사무라이는 도시적(都市的)이었다. 그들은 영주/주인을 모시며 성(城, 시로) 안에 머물렀고, 일체의 생산에 종사하지 못했다. 선비는 그렇지 않았다. 농촌 마을에 살며 농업에 종사하는 선비들이 많았다. 사무라이와 달리 선비는 국가로부터 고정된 수입을 받지 못하는 경우가 대부분이었다. 선비 중심의 조선 사회는 일본 사회에 비해 훨씬 더 농업 중심적이었다. 조선에는 국가의 공권력이 미치지 않는 공간이 넓었다. 대다수의 선비는 그러한 자율적 공간에서 비록 궁핍하지만 자유롭게 살았다.

이상에서 우리는 기사도의 본질이 무엇인지를 구체적으로 알아보았다. 아울러, 기사도가 어떠한 역사적 변천을 겪었는지도 검토했다. 또 유럽의 기사 문학에 나타난 몇 가지 특징도 알아보았다. 끝으로, 유럽의 기사도와 일본의 부시도가 어떻게 다른지도 살펴보았다. 이를 통해 우리는 한 가지 중요한 사실을 확인한 셈이다. 지난 1000년 동안 기사도는 유럽 사회의 변화를 추동한 힘이었다고 단언해도 좋을 것이다.

2장

신사와
산업혁명

중세가 끝나자 기사계급은 몰락했으나, 예외가 있었다. 영국의 젠트리였다. 젠트리 가운데는 기사도 포함되었다. 그런데 신분이 더 낮은 사람들, 즉 아무런 작위도 없는 지주들이 대다수였다. 젠트리는 임대 수입을 통해 넉넉한 생활을 유지했다. 덕분에 그들은 수백 년 동안 몰락하지 않고 사회적 위세를 이어갔다.

영국의 젠트리는 진정한 의미의 상류층이었다. 그들의 직업 활동은 결코 지주에 국한되지 않았다. 그들의 자제 중에는 법률가, 성직자, 교수, 하원의원 등이 쏟아져 나왔다. 부유한 상인도 상당수 배출되었다. 특히 젠트리의 일부는 청교도와 칼뱅주의자가 되어, 17세기 이후 영국의 정치, 사회 및 경제적 변화를 주도했다.

최근의 연구에 따르면, 영국에서 사상 최초로 산업혁명이 일어난 것은 독특한 인구구조와 밀접한 관계가 있다. 상류층인 젠트리의 인구가 지속적으로 증가하여, 그들의 신념과 가치가 영국 사회 전반으로 널리 퍼졌다는 것이다. 이 장에서는 이러한 주장을 적극 수용하여, 17~18세기 영국 사회의 모습을 조금 깊이 들여다볼 것이다.

18세기 이후 젠트리 가운데는 농업경영에 탁월한 인사들이 많았다. 그들은 기업가 또는 산업자본가로서 산업혁명에 적극적으로 참여했다. 가령 1870년대 영국의 산업 엘리트 가운데 과반수가 지주 출신, 곧 젠트리였다고 한다(에릭 홉스봄, 『자본의 시대』). 근대 영국의 명실상부한 상류층으로서 젠트리는 산업혁명을 결코 방관하지 않았던 것이다. 이런 사실에 관해서도 좀 더 진지한 관심을 가져야 할 것이다.

영국의 산업혁명 자체에 대해서도 주목할 필요가 있다. 산업혁명이란 과연 무엇일까. 그것이 일어난 영국에는 모종의 특수한 사회경제적 조건이 존재했을까. 영국의 산업혁명이 인류 역사에 미친 결과는 무엇이었을까. 물론 이런 문제들을 이 책에서 상세히 논의할 수는 없다. 그렇다 해도 몇 가지 중요한 측면에 대해서는 거칠게나마 요점을 정리해야 하지 않을까 생각한다.

01

상류층 인구의 증가가
영국 사회에 미친 영향

———

2007년 미국의 경제학자 그레고리 클라크(Gregory Clark)는 산업혁명에 관하여 한 가지 도전적인 주장을 펼쳤다. 그는 왜 영국에서 산업혁명이 일어났는지 그 원인을 새롭게 조명했다. 특이한 인구동태에 해답이 있다고, 클라크는 강조했다. 이것이 과연 무슨 뜻인지 의아하게 여길 독자도 적지 않을 것이다.

클라크는 『맬서스, 산업혁명 그리고 이해할 수 없는 신세계(A Farewell to ALMS)』(2007, 한국어판 2009)라는 책에서, 세계 주요 국가의 역사적 인구통계를 비교, 분석했다. 다각적인 연구 고찰을 통해서 그는 한 가지 중요한 사실을 발견했다. 산업혁명이 일어나기 이전, 영국의 상류층은 하층 사람들보다 훨씬 많은 수의 자녀를 출산했다는 것이다.

그런데 이것이 무슨 대수란 말인가. 클라크의 설명을 좀 더 들어보면, 고개가 끄덕여진다. 19세기 초까지도 지구상에는 괄목할 만한 경제성장이 없었단다. 따라서 영국의 상류층 자녀들도 대부분은 하향 이동을 경험할 수밖에 없었다. 그런데 여기에 중요한 사실이 은폐되어 있었다. 상류층, 곧 젠트리를 비롯한 중산층의 자녀들은 신분이 격하되더라도, 부모로부터 물려받은 가치관과 행동양식을 평생 동안 유지한다는 점이다.

이러한 사회문화적 성향이야말로 클라크가 영국의 역사적 변화를 설명하는 열쇠였다. 상류층 특유의 가치관을 가졌기 때문에, 그 자녀들은 다시 상류층이 될 가능성이 높았다는 것이다. 몰락한 상류층의 자제들이 영국 사회 전반에 널리 퍼지자, 사회적 분위기가 완전히 달라졌다고 한다. 클라크의 주장에 따르면, 바로 이런 사람들이 산업혁명을 주도했다는 것이다. 몰락한 상류층의 자손들이 영국의 운명을 바꿔놓았다는 역사적 해석은 새롭다. 클라크의 학문적 기여가 이 점에 있다.

영국의 산업화는 인구 증가와 밀접한 관계가 있었다. 인구가 지속적으로 증가하자 각종 상품에 대한 수요가 늘었고, 상품 생산에 투입할 노동력도 손쉽게 구할 수 있었다.

이미 수년 전부터 일본과 한국을 비롯한 상당수 산업국가들은 정반대의 고민에 빠져 있다. 출산율이 지속적으로 떨어지고 고령화가 빠른 속도로 진행되고 있다. 상품 수요가 줄어 경기가 지속적으로 위축되고 있다. 값싼 노동력도 구하기 어렵다. 이른바 기피업종은 외국인 노동자에게 의존하는 형편이다. 이런 현상이 장기간 지속되면, 풀기 어려운 사회적 갈등이 유발된다. 내수경제가 활기를 잃고 성장률도 둔화된다. 그야말로 총체적인 난맥상이 전개되는 것이다.

클라크가 적절히 지적한 것처럼, 단순히 총인구수의 변동만으로는 경제적 가능성을 판단할 수 없다. 인구수만으로 보면 하필 산업혁명이 영국에서 가장 먼저 일어날 까닭은 없었다. 19세기 초 일본과 중국은 여러 측면에서 영국만큼이나 유리한 조건을 갖추고 있었다. 중국과 일본은 영국 못지않게 사유재산권을 확고하게 보장해주었다. 위생 수준이나 문해율도 대단히 높았다. 총인구가 영국보다 훨씬 많았던 것은 두말할 필요도 없다. 당시 일본의 인구는 3100만 명이었다. 중국은 2억 7000만 명이었다. 영국의 인구는 고작 700만~800만 명 수준이었다.

영국은 본래 인구수가 많지 않았다. 1500년에는 250만 명에 불과했다. 200년 뒤인 1700년에는 650만 명이었다. 영국의 인구가 비약적으로 증가한 것은 19세기였다. 1851년에는 인구가 2100만 명에 이르렀다. 영국은 국토 면적과 인구 규모만 보면 조선과 유사한 수준이었다.

클라크에 따르면, 산업혁명의 발생에 가장 결정적인 요소는 지속적인 인구 증가였다. 더 정확히 말해, 상류층의 인구가 꾸준히 증가하는 것이 핵심적인 요인이었다. 만일 하층민의 인구가 급속히 증가하면, 그것은 국가경제에 부담을 주게 된다. 18세기 중국의 급속한 인구 증가가 바로 거기에 해당한다. 또 20세기에 관찰된 제3세계의 인구폭발도 마찬가지였다. 그러한 사회에서는 극빈자의 수가 급속히 늘어난다. 결과적으로 단순 노동력은 풍부해졌으나, 상품 수요는 큰 폭으로 증가하지 않는다. 또 양질의 노동력을 확보하는 데도 큰 어려움이 따른다.

18~19세기 영국에서는 이와 정반대의 특이한 인구동태가 나타났다. 상류층이 하층민보다 두 배나 많은 수의 자녀를 낳았다. 그리하여 상류층 자녀의 대다수가 하위계층으로 하향 이동했다. 가령 아버지가 장인(Master)이라면 아들은 전문기술을 가진 노동자가 되었다. 아버지가 부유한 상인이라면 아들은 중소 상인이 되었다. 만일 대지주의 아들이라면 소지주로 격하되었다(클라크, 제2장 참조).

19세기 초반 영국의 급격한 인구 증가는 사회적 경각심을 불러일으켰다. 토머스 맬서스가 『인구론』(1798)을 쓰게 된 배경이다. 맬서스는 자신의 책에서 다음과 같은 유명한 주장을 했다.

"인구는 기하급수적으로 증가하지만 식량은 산술급수적으로 증가한다. 자연적으로 인구와 식량 사이에는 불균형이 발생한다. 그 결과 기근 등의 재난이 닥치면 사회경제적 파탄을 피할 수 없게 된다."

오늘날의 입장에서 보면 허점이 있는 주장이다. 우리의 역사적 경험이 증명하듯, 인구가 기하급수적으로 늘어난 적은 결코 없었다. 뿐만 아니라 식량도 적절한 기술만 있으면 얼마든지 증산할 수 있다. 그러나 19세기 유럽인들은 현대의 기술혁신을 알 턱이 없었다. 그들은 맬서스의 주장에 공감했을 뿐만 아니라, 인구폭발의 공포에 사로잡혔다.

19세기에는 계층별로 기대수명이 현저히 달랐다. 영국에서도 사정은 마찬가지였다. 빈곤층 자녀는 영유아기의 생존율이 낮았다. 때문에 하층민의 혈통은 거의 소멸할 지경이었다. 빈곤층의 자리를 메운 것은 상류층 자손들이었다. 그 바람에 의외의 현상이 나타났다. 상류층의 사회문화적 특징이 영국 사회의 모든 영역으로 확산되었다. 클라크는 그렇게 주장했다.

그가 주목한 상류층의 특징은 무엇일까. 인내심, 근면성, 독창성으로 대표되는 특이한 신념과 가치관이었다. 이것이 결국 영국 사회를 역동적으로 바꾸었다고 했다. 인구 증가와 가치관의 변화가 산업혁명의 주요한 동인이며, 산업혁명의 효과를 배가시켰다. 클라크는 그렇게 분석했다(클라크, 제1장).

이러한 영국의 인구 동향은 일본 및 중국과는 완전히 달랐다. 동아시아의 강대국에서는 상류층의 인구 증가가 저조했다. 하층민의 자녀 수보다 약간 많은 정도였다. 왜 그랬을까. 일본과 중국의 상류층은 자녀의 신분이 강등될까 염려했다. 그래서 출산율을 낮추는 데 힘을 쏟았다는 것이다.

아마 조선에서도 마찬가지 현상이 있었을 것이다. 겉으로는 '부귀다남'을 외쳤으나 실제로는 달랐다. 이름난 경주 최부잣집도 예외가 아니었다. 그들이 9대 진사요, 9대 만석꾼의 지위를 누린 배경에는 대대로 한두 명의 아들만 낳았기 때문이다. 최씨들이 산아제한을 위해 어떤 노력을 기울였는지는 잘 모르겠다. 어쨌거나 동아시아의 상류층이 예견된 자녀들의 몰락을 방지하기 위해 출산율을 낮춘 것은 명백한 사실이다. 결과적으로 신분 강등을 강

18~19세기 영국에서는 상류층 인구가 크게 늘어나 사회 변화에 막대한 영향을 미쳤다.

요당한(?) 상류층의 자녀는 많지 않았다. 사회는 전반적으로 안정세를 유지했다.

18~19세기 영국 사회는 달랐다. 상류층 사람들이 자녀의 하향 이동을 염려한 흔적이 별로 없다. 클라크는 그 이유에 대해서는 설명하지 않았다. 그런데 내 생각에는, 적어도 세 가지 이유가 있었을 것이다.

첫째, 18세기 이후 영국의 해외 진출이 크게 늘어났다는 점이다. 영국의 경쟁국인 프랑스는 18세기 말에 일어난 프랑스 대혁명으로 인해 정치적 · 사회적 소용돌이에 빠졌다. 프랑스 사회는 수십 년 동안 안정을 찾지 못하고 표류했다. 유럽 어디에도 영국의 해상 진출을 가로막을 만큼 강력한 경쟁 국가가 존재하지 않았다. 영국의 해외 진출에 청신호가 켜졌다.

둘째, 18세기 후반부터 위생 관념과 의료기술에 혁신이 일어났다. 과학기술의 발달이 의료에 긍정적인 영향을 미친 것이다. 의료 혜택을 누릴 수 있는 상류층의 자녀들은 영유아기의 생존 가능성이 현저히 높아졌다.

셋째, 낙태에 대해서도 영국의 상류층은 매우 비판적이었다. 특히 젠트리와도 밀접한 관계에 있던 청교도들은 낙태를 금지했다. 상류층은 자신들의 기독교 신앙을 인권에 대한 관념으로 확장시켰다. 그들은 태아의 생명권을 강조했다. 이러한 신념은 미국으로도 전파되었다. 1859년 미국의사협회는 만장일치로 낙태금지법을 청원할 정도였다. "낙태는 논쟁거리가 아니다. 이것은 사악한 인본주의적 유물론과의 전쟁이다." 미국의 의사들은 그렇게 선언했다.

그런데 18~19세기 영국 사회에서는 하층민의 출산과 육아에 전혀 다른 논리가 적용되었다. 맬서스의 인구론이 인구 과잉에 대한 사회적 공포심을 유발했고, 그에 따라 빈민은 출산과 육아의 권리가 없다는 사회적 통념이 일반화되었다. 만일 하층민 여성이 임신을 하면, 물리적인 힘을 가해 낙태를 유도하거나 낙태에 효과가 있는 약물을 복용하는 것이 보통이었다.

이상에서 설명한 세 가지 요인이 결합하여, 영국 상류층의 인구는 지속적으로 증가했다. 나는 그렇게 추론한다.

상류층의 자녀들이 사회 각 부문에 진출하자, 사회윤리 또는 가치관에 큰 변화가 일어났다. '자랑스러운 영국인이라면 어려운 일을 당해도 포기하지 않고 인내심을 가져야 한다.' 이러한 신념이 보편화되었다. 영국인들은 근면한 자세로 생업에 종사할 것을 스스로에게 요구했다. 뿐만 아니라 독창성을 강조하여 산업의 혁신을 이끌었다. 이것이 바로 영국에서 산업혁명이 성공하게 된 배경이었다(클라크, 제13장).

상류층의 가치관이 영국의 산업혁명을 성공으로 인도했다는 주장이다. 이러한 주장이 충분히 입증되었다고 보기에는 어려운 점이 있을지도 모르겠다. 그래도 흥미로운 가설인 것은 틀림없다.

젠트리에서
자본가로

앞에서 클라크가 말한 상류층은 누구일까. 젠트리라고 해도 별로 틀린 말이 아니다. 16세기 이후 젠트리는 영국 사회의 명실상부한 지배층이었다. 극소수 귀족가문의 후손을 제외하면 영국 상류층은 모두가 젠트리 또는 그 후손이었다. 작위가 없는 시골의 지주들도 젠트리였고, 부유한 상인과 대학교수, 하원의원을 비롯한 다수의 정치가들도 대부분 젠트리였다. 자연히 산업자본가와 금융자본가 중에도 젠트리 출신이 차지하는 비중이 압도적이었다.

젠트리는 어떠한 역사적 과정을 거쳐 형성되었을까. 독자의 이해를 돕기 위해 유럽의 귀족제도를 간단히 살펴보자. 나라마다 상당한 차이가 있었다. 독일에서는 작위가 있는 귀족의 자녀들은 특별한 결격 사유가 없는 한, 모두 귀족의 신분을 계승했다. 차남 이하의 아들과 딸들은 작위를 상속할 수 없었으나, 전원이 귀족 신분을 유지했다. 결과적으로 가난하고 정치적 실권이 없는, 허울뿐인 귀족이 독일에는 적지 않았다. 근대에 이르러, 독일의 부유한 부르주아들은 귀족 작위를 구입했다. 매관매직은 합법적인 신분 상승의 방법이었다. 그들도 귀족사회에 편입되었다.

동유럽에서는 실권이 없는 귀족이 더더욱 많았다. 가장 극단적인 예는 아마 러시아 사회였을 것이다. 거기서는 귀족의 모든 아들들이 작위를 계승했다. 가령 러시아의 문호 레프 톨스토이도 백작의 칭호를 가졌다. 그는 백작의 넷째 아들이었으나, 문제될 것이 없었다.

이런 풍습을 영국에서는 상상할 수 없었다. 영국의 귀족은 항상 극소수에 그쳤다. 영국에서는 합법적으로 작위를 얻은 사람만이 귀족이었다. 작위의 세습은 장남에게만 허용되었다. 차남부터는 예외 없이 신분 강등이 냉엄한 현실이었다. 그들의 후손도 당연히 그러했다. 물론 귀족의 자제는 귀족과 같은 사회적 대우를 받았다. 그러나 그들의 법률적 지위는 평민이었다. 영국의 사회적 관습은 대단히 엄격해서, 작위를 물려받기로 예정된 후계자(장남)조차도 작위 보유자인 아버지(또는 할아버지)가 생존한 동안에는 '서리' 귀족이었다.

잉글랜드의 귀족은 모두 합쳐서 수십 명에 지나지 않았다. 장미전쟁(1455~1485)을 치른 뒤에는 귀족의 수가 더욱 감소했다. 장미전쟁이라면 랭커스터가와 요크가가 왕위계승권을 둘러싸고 무려 30년 동안이나 대립한 사건이다. 이 전쟁에 휘말려든 귀족들의 희생이 컸다. 전쟁이 끝난 다음, 헨리 7세(재위 1485~1509)는 귀족들을 소집하여 회의를 했다. 소집에 응한 귀족은 29개 가문뿐이었다. 그 뒤 귀족의 수가 늘어나기는 했으나, 수십 개의 가문에 그쳤다.

이제 젠트리의 역사를 더 구체적으로 알아보자. 그 출발점은 1000년 전으로 거슬러 올라간다. 11세기의 일이었다. '정복왕' 윌리엄 1세(재위 1066~1087)가 잉글랜드 왕이 되자, 노르만족 출신의 귀족을 각지의 영주로 임명했다. 그들의 휘하에서 가신(家臣) 노릇을 한 사람들이 젠트리였다.

영지의 규모에 따라 젠트리도 네 가지 계층으로 구별되었다. 준남작(baronet), 기사(knight), 향사(esquire), 신사(gentleman)가 그들이었다. 젠트리의 대다수는 공식적인 작위를 전혀 보유하지 못한 향사 또는 신사들이었다.

우리는 젠트리를 '젠틀맨'과 똑같이 '신사(紳士)'라고 번역한다. 그런데 신사라는 용어는 본래 명청시대 중국의 향촌 지배층을 의미했다. 중국의 신사는 과거시험을 치러 1차 시험 또는 2차 시험에 합격하거나, 조정에 진출해 관직을 역임한 사람들이었다. 그런데 엄밀하게 말해, 중국의 신사는 그 자격이 본인에 한정되었다. 신사층의 자제는 자동적으로 신사가 되는 것이 아니었다. 조선의 양반과는 성격이 전혀 달랐다. 조선에서 양반의 자손은 대수가 아무리 멀어도 어엿한 양반으로 인정받았다.

앞의 설명을 간추려보자. 젠트리는 영국 사회의 실질적인 지배층으로서 대부분은 작위를 보유하지 못한 사람들이었다. 그들 중에는 간혹 군공(軍功)을 통해서, 또는 왕실과의 결혼을 통해 귀족으로 신분이 상승하는 경우도 있었다. 그러나 그것은 지극히 예외적인 경우였다.

영국 역사상 젠트리의 상당수가 작위를 보유한 적도 있었다. 제임스 1세(재위 1406~1437) 때였다. 왕은 연간 수입 50파운드 이상인 젠트리에게 준남작의 작위를 강제로 사게 했다. 하지만 이후에는 이런 일이 되풀이되지 않았다.

젠트리는 쉽게 말해 지주였다. 그들은 지주로서 수백 년 동안 영국 사회를 지배했다. 귀족의 후손들 중에서도 작위를 계승하지 못한 이들은 젠트리가 되었다. 영국에서 가문의 휘장을 사용할 수 있는 사람은 거의 대부분 젠트리였다. 경제적으로는 토지 임대료가 연간 20파운드 이상이면 일단 젠트리로 취급되었다. 16세기 이후 도시의 유력계층을 형성한 상공업자들이나 대학교수와 법률가들도 젠트리로 인정받았다. 영국은 젠트리의 나라였다.

헨리 8세(재위 1509~1547) 때 젠트리의 경제적 기반은 더욱 굳건해졌다. 누구나 아는 대로, 헨리 8세는 종교개혁을 일으켰다. 그는 가톨릭교회 및 수도원이 소유한 막대한 토지를 국유화했다. 그러고는 이것을 헐값에 팔아 현금으로 바꾸었다. 그 땅을 매입한 사람들이 젠트리였다. 그런 까닭에 젠트리의 대부분은 헨리 8세의 종교개혁을 지지했다. 끝까지 가톨릭을 비호한 젠트리도 있었으나, 그 수는 매우 적었다.

 젠트리 중에는 유럽 대륙에서 일어난 개신교 신학을 적극적으로 받아들인 사람이 많았다. 그들이 청교도였다. 청교도혁명을 주도한 올리버 크롬웰은 전형적인 젠트리였다. 이들 젠트리는 런던의 여론을 주도했다. 17세기부터 젠트리는 의회를 정치적 기반으로 삼아 왕실과 갈등을 빚었다. 그들은 의회를 중심으로 똘똘 뭉쳐 영국 사회를 점진적으로 개혁했다.

 막강한 경제력을 배경으로 젠트리는 자제 교육에 아낌없이 투자했다. 치안판사, 성직자, 교수, 상공인이 다수 배출된 것은 당연한 일이었다.

 이른바 인클로저(enclosure) 운동을 일으킨 것도 젠트리였다. 인클로저 운동은 15세기 말경부터 시작되어 16세기에 본격화되었다(1차 인클로저 운동). 양을 기르기 위한 목장을 만드는 데 주된 목적이 있었다. 그 결과 영국의 농업생산성이 크게 향상되었고, 젠트리의 재산은 더욱 증가했다. 반면에 대다수 소농들은 그나마 가지고 있던 농토를 잃고 도시로 쫓겨나 임금노동자로 전락했다. 이런 현상을 두고 토머스 모어는 날카롭게 비판했다.

 "과거에는 사람이 양을 잡아먹었으나 지금은 양이 사람을 잡아먹는다."

 젠트리는 모직물 산업을 육성한 장본인이었다. 16~17세기 영국의 모직물 산업은 수출용 반완제품 중심에서 완제품으로 바뀌었다. 네덜란드에서 망명해온 신교도들의 기술력을 이용해서, 젠트리는 사치스러운 모직물까지 직접 생산했다. 이른바 '실험 기업'이 대두했다.

 17세기 말부터 수십 년에 걸쳐 중소지주는 대부분 몰락했다. 이제 대지주의 시대가 왔다. 젠트리도 양극화를 겪었다. '자본가적'인 경영이 그들의 생사를 나누는 기준이 되었다. 그러자 젠트리들은 더더욱 자본주의적 경영에 전념했다. 젠트리의 친기업적인 성향은 장차 산업혁명의 성패를 좌우하는 핵심적인 요인이 되었다.

요컨대 젠트리는 기업가로서 역사적 경험을 충실히 쌓았다. 19세기 이후 영국의 산업혁명이 본격화되자, 그들 가운데서도 이미 상공업을 바탕으로 자본을 축적한 상당수 인사들이 금융자본가 또는 산업자본가로 변신했다. 그들은 증기기관을 비롯하여 신기술에 적극적으로 투자했다.

산업혁명기의 젠트리는 더욱 다각적인 활동을 벌였다. 영국 사회가 그들의 수중에 있었다. 젠트리의 상당수는 여전히 향촌의 지주로서 존재했다. 그들은 농촌을 지켰다. 그러나 다수의 젠트리는 이미 도시로 진출했다. 치안판사가 되거나 교회의 렉터(rector: 성공회 교구 목사)로 종사하기도 했다. 그때는 아직 보통선거가 실시되기 이전이었으므로, 젠트리는 하원의원이 되어 정계에 진출하기가 더욱 쉬웠다.

젠트리 계층에 편입된 일반시민들도 적지 않았다. 상당수 시민들은 도시에서 상당한 규모의 재산을 형성하면, 시골로 내려가 토지를 매입했다. 그들은 신흥 젠트리로 취급되었다. 젠트리의 사회적 지위가 높았기 때문에, 도시-농촌 간의 역류현상이 오랫동안 지속되었다.

공업화와 도시화가 지속적으로 전개된 결과, 현대에 와서는 젠트리의 사회적 영향력이 크게 감소했다. 누구도 피할 수 없는 역사의 흐름인 것이다. 그럼에도 불구하고 젠트리는 현재까지도 영국에서 사회적 명성을 누리고 있다. '기차와 자동차를 이기고 살아남은 존재.' 이것이 영국의 젠트리다.

03

산업혁명은
왜 하필 영국에서 일어났을까

산업혁명은 인류 역사에 큰 변화를 초래했다. 그로 인해 수천 년을 이어온 농업사회가 붕괴되었다. 이처럼 거대한 역사적 변화를 주도한 것은, 19세기 후반 유럽의 몇몇 국가였다. 바로 그 중심에 영국이 자리했다. 변화의 조짐은 이미 18세기 중반부터 나타나기 시작했다.

산업혁명의 전개 과정을 비롯하여, 그로 인한 인류사회의 변화를 정밀하게 논의하는 것은 이 글의 목적에서 벗어난다. 나의 부족한 학문적 능력은 논외로 치더라도, 산업혁명이라는 방대한 주제를 이 작은 지면에서 제대로 소화하기란 불가능한 일이다.

이 글의 목적은 극히 제한적이다. 앞에서 이미 밝혔듯, 내가 강조하고 싶은 사실은 영국 산업혁명의 주축은 젠트리였다는 점이다. 아래에서는 그에 관한 약간의 부수적인 문제를 탐구할 것이다. 주마간산(走馬看山) 격이나 다름 없어, 허술하게 되고 말 염려가 있다. 여기서 살펴볼 문제는, 산업혁명이 왜 하필 영국에서 발생했는가 하는 문제다.

'산업혁명'이란 용어는 언제, 누가 쓰기 시작했을까. 18세기 후반부터 개인의 편지에는 산업혁명이란 낱말이 등장했다고 한다. 당시로서는 다분히 과장된 표현이었다. 공식적으로 이 용어를 처음 사용한 사람은 프리드리히 엥

겔스였다. 1844년에 간행된 그의 책, 『영국 노동자계급의 상태(The Condition of the Working Class in England)』에서 엥겔스는 산업혁명이란 말을 학술적으로 사용했다. 그 뒤 1884년, 영국 경제학자 아널드 토인비가 이 용어를 빌려서, 인류 역사의 한 시기를 체계적이고 분석적으로 연구했다. 『18세기 영국 산업혁명 강의(Lectures on the Industrial Revolution of the Eighteenth Century in England)』라는 책이었다. 이 책에서 토인비는 두 가지를 강조했다.

첫째, 개인의 문제의식이 중첩되어 산업혁명이 일어났다고 진단했다. 둘째, 산업혁명의 결과로 민중의 생활수준이 오히려 퇴보했다는 점이다. 책의 저자 토인비는 『역사의 연구』라는 대작으로 유명한 아널드 조지프 토인비의 삼촌이었다.

영국의 산업혁명에 관해 우리가 오해하는 지점이 있다. 산업혁명으로 인한 변화는 우리가 지레짐작하는 것처럼 광범위하지 않았다. 영국의 산업혁명은 완만하게 진행되었다. 산업혁명으로 인해 유럽 대륙에 뚜렷한 사회적 변화가 나타난 것은 1875년부터였다. 그렇다 해도, 1895년 당시 독일 국민의 3분의 1은 농업에 종사했다. 동유럽과 남유럽 국가에서는 19세기 말까지도 산업혁명이 일어나지 않았다. 산업혁명은 19세기 중후반에 유럽의 두세 나라에서 일어난 사건이었다.

영국 사회는 극단적인 예외였다. 영국에서 산업혁명이 시작된 것은 1750년경이었다. 혁명이라고 표현했으나, 그것이 말 그대로 혁명적이지는 않았다. 기술혁신의 과정은 대단히 복잡했다. 산업화 과정 또한 순탄하지 않았다.

초기 공장에서 생산한 상품은 조잡한 수준이었다. 1840년 초 영국은 아편전쟁을 일으켜 무력으로 중국을 굴복시켰다(1차 중영전쟁). 중국 대륙이 영국의 시장으로 떠올랐으나, 영국 상품은 중국 시장을 점령하지 못했다. 중국인을 사로잡을 만한 매력적인 상품이 영국에는 존재하지 않았다. 상황이 크게 달라진 것은 19세기 말이었다. 산업혁명의 효과가 뚜렷이 나타난 것도 그때부터였다.

18세기까지는 산업 외적인 요인들이 세상의 흥망성쇠를 결정했다. 인구 증가를 비롯하여 정치적 변동, 지리상의 발견 같은 외적 변화들이 경제를 좌우했다. 그때는 시장의 성장을 견인할 만큼 강력한 정부기관도 존재하지 않았다. 효과적인 경제정책 같은 것도 없었다.

전통기의 농업생산성에는 명백한 한계가 존재했다. 농업은 주기적으로 되풀이되는 위기에 빠졌다. 식량 부족은 어디서나 만성적인 문제였다. 기근으로 인해 인구는 증가와 감소를 불규칙하게 되풀이했다. 1800년 이전에는 영국 사회도 그러했다. 14세기 이래 영국의 인구가 500년 동안 증가와 감소를 거듭한 것은 우연이 아니었다. 거시적 관점에서 보면, 영국 경제는 완만한 상승곡선을 그렸다. 중장기적으로 보아 인구 증가세가 뚜렷하게 나타나지도 않았다.

하지만 17세기 말부터 영국 사회는 조금씩 달라졌다. 1688년의 명예혁명이 하나의 전환점을 마련했다. 의회는 왕정의 폐단을 깊이 인식하여, 국왕 제임스 2세를 폐위했다(1689). 그러고는 그의 딸 메리와 그녀의 남편 윌리엄 3세를 공동 왕으로 추대했다. 당시 영국 의회는 권리장전을 제정했다. 이러한 일련의 정치적 변화를 통해 영국에서는 봉건적 사회질서가 서서히 해체되었다. 의회가 왕권을 강력하게 견제하자 정치적 안정이 찾아왔다.

정치질서가 장기간 안정되었기 때문에 젠트리는 경제활동에 집중할 수 있었다. 그들은 모직물 공업의 발달을 선도했다. 산업이 발달하자 지하자원도 개발되었다. 특히 석탄과 철 자원이 개발되었다. 이에 영국 경제는 활력을 얻었다. 경제가 안정되자 인구가 지속적으로 증가하여 노동력도 풍부해졌다. 바로 그 시기에 영국인들은 해외 진출을 서둘렀다. 세계 각지에 식민지를 확보한 영국의 자본력은 사상 최고 수준에 도달했다.

이것이 18세기 말의 일이다. 영국은 초유의 정치적 안정과 경제적 번영을 구가했다. 이에 국내 면직물의 수요가 급증했다. 마침 제임스 와트가 증기기관의 개량에 성공했다. 상업용 증기기관의 개발이 가능해졌다. 1785년 영국 의회는 와트의 증기기관에 대한 특허권을 인정했다. 의회는 그 권한을 1800년까지 연장해주기도 했다. 이례적인 조치였다. 이로써 산업혁명의 열기가 한층 고조되었다. 장차 면직물 공업은 산업혁명의 견인차가 될 것이었다. 의회가 와트의 특허권을 인정하자 많은 발명가들이 고무되었다. 이로써 기계가 생산을 주도하는 산업혁명의 시대가 밝아오기 시작했다.

18세기 영국인들이 경험한 역사적 변화 가운데서 나의 주목을 끄는 것은 세 가지다.

첫째, 기술상의 발전과 진보가 눈부셨다. 영국의 기술자와 사업가들은 진취적이었다. 그들의 태도와 가치관이 결국 산업기술의 혁명을 낳았다.

둘째, 영국의 사회적 분위기에는 유별난 점이 있었다. 이 나라처럼 상업 기회를 적극적으로 보장한 경우는 거의 없었다. 그들은 사유재산권을 신성시했다. 특허권까지도 인정하는 사회가 영국이었다.

셋째, 영국인들의 세계관에 큰 변화가 일어났다. 여기에는 칼뱅주의의 영향이 컸다. 그들은 근면한 태도로 생업에 종사하여 재산을 증식하고자 노력했다. 칼뱅주의자들의 이러한 윤리관은 노동과 산업에 대한 인식의 전환을 가져왔다.

17~18세기 영국은 여러모로 특별한 나라였다. 그리하여 가장 먼저 산업혁명이 일어났다. 영국의 산업혁명에 관해서는 탁월한 연구가 많다. 혹자는 산업혁명의 외부적 원인을 강조했다. 해외의 여러 식민지를 마음껏 착취한 결과, 영국에서 최초의 산업혁명이 가능했다는 것이다. 일리 있는 견해다.

그런데 산업혁명의 내적 요인을 강조하는 연구는 더욱 많다. 가령 영국의 경제사가 리처드 토니도 그에 해당한다. 토니는 1912년에 간행된 『16세기의 농업문제(The Agrarian Problem in the 16th Century)』에서, 농업의 지속적인 성장이 결과적으로 산업화의 기반이 되었다고 강조했다. 참고로 그는 자본주의에 대한 비판자였다.

앞에서 살펴본 것처럼, 16세기부터 영국인들은 토지를 집약적으로 이용했다(인클로저 운동). 농업생산성이 증가했고, 농산물 가격이 하락했다. 이는 실질임금의 상승으로 이어져 상품 수요를 늘렸다. 결과적으로 중산층의 소득이 증가하면서 소비재에 대한 수요도 많아졌다. 토니 이후에도 많은 학자들이 비슷한 주장을 내놓았다. 영국의 산업혁명에는 국내의 수요 증가가 결정적인 역할을 했다는 것이다.

1950년대 이후 많은 학자들이 산업혁명의 내적 동기를 강조했다. 몇 가지 예를 들어보자. 혹자는 산업혁명기 영국 사회에는 대규모 사업에 착수할 만한 대자본이 축적되어 있었다고 주장했다. 낮은 이자율을 강조하기도 했다. 영국의 농업생산성이 꾸준히 증가해, 인구 증가가 멈추지 않았다고도 했다.

요컨대 산업발전에 유리한 사회적·경제적 변화가 잇달아 일어났다는 것이다. 정치구조에도 그에 상응하는 변동이 초래되었다는 점이 부각되기도 했다.

이와 다른 설명들도 등장했다. 영국에서는 양질의 교육기관이 속속 등장했고, 과학지식도 축적되어 기술혁신이 얼마든지 가능했다는 설명이 나왔다. 또 해외의 풍부한 지하자원까지 이용하게 되어 산업혁명이 더욱 가속화되었다는 점도 조명을 받았다.

미국의 경제학자 데이비드 랜디스(1924~2013)는 기술혁신의 중요성을 강조했다. 우연히 일어난 기술발전이 생산비용의 절감으로 이어졌고, 이로 인해 해외시장을 장악하게 되었다는 이론이다. 랜디스는 영국의 수출 확대가 기술혁신의 결과라고 보았던 것이다.

이제 우리 스스로에게 물어보자. 영국에서 산업혁명이 가장 먼저 일어난 이유는 무엇인가? 나는 그것을 여덟 가지로 정리하고 싶다.

① 농업생산력의 발전, ② 인구 증가, ③ 기술상의 진보, ④ 지리적 이점, ⑤ 사회간접자본의 발달, ⑥ 영국의 세계 지배, ⑦ 정치적 안정, ⑧ 사상적 이유.

각 항목에 대해서는 약간의 설명이 필요할지도 모르겠다.

① 농업생산력의 발전: 18세기 이후 곡물 생산의 효율성을 높이기 위해 젠트리는 2차 인클로저 운동을 일으켰다. 그 결과 농업생산성이 크게 향상되었다. 농업에 종사하지 않는 인구(전체의 30퍼센트)도 거뜬히 부양할 수 있게 되었다. 농촌을 떠난 많은 사람들이 도시로 나가 임금노동자가 되었으나, 식량 조달에는 아무런 문제도 발생하지 않았다.

② 인구 증가: 이는 농업생산성의 증가와도 밀접한 관계가 있었다. 18세기 영국 사회에는 또 다른 사회 변화가 있었다. 극빈자를 비롯해 여러 부류의 사람들에 대한 결혼 금지령이 풀린 것이었다. 전통적으로 영국에는 평생 동안 '비혼(非婚)'으로 남은 사람들(상속에서 배제된 남녀들)이 많았다. 그러나 이제 그들도 결혼하게 되었다. 상류층 인구가 더욱 가파른 상승곡선을 그은 이유가 바로 여기에 있었다고, 나는 생각한다.

③ 기술상의 진보: 이 점은 비교적 잘 알려진 부분이다. 장황하게 설명할 필요 없이 핵심만 간단히 말해보자. 증기기관이 발전하고, 방적기가 개량되는 등의 중요한 변화가 잇달았다. 기계의 효율성은 실로 대단했다. 가령 18세기 인도 수공업자들이 100파운드 면화를 면사로 가공하려면 5만 시간이 필요했다. 뮬 방적기를 이용하면 2000시간이 걸렸다. 그런데 수력 또는 증기력을 이용한 기계를 돌리면 300시간이면 충분했다.

④ 지리적 이점: 영국은 섬나라여서 주요 도시들이 수상교통을 통해 쉽게 연결되었다. 게다가 국토의 대부분이 평지였기 때문에 내륙 교통도 순조롭게 발달했다.

⑤ 사회간접자본의 발달: 바다와 강을 통한 수상교통이 발달했다. 또 내륙은 철도산업이 빠른 속도로 발전하여 당시로서는 최고로 효율적인 교통수단이 구비되었다. 게다가 최신식 금융제도가 런던을 중심으로 빠르게 발전했다. 오늘날에도 런던시티는 뉴욕의 월스트리트에 이어 두 번째로 거대한 국제 금융시장이다. 런던 금융가의 가장 믿을 만한 돈줄은 다름 아닌 젠트리였다.

⑥ 영국의 세계 지배: 19세기의 영국은 '해가 지지 않는 나라'로 알려졌다. 광대한 식민지를 배경으로 값싼 원료를 쉽게 조달할 수 있었다. 또 국력을 앞세워 자국 상품을 가장 유리한 조건으로 교역할 수 있었다.

⑦ 정치적 안정: 영국의 경쟁 국가인 프랑스는 19세기 전반까지도 정치적 혼란에서 벗어나지 못했다. 프랑스 대혁명의 여파로 정국이 늘 불안했다. 그러나 영국은 의회 중심의 안정적인 국정 운영으로 정치적 혼란을 피할 수 있었다. 경제발전을 가로막는 정치적·사회적 장애물이 영국에는 없었던 것이다.

⑧ 사상적 이유: 앞에서 설명한 칼뱅주의와 관련이 깊은 사항이다. 새로운 기업가 정신이 영국 사회에 뿌리내리면서 산업화의 열기가 더욱 고조되었다.

이상의 여러 가지 이유로 영국에서 시작된 산업혁명은, 인간의 삶에 엄청난 변화를 가져왔다. 일차적으로 산업혁명은 기업가들에게는 성공할 기회를 주었다. 또 그것은 다수의 중산층에게도 자유와 권리의 확대를 의미했다.

그러나 노동자들에게는 예기치 못한 어려움이 닥쳤다. 그들은 저임금에 시달렸고, 항상 해고의 위협에 신음했다. 산업혁명기 노동자들의 자율성은

어린 소녀와 소년들이 작업대 앞에서 노동을 하고 있다. 루이스 하인 사진, 1912

전통적인 농촌사회에 비해서도 오히려 뒤졌다. 노동자들의 구조적 불만이 누적되어, 그들은 기업가와 대결했다. 이것은 영국 사회에 짙은 그림자를 드리운 심각한 사회 문제였다.

산업혁명으로 영국 사회는 일변했다. 신흥 부르주아 계급이 대두하여 자신들의 정치적 요구를 하나씩 관철했다. 선거법이 개정되어 참정권이 확대되었고, 정당정치의 틀도 더욱 확고해졌다. 이에 노동자 계급도 정치적 참여를 요구했다. 그들은 성년 남성의 선거권을 요구하는 차티스트 운동(1838~1848)을 벌였다. 이러한 요구가 단번에 수용될 턱은 없었으나, 장기적으로는 피할 수 없는 추세였다. 결국 보통선거가 시행되었다(1928). 일정한 나이가 된 시민이면 누구든지 재산의 유무나 성별 등에 관계없이 평등하게 투표권을 행사했다.

공업화가 지속적으로 추진되어, 런던을 비롯한 영국의 대도시에는 인구가 폭발적으로 증가했다. 하지만 도시 인구의 다수를 점한 빈민은 열악한 거주 환경을 벗어나지 못했다. 그들은 비위생적인 조건을 감수해야만 했다. 어린 이들조차 공장 노동자로 혹사당했다. 악덕기업가들은 고아원에서 아이들을 데려다 강제노역을 시켰다. 1833년 영국 의회는 이런 문제를 조사했고, 마침 내 어린이 노동을 법으로 금지했다.

노동자들의 비참한 삶이 사회적 현안으로 등장하는 가운데 사회주의 운동 이 일어났다. 카를 마르크스의 '과학적 사회주의'가 노동운동의 새로운 지도 이념으로 떠올랐다. 이에 영국 사회에는 노동자 계급과 부르주아가 서로 팽 팽하게 대립했다. 부르주아, 곧 자본가의 주축은 런던의 상인, 자본가 및 제 조업자들이었다. 여기에는 각 지방의 청교도가 상당수 포함되었다. 따지고 보면 부르주아의 대다수는 스스로 젠트리였거나 또는 그 후손들이었다.

영국의 산업혁명을 함부로 확대해석하는 것은 금물이다. 엄밀히 말해, 그 것은 석탄과 철 그리고 몇 가지 기계에 국한된 산업활동이었다. 현대사회에 서 중심적 위치를 차지하는 많은 산업 분야들이 그때는 아직 개발되지 않았 다. 영국의 산업혁명은 면직물과 제철산업에 국한된, 이른바 1차 산업혁명이 었다.

2차 산업혁명은 전기, 화학, 석유, 철강 분야에서 일어났다. 영국 외에도 독 일, 프랑스, 미국이 그 중심에 있었다. 3차 산업혁명은 디지털 산업혁명이 그 핵심 분야였다. 이 단계에서 영국, 프랑스 등은 주변적인 존재로 밀려났다.

장차 일어날 것으로 예상되는 4차 산업혁명에서는 인공지능과 로봇의 역 할이 주도적일 것으로 점쳐진다. 미국, 일본, 중국, 독일 등의 역할이 주목된다.

그런데 일부 학자들은 19세기 영국식 산업혁명의 약점을 날카롭게 지적한 다. 당시 영국의 지적 기반이 허약했다는 것이다. 지적 기반이 허술했기 때문 에, 영국은 산업발전의 지속성을 보장할 수 없었다고 한다. 산업기술과 운영에 관한 체계적인 지식이 부족했기 때문에, 영국의 산업혁명은 곧 퇴조기를 맞았다는 분석이다.

기술의 진보를 위해서는 학문적 토대가 튼튼해야 한다. 산업 발전과 학문의 선순환구조를 만드는 것이 필수적이다. 그러나 영국이 산업혁명에 접어들었을 당시에는 아직 과학기술의 중요성에 주목하는 정치가가 거의 없었다. 때문에 영국은 2차 산업혁명 단계에 이르면 미국과 독일에 한참 뒤처지고 말았다.

그런 약점이 있었다 해도, 영국의 산업혁명은 역사적으로 중요한 역할을 수행했다. 가장 새로운 부분은 산업시설의 기계화였다. 거대한 공장이 세워져, 기계 중심으로 생산활동이 전개되었다. 자연히 인간의 작업 방식에도 큰 변화가 일어났다. 인간의 노동은 기계의 작업 과정에 맞춰 세분화되었다. 시간에 대한 관념도 달라졌다. 공장은 밤낮 없이 하루 종일 돌아갔기 때문이다. 전통사회에서는 활동 주기를 계절별로 나누었다. 농업 생산활동을 기준으로 여가활동 및 놀이문화가 발달했다는 말이다. 이제 산업화와 더불어 이에 대한 전면적인 수정이 불가피했다.

공장제 산업은 노동인구를 증가시켰다. 노동인구가 도시에 집중되자 시민생활에 여러 가지 변화가 일어났다. 주거형태도 달라졌다. 도시의 교통체계에도 상당한 변화가 일어났다. 그뿐만이 아니었다. 국가권력은 시민에 대한 효율적인 감시와 통제를 강화했다. 이에 근대적 경찰제도가 등장했다. 형벌제도 역시 효율적으로 조직되었다. 산업혁명은 인간의 삶을 근본적으로 바꿔놓았다.

04

젠트리와
산업혁명

2장의 서두에서 그레고리 클라크의 주장을 적극적으로 인용했다. 그는 영국의 산업혁명이 상류층의 지속적이고 급격한 인구 증가의 결과라고 말했다. 클라크가 언급한 영국의 상류층이란 곧 젠트리였다. 그들의 고유한 가치관과 행동양식이 산업혁명을 추동한 결정적인 힘이며, 그로 인해 역사가 달라졌다는 주장이다. 흥미로운 가설이라고 생각한다. 젠트리 계층의 인내심과 근면한 생활습관, 그리고 창의적인 지향이 역사를 바꾸었다니 말이다.

산업혁명이 일어나기 전부터 젠트리는 경제적 자유주의를 추구했다. 그들은 재력을 키워 여력이 생기면 적극적으로 토지를 매입했다. 젠트리들은 사유재산권의 강화야말로 결코 포기할 수 없는 인간 본연의 권리라고 인식했다. 그들은 재산을 증식하기 위해 마을 사람들의 '공유권'을 축소했다. 종래에는 마을 사람들이 공동으로 목장과 연료림 등을 공유했다. 이것은 영국 사회의 오래된 관습이었는데, 젠트리가 그러한 권리에 제한을 가한 것이었다. 젠트리가 1~2차 인클로저 운동을 주도한 사실이 증명하는 바다.

영국의 산업혁명은 젠트리가 수 세기 동안 착실히 구축한 정치적·사회적·경제적 토대에서 전개되었다. 여기에 기술적 혁신이 더해져 경제혁명이 일어난 것이다. 물론 양자의 관계는 때로 역류하기도 했다. 경제발전이 기술혁신을 선도하는 경우도 역사상 적지 않았다.

처음에는 산업혁명이 영국이라는 한 나라에서 일어났으나, 결국 이것은 인류 전체의 사회적·문화적 및 이념적 차원에서도 사상 초유의 변화를 추동했다. 나는 지금 이 모든 변화가 다 긍정적이었다고 일반화하려는 것이 아니다. 알다시피 노동자와 기업가의 상반된 이해관계는 긴장과 충돌로 이어졌다. 또한 무분별한 산업화로 말미암아 환경오염이 심각한 수준으로 악화되었다. 최근 우리의 일상생활을 괴롭히는 미세먼지도 산업화의 부작용이 아닌가.

문제는 또 있었다. 약육강식의 단순논리가 힘을 얻자, 제국주의적 침략이 일상화되었다. 20세기에는 미증유의 참극이라 할 세계대전이 두 차례나 일어나 많은 인명이 살상되었다. 1차 세계대전으로 최소 900만 명이 사망했고, 2차 세계대전 때는 5000만 명 정도가 희생되었다. 대량살상 무기가 급속히 발달한 결과였다. 이러한 부정적인 흐름은 산업혁명의 결과였다.

반면 산업혁명이 가져다준 긍정적인 변화도 많았다. 지난 세기에는 여기서 일일이 열거할 수 없을 정도로 많은 분야에서 인류의 삶에 질적 개선이 일어났다. 가령 교통과 통신의 혁명적 발전은 누구나 피부로 느끼는 바일 것이다. 위생과 주거환경의 개선, 영양가 높은 식단 등 경제생활의 향상도 빼뜨릴 수 없다. 교육 기회 역시 크게 확대되었다. 시민의 사회문화적 활동도 질적으로 나아졌다. 이 모든 것은 불과 수십 년 전까지만 해도 상상할 수 없었던 일이다. 이런 긍정적 변화의 이면에 산업혁명이 있었다.

20세기에 인류사회가 겪은 많은 변화 중에서도 가장 핵심적인 것은 무엇일까. 자유와 평등이라는 시민적 가치의 보편화가 아닐까 한다. 전통사회의 최대 약점이었던 권위적이고 위계적인 사회질서가 마침내 그 수명을 다했다. 영국의 젠트리가 선도한 산업혁명이 인류의 삶을 근본적으로 혁신한 셈이다.

그러나 젠트리는 더 이상 현대사회의 주역이 아니다. 이 시대의 주인공은 여러분과 나, 곧 무명의 평범한 시민들이다. 우리는 당면한 크고 작은 문제들을 적극적으로 해결하고, 전통시대와는 차원을 달리 하는 새 역사를 쓰고자 한다. 이것이 우리의 희망이다.

잠시 고개를 돌려 선비 이야기를 해보자. 영국의 젠트리와 대조적으로, 조선의 선비들은 경제활동을 적극적으로 전개하지 못했다. 이념의 장벽이 높았기 때문이다. 선비의 글에는 이익 창출의 논리가 등장할 수 없었다. 일부 실학자들을 제외하면, 조선의 선비들은 성리학의 굴레에 갇혀 있었다. 그들은 맹목적으로 성리학을 신봉한 나머지 일체의 사회적 현안을 풀 때 도덕적 해법에만 집착했다. 젠트리가 시대의 변화에 유연하게 대처한 것과는 달랐다. 결국 선비의 나라 조선은 산업화에 성공한 일본의 식민지로 전락하고 말았다. 모든 것이 선비 탓이요, 성리학 때문이라고 주장하려는 것이 아니다. 젠트리의 나라 영국과 선비의 나라 조선, 두 나라의 간극이 너무도 컸다는 자명한 사실을, 나는 담담한 마음으로 지적할 뿐이다. 한 사회의 지도층이 이념적으로 경색되어 있다면, 그것은 다가올 큰 불행의 씨앗이 되고 만다.

3장

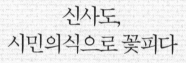

신사도,
시민의식으로 꽃피다

신사와 숙녀. 오늘날에는 잘 사용하지 않는 용어다. 그런데 불과 얼마 전까지만 해도 사람들은 툭하면 '신사(gentleman)'와 '숙녀(lady)'라는 말을 썼다. 품위 있는 태도로 매사를 공정하게 처리하는 사람을 그렇게 불렀다. 어원을 가지고 말하면, 신사란 젠트리요, 숙녀는 그 배우자였다. 근대 이후에는 이것이 교양시민의 대명사가 되었다. 이런 변화는 어떻게 일어났을까.

근대 시민사회는 영국 상류층의 태도와 가치를 수용했다. 심지어 시민의 덕성을 기르기 위해 학교에서 신사도(gentlemanship)를 가르치기도 했다. 신사도는 중세의 기사도를 근대적으로 해석한 것이었다. 시대가 바뀌었으니 그 내용과 형식에도 변화가 있기는 했다. 그래도 본질은 거의 달라지지 않았다.

이제 우리는 신사, 숙녀 또는 신사도라는 말 대신에 '시민의식(civic consciousness)'이란 용어를 애용한다. 시민정신 또는 시민권(citizenship)이라고도 말한다. 19~20세기의 신사도가 21세기에는 시민의식으로 진화한 것이다.

현대인이 시민의 이상으로 상정하는 개인은 권리와 자유만 주장하는 이가 아니다. 그는 책임과 의무에도 충실한 존재로, 사회 정의를 실천하는 이다. 자유와 관용을 사랑하는 시민이다. 그런 점에서 오늘날의 시민은 근대의 신사와 큰 차이가 없다. 신사도가 시민의식으로 꽃핀 것이라고 말해도 될 것이다.

이 장의 이야기는 대강 그런 것인데, 네 부분으로 나눠서 서술할 생각이다. 우선 신사도에 관해 알아보겠다. 본래 신사도는 젠트리의 이상이었다. 그러던 것이 근대에 이르러 시민교육의 중요한 지표가 되었다. 상류층의 전유물이던 신사도가 모든 계층의 공유물이 된 것이다.

다음으로, 근대 시민사회의 이상에 관해 점검해보았으면 한다. 성장세에 있던 근대의 부르주아지는 자유와 평등의 가치를 유독 강조했다. 특히 그 시대의 계몽사상가들은 구질서를 무너뜨리고, 계약에 의해 성립되는 새 사회를 열고자 했다. 그들의 열망이 어떤 것이었는지를 알아보자.

여기서 아무리 강조해도 지나치지 않은 중요한 사실이 있다. 근대시민들이 추구한 미덕은 신사도에 가까웠다는 점이다. 그들이 자유와 평등의 가치를 강조하면 할수록, 시민은 하나의 계급이기 전에 개인이었다. 시민이 한 사람의 개인으로서 어떠한 덕성을 갖춰야 할지가 중요한 문제로 부각되었다는 뜻이다. 우리는 그 점도 소홀히 여길 수 없다.

끝으로, 막스 베버가 설파한 기독교 윤리와 자본주의 정신에 대해서도 약간의 설명이 필요하다. 인간의 역사는 중층적이다. 가령 기독교의 역할만 해도 그러했다. 근대사회는 기독교의 역할을 대폭 제한했다. 종교로부터 해방을 선언한 것이 바로 근대였다. 그럼에도 근대는 종교로부터 자유롭지 못했다. 근대인은 종교로부터의 인간 해방을 주장했고, 자신의 욕망에 따라 경제적 이익을 마음껏 추구했으나, 그들의 마음을 사로잡은 자본주의란 대체 무엇이었던가. 베버는 그 또한 기독교 신앙에서 비롯되었다고 논증했다. 그런데 거듭 생각해보면, 기독교야말로 젠트리의 가치관 형성에도 큰 영향을 주었던 것이다. 기독교의 역사는 더욱 소급해서 올라간다. 젠트리의 선조인 중세의 기사들도 기독교의 영향으로 기사도를 정했다. 기독교는 보편종교다. 지난 2000년 동안 기독교는 거듭된 도전과 위기에도 불구하고, 서양의 역사를 견인하는 놀라운 힘을 잃지 않았다.

만일 그렇다면 1000년 넘게 동아시아 사회를 지배한 성리학(유교)의 역할은 무엇이었던가. 선비의 역사는 이제 완전히 끝나고 말았는가. 그렇게 보아도 되는 것일까. 나는 그 질문에 제대로 답할 수 없다. 하지만 이 글을 쓰는 내내 그 물음이 잠시도 나의 뇌리를 떠나지 않았다.

신사도는 공교육에
어떻게 스며들었는가

신사도가 역사의 수면 위로 등장한 것은 18세기였다. 신사도의 주창자라면, 리처드 스틸 경(1672~1729)이 생각난다. 그는 영국의 수필가요, 극작가인 동시에 정치가였다. 명문 옥스퍼드대학을 졸업한 상류층 인사였다. 1713년에 그는 『가디언(Guardian)』을 창간하기도 했다. 오늘날 영국의 진보매체와 그 제호(題號)는 같으나 아무 관계도 없는 신문이다. 스틸 경은 평소 항상 사회질서와 도덕을 강조했다. 그는 매체를 통해 신사도에 관한 다수의 칼럼을 발표했다.

당시는 근대 초입이었다. 봉건질서가 해체되고 있었다. 낡은 질서는 무너지고 있었으나, 새 질서는 아직 확립되지 못했다. 스틸 경을 비롯한 다수의 지식인들이 시민의 교양을 강조한 배경이 그것이었다.

신사도란 이를테면 사회적 안정을 도모하기 위한 방편이었다. 식자층은 가정의 행복을 위해서는 적절한 자녀교육이 필요하다고 인식했다. 또 신사와 숙녀의 품위 있는 행동규범과 가치관을 널리 보급하는 일이 요구된다고 보았다.

스틸 경과 같은 계몽적 지식인들의 노력은 사회적으로도 큰 호응을 얻었다. 근대의 교양시민을 일컫는 말이 '신사' 또는 '숙녀'로 정착한 사실이 증명하는 바다. 근대 시민사회에서 정치가들은 대중연설을 할 때 '존경하는 신사 숙녀 여러분!'이란 말로 시작할 정도였다. 21세기에는 이런 어휘를 기피하는 추세지만, 19~20세기에는 사정이 달랐다.

특히 19세기 후반에는 학교 교육 전반에 걸쳐 신사도의 실천이 강조되었다. 인문사회 교과의 모든 영역에서 신사의 교양과 미덕을 가르쳤다. 그때 유럽에서 신사도를 가장 직접적으로 강조한 교과목은 체육이었다. 기사의 후예라 할 젠트리의 사회적 역할이 컸던 영국에서는 더더욱 그러했다. 공사립 학교를 막론하고 체육을 통해 신사도를 생활 속에 뿌리내리게 하려는 사회적 열망이 강했다.

그 흔적이 아직도 감지된다. 이른바 '스포츠맨십'이라는 것이 교육 현장에서 늘 강조된다. 심지어 시민사회의 보편적 미덕으로 기려지기도 한다.

스포츠맨십의 핵심은 세 가지다. 첫째, 경기자는 자신의 감정을 억제할 줄 알아야 한다. 둘째, 상대방을 인간적으로 따뜻하게 대한다. 결코 잔꾀를 부려 상대방을 속이지 않는다. 셋째, 승부에 관계없이 페어플레이를 펼친다.

훌륭한 스포츠맨은 승리를 거뒀을 때도 겸손할 줄 알며, 지더라도 당당한 패배자가 된다. 그는 심판의 결정을 존중하며, 경기에서 패배한 상대방에게도 예의를 잃지 않는다. 또 경기를 관람할 때는 어느 편이든 훌륭한 기량을 보이면 진심 어린 박수를 보낸다. 이러한 내용은 전 세계의 모든 학생들이 체육 교과 시간에 거듭하여 배우는 것이리라. 나 역시 학창시절에 그렇게 배운 기억이 생생하다.

스포츠맨십 교육을 유난히 강조한 학교는 영국의 퍼블릭스쿨(public school)이었다. 중세 기사도의 영향을 받은 것이 명백하다. 퍼블릭스쿨에서는 스포츠맨십을 젠틀맨십, 곧 신사도의 실천으로 간주했다. 청소년들이 신사다운 성품을 기르는 데 가장 중요한 교과목이 스포츠라고 믿었기 때문이다. 그들에게 페어플레이란 곧 신사도였고, 그 근본정신은 기사도에 맞닿았다.

퍼블릭스쿨의 학생들은 설사 불리한 규칙이라도 엄수했다. 그들은 승부가 결정될 때까지 끝까지 성실한 태도로 경기에 임해야 한다고 배웠다.

현대인으로서는 이해하기 어려운 관행도 있었다. 19세기 영국 최고의 명문대학은 물론 옥스퍼드와 케임브리지였다. 두 대학에서도 체육은 무척 중요한 교과였다. 당시에 대학생은 남성뿐이었는데, 그들은 오전에만 전공 강의를 수강했다. 오후가 되면 대다수 학생들이 스포츠에 몰두했다. 퍼블릭스쿨은 두말할 나위가 없었다.

그 정도로 심하지는 않았으나, 비슷한 광경을 나도 목격했다. 내가 독일에 머물던 1980~1990년대의 일이다. 독일의 초중등학교에는 오후 수업이 거의 없었다. 학생들은 오후만 되면 스포츠와 음악 활동에 전념했다. 시민들도 30대 후반이 될 때까지는 스포츠클럽에서 활동하는 경우가 많았다. 내게는 참으로 낯선 문화였다.

19세기 후반 이후 유럽에서 가장 인기 있는 스포츠는 축구였다. 문득 찰스 윌리엄 앨콕(Charles William Alcock, 1842~1907)이 생각난다. 앨콕은 잉글랜드의 운동가요, 행정가였다. 그는 축구의 국제화에도 앞장섰다. 사상 최초로 FA컵(Football Association Cup)을 창안한 사람도 그였다. 앨콕은 명문인 해로스쿨 출신이었다. 학창시절 그는 유명한 축구선수였다. 그는 정확한 슈팅으로 이름을 날렸다. 1859년 17세 약관에 그는 '포레스트FC(Forest Football Club)'라는 축구팀을 만들었고, 선수로 활약했다. 1875년 3월에는 잉글랜드 축구 국가대표팀 주장으로도 활동했다. 유럽 여러 나라에는 앨콕과 유사한 경력을 가진 상류층 인사들이 많았다.

본래 스포츠는 젠트리의 취미활동이었다. 퍼블릭스쿨은 그들의 자제가 다니는 학교였다. 그러므로 스포츠가 중요한 교과목이 된 것은 당연한 일이었다. 그들은 스포츠를 통해 사회 지도자에게 요구되는 강인한 체력을 길렀다. 규율에 대한 복종심을 키웠고, 인내심도 배웠다. 또 페어플레이 정신을 내면화했다. 청소년들은 학창시절에 축구를 비롯하여 테니스, 크리켓, 보트레이스 등을 마음껏 즐겼다.

물론 스포츠가 젠트리의 전유물은 아니었다. 근대사회는 모든 시민에게 교육의 기회를 제공하는 쪽으로 변해갔기 때문이다. 결과적으로 신사도를 강조하는 체육활동이 점차 사회 전반으로 확대되었다. 퍼블릭스쿨을 모범으로 여기며, 각급 학교가 그 대열에 합류했다. 이러한 흐름이 유럽 전역으로 퍼져나갔다. 나중에는 미국으로도 전해졌다.

이야기가 나온 김에, 퍼블릭스쿨에 관해 약간의 설명을 보태고 싶다. 이는 근대 영국의 명문 사립중등 교육기관이요, 젠트리의 자제들이 주로 다니던 학교였다. 그 점은 이미 앞에서 말한 것과 같다. 퍼블릭스쿨은 공립학교인 그래머스쿨(문법학교)과 더불어 근대 영국 교육기관의 양대 산맥이었다.

퍼블릭스쿨이 처음으로 등장한 것은 14세기였다. 1382년에 설립된 윈체스터스쿨이 그 효시였다. 이어서 이튼스쿨이 개교했다(1440). 대다수의 퍼블릭스쿨은 16세기에 설립되었다. 앞에서 잠깐 언급한 해로스쿨(1751년 설립)은 비교적 늦게 세워졌다. 현재도 영국에는 9개의 퍼블릭스쿨이 있어 명문학교의 전통을 계승하고 있다.

퍼블릭스쿨은 기부금으로 조성된 기금을 가지고 운영한다. 그 핵심 교과목은 고전교육이었다. 장차 옥스퍼드대학과 케임브리지대학에 입학하기 위한 일종의 예비학교였다. 학생들은 모두 기숙사 생활을 했다.

한 마디로 영국의 미래 지도자를 양성하는 명문학교가 퍼블릭스쿨이었다. 따라서 이들 학교가 젠트리의 오랜 이상인 기사도를 구현하고자 애쓴 것은 당연한 일이었다.

유럽에서는 스포츠맨십을 신사도의 실천으로 간주한다. 그런 이유로 여전히 학교에서 체육 교육에 큰 비중을 두고 있다.

해로스쿨과 쌍벽을 이룬 학교가 이튼스쿨이었다. 이 학교는 런던에서 서쪽으로 35킬로미터쯤 떨어진 이튼이란 도시에 있다. 설립자는 헨리 6세(재위 1422~1461)였다. 왕은 70명의 가난한 학생과 소년 성가대원들에게 교육의 기회를 제공하기 위해 이 학교를 창립했다. 그러나 시간이 지나면서 상류층 자제의 특권적인 교육기관으로 바뀌었다. 19세기 후반에는 새로 제정된 교육법령에 따라 퍼블릭스쿨이 되었다.

이 학교의 학생들은 주로 고전을 배웠다. 이와 별도로 인성교육도 받았는데, 스포츠 활동에 특히 많은 시간을 할애했다.

졸업생 중에는 무려 18명의 총리가 배출되었다. 로버트 월폴 경부터 대(大)피트와 소(小)피트, 웰링턴 공작, 글래드스턴, 앤서니 이든, 해럴드 맥밀런, 데이비드 캐머런이 모두 이튼스쿨 출신이다.

이름난 작가들도 많이 배출되었다. 『1984년』으로 유명한 조지 오웰도 이 학교를 나왔다. 셸리, 스윈번, 로버트 브리지, 올더스 헉슬리, 헨리 그린, 시릴 코널리, 이안 플레밍도 이 학교에서 문학적 재능을 길렀다.

유명한 장군이나 전쟁영웅도 많이 나왔다. 1차 세계대전 때의 전사자 가운데 무려 1150명이 이튼스쿨 출신이었다. 2차 세계대전 때도 750명의 이튼 졸업생이 조국을 위해 목숨을 바쳤다.

이튼스쿨의 운동장에는 웰링턴 공작이 말했다는 유명한 구절이 비석에 깊이 새겨져 있다. "워털루 전투의 승리는 이튼 운동장에서 시작되었다." 이튼스쿨 시절에 그는 스포츠 활동을 통해 체력과 용기, 전략전술, 지도자로서의 자질을 길렀고, 이것이 나폴레옹의 막강한 프랑스 군대를 물리치는 원동력이 되었다는 뜻이다.

이튼스쿨의 스포츠 열기는 아직도 뜨겁다. 학생들은 '이튼 월(wall) 게임'이라 불리는 독특한 축구경기를 한다. 각 팀마다 10명씩 어깨를 나란히 걸어 성벽처럼 완강한 스크럼을 짜고, 상대방을 끝까지 압박한다. 이 게임은 럭비와 축구를 혼합한 매우 거친 경기다.

18세기까지만 해도 영국인들은 교육은 사적인 일에 지나지 않는다고 생각했다. 국가는 교육에 전혀 간섭하지 않았다. 그러나 19세기가 되자 사정이 변했다. 교육은 국가적 관심사가 되었다. 이 또한 산업혁명의 여파였다.

그 시대에는 사회의 구조적 변동이 심했다. 도시에는 빈민과 가난한 노동자들이 급증하여 사회적 위기감이 고조되었다. 국가는 경제성장을 지속하기 위해 양질의 인적자원을 개발할 필요를 절감했다. 또 대중의 문맹을 개선하고, 그들이 위생적이며 규율을 잘 지키는 시민으로 거듭날 수 있게 제도적 장치를 보완해야 한다고 믿었다. 공교육의 필요성이 국가적 과제로 대두한 것이다.

이에 더하여, 1832년 선거법 개정이 영국의 공교육 발달에 중요한 발판이 되었다. 민중(남성)이 투표권을 행사하게 되었기 때문이다. 그 이듬해부터 국가는 민중교육에 필요한 보조금을 국고에서 지불했다. 당시에는 종교단체가 교육기관의 대부분을 장악했다. 하지만 보조금의 지출이 계속 늘어나자, 1856년부터는 국가가 교육감독권을 행사하게 되었다.

1870년에는 새 교육법이 제정되었다. 이제 공립학교가 전국 어디에나 고루 설립되었다. 1876년부터는 의무교육제도가 수립되었다. 시간이 갈수록 공교육이 강화되었다. 이런 사회적 분위기 속에서, 1902년에 제정된 영국교육법은 지방자치단체마다 교육당국(교육청)을 설치할 의무를 명시했다. 이로써 공립학교 및 사립학교에 대한 국가의 감독권이 확립되었다.

독일과 프랑스를 비롯한 유럽 여러 나라에서도 공교육이 차츰 강화되었다. 그들도 영국과 유사한 조치를 강구했다. 프랑스에서도 근대 초기에는 국가가 엘리트 교육에만 관심을 가졌다. 그러나 시민계급의 사회적 영향력이 점차 증대하자 사정이 달라졌다. 그들 역시 영국과 비슷한 경로를 밟았다. 1833년에는 프랑수아 기조의 주도 아래 초등교육법을 제정했다. 공립초등학교도 설립되었다. 공립학교의 설립이라는 점에서는, 프랑스가 영국보다 30년 이상 앞섰다. 1881년 페리(J. Fery)가 문교부장관으로 있던 시절에는 초등학교 교육이 무상으로 전환되었다. 이 역시 영국보다 한 걸음 앞선 것이었다. 1882년에는 최초로 의무교육제도를 도입했다. 프랑스 국민이면 누구라도 6세부터 12세까지 의무교육을 받게 된 것이다. 세계에서 가장 선진적인 공교육제도였다. 또 한 가지, 프랑스는 공립학교에서 종교교육을 완전히 배제했다. 이로써 시민적 가치에 충실한 공교육이 실시되었다.

19세기 후반부터 유럽의 여러 나라들은 영국과 프랑스의 선례를 따랐다. 그들 역시 시민교육에 박차를 가했다. 고전인문 교육을 교과의 중심으로 삼고, 시민의 인격을 도야했다. 유럽 각국은 애국적이며, 질서 있고, 건강한 시민을 키우기 위해 많은 노력을 기울였다. 그 과정에서 신사도의 핵심 가치인 예절과 명예심, 애국심과 희생정신, 지도력과 근면, 성실이 강조되었다. 또 신사도를 강조하는 스포츠가 학교 교육에서뿐만 아니라, 사회체육 활동의 일환으로 시민생활 속으로 깊이 파고들었다.

02

자유롭고
평등한 시민의 탄생

———

서구 근대사회의 가장 뚜렷한 특징은 무엇일까. 시민사회의 성장일 것이다. 영국의 경우 시민과 젠트리는 서로 밀접한 관계가 있었다. 근대 초기부터 영국 사회의 주류는 항상 젠트리 또는 그 후손이었다. 그런데 18~19세기에는 사회적 주도권이 차츰 시민에게 이양되었다. 젠트리의 정체성은 갈수록 약화되고 시민의 정체성이 더욱 뚜렷이 부각되었다.

그리하여 시민사회가 되었다. 사회의 주도권이 시민에게 넘어갔다는 뜻이다. 중세 이후 서양 사회를 지배한 이들은, 기독교의 사제계급이거나 군사력을 배경으로 한 귀족이었다. 그런데 시민사회란 이 같은 구시대의 지배계급이 아니라 시민, 곧 부르주아지가 지배하는 사회인 것이다.

19세기 영국의 법학자 헨리 메인은 시민사회의 도래를 다음과 같이 선언했다. "신분에서 계약으로!" 자유롭고 평등한 시민이 역사의 주역으로 등장하여, 신분의 의미가 퇴락했다는 주장이다. 메인은 이제 중요한 것은 계약이라고 말했다. 근대의 계몽주의자들은 사회 자체를 인간의 계약에 의해 성립된 것으로 이해했다.

부르주아지의 성장은 여러 가지 변화를 수반했다. 특히 경제적 측면에서는 자본주의의 시대가 되었다. 정치적으로는 자유주의가 새로운 지배 이념

ENCYCLOPEDIE,
OU
DICTIONNAIRE RAISONNÉ
DES SCIENCES,
DES ARTS ET DES MÉTIERS,
PAR UNE SOCIÉTÉ DE GENS DE LETTRES.

TOME PREMIER.

A PARIS,

M. DCC. LI.
AVEC APPROBATION ET PRIVILEGE DU ROY.

18세기 시민을 계몽하기 위해 출간된 28권짜리 백과사전. 볼테르, 몽테스키외, 루소 등 계몽사상가들이 필자로 참여했다.

으로 등장했다. 이러한 시민사회의 성장에 밑거름이 된 것은 계몽사상이었다. 유럽 각 나라마다 내로라하는 계몽사상가들이 널리 존재했다. 그중에서 프랑스 백과전서파 인물들의 역할이 중요했다. 가령 디드로와 달랑베르는 시민을 계몽하기 위해 백과전서를 편집했는데, 그들은 원고를 직접 집필하기도 했다. 백과전서의 필자 가운데서 명성을 날린 이로는, 볼테르를 필두로 몽테스키외, 케네 및 루소 등이 있었다.

그들은 인간의 본성을 연구했으며 한 가지 중요한 결론에 도달했다. 오늘날의 입장에서 보면 지극히 평범한 주장이었다. 하지만 당시 사회에서는 신선한 주장이었고, 시민들의 반응 역시 폭발적이었다. 그 핵심 메시지는 이러했다.

'인간은 삶에 쾌락을 선사하는 선을 추구한다. 반면에 불행의 원천인 악을 피한다.'

이런 주장은 중국 고대의 철인 맹자의 성선설과도 유사하다. 조선 선비들의 심성론과도 맥락이 일치한다.

그러나 동서양의 철인들 사이에는 중요한 차이점이 있었다. 선비들은 개인과 사회의 도덕심을 배양하는 데 중점을 두었다. 프랑스의 계몽주의 사상가들은 도덕보다는 인간의 권리를 강조했다. 그들은 인간의 쾌락 또는 행복에 도달하기 위해서는 인간의 자연권을 보장해야 한다고 말했다. 즉 인간은 누구나 자유와 평등의 권리를 가지고 있는 바, 이것은 누구에게도 양보할 수 없는 천부의 권리라는 확신이었다. 선비들은 끝내 이러한 결론에 도달하지 못했다.

계몽주의 사상가들에게는 더욱 놀라운 점이 있었다. "인간의 본성이 선하다는 점이 분명히 드러난 이상, 개인의 자유를 제한할 이유가 없다." 이것이 그들의 확고한 신념이었다. "인간은 자유방임을 통해서 더욱 완전한 행복에 도달한다"라고도 말했다.

선비들은 성선설을 강력히 주장하면서도 전혀 다른 생각에 사로잡혀 있었다. 그들은 인간의 본성이 타락하지 않도록 더욱더 절제된 생활을 해야 한다는 입장이었다. 인간이 사심(私心)에서 완전히 벗어나기를 촉구했던 것이다. 조선 선비들의 입장에서 보면, 개인이 노골적으로 이익을 추구하는 상업에 종사한다면 그것은 죄악이었다. 하지만 서양의 계몽주의 사상가들은 그렇게 믿지 않았다. 그들은 부르주아지의 재부(財富)를 죄악이라고 여기지 않았다. 개인의 부(富)를 함부로 비판하지도 않았다.

계몽주의 사상가들이 타도의 대상으로 삼은 것은 절대왕정이었다. 왜 그럴까. 절대왕정의 이름으로 인간의 본성을 해치는 비정상적 질서가 확립되었기 때문이다. 프랑스의 절대군주들은 개인의 자유를 제한한 것으로 악명이 높았다. 유럽의 왕들은 기독교 교리를 들어가며 인간의 자연권을 부정했다. 그러므로 계몽주의 사상가들은 절대왕정의 토대인 낡은 헌법을 개정하고, 개인의 자유를 보장하는 데 주력했다. 그들은 과학과 산업의 발달을 고무적인 사회 변화로 받아들였다. 그 바탕 위에서 그들은 기득권층의 권력기반을 무너뜨리려 했다. 그러려면 무엇보다도 부르주아의 사유재산권을 강화하는 편이 효과적이었다.

17세기 이후 조선과 중국에서도 낡은 제도를 개혁하자는 선비들의 목소리가 높았다. 그러나 그들은 감히 왕정의 타파를 주장하지는 못했다. 선비들은 왕정 자체를 부정하지 못했다. 그들은 조정에 널리 퍼진 부정부패의 풍조를 제거하는 데 개혁의 초점을 맞추었다.

선비들은 서구의 계몽주의자들이 선호한 자유방임적 관점을 조금도 공감하지 못했다. 재산권의 자유를 주장하는 경우도 거의 없었다. 그보다는 오히려 재산권의 통제를 주문했다. 선비들은 보수적이었다. 그들은 기존의 사회질서를 강화하는 데 주력했다.

나는 선비와 계몽주의 사상가들 가운데서 누가 옳았고, 누가 글렀다는 주장을 하려는 것이 아니다. 다만 그들 사이에 현격한 차이가 존재했다는 사실을 환기하고 싶다.

그런 점에서 계몽사상가 장자크 루소(1712~1778)에 더욱 주목하게 된다. 그는 『사회계약론』에서 이렇게 말했다.

"인간은 본질적으로 자유로운 존재일 수밖에 없다. 그런데 현실은 어떠한가. 국가생활에 있어서 인간은 온갖 쇠사슬에 얽매여 있다."

이 구절을 우리는 루소의 자유예찬으로 읽어도 좋을 것이다. 자유방임의 당위성을 강조하는 선언으로 보아도 무방하다. 인간에게는 천부의 자연권이 있다는 말인데, 이를 회복하기 위해 18세기 유럽 사회는 무엇을 어떻게 해야 하는 것일까. 루소의 대답은 간단명료했다. 사회계약의 실천이었다. 그는 이렇게 힘주어 말했다.

"우리 인간들은 공동으로 노력해야 한다. 각자의 몸, 각자의 힘을 모아서 전체 의지의 근본으로 삼아야 한다. 이를 최고의 지도 원리로 받들어야 한다. 우리들 모두는 사회 전체를 구성하는 요소이며, 상호 불가분의 관계에 있다."

이런 표현에서 보듯, 루소는 개인의 자유와 권리를 대단히 존중했다. 그러면서도 존엄한 개인들이 연대하여 공동체를 만들자고 호소했다.

루소가 보기에, 국가란 신에게서 신성한 권리를 위임받은 왕이 지배하는 공간이 아니었다. 자유와 평등의 토대 위에서 무수한 개인이 서로 연대하는 계약사회가 국가였다. 루소에게 중요한 것은 개인이요, 그들이 자유롭고 이성적으로 체결한 계약이었다. 신앙도, 오랜 전통과 관습도 인간을 행복하게 만들 수는 없었다. 이러한 루소식의 신념이 프랑스를 휩쓸었다. 유럽 여러 나라의 기존 질서에도 심각한 균열을 가져왔다. 1789년 프랑스에서는 마침내 부르주아지 혁명이 일어났다. 농민을 비롯한 하층민이 부르주아지와 힘을 합쳐 왕정체제를 무너뜨렸다. 그 뒤 혁명의 기운은 유럽 전역으로 퍼져나갔다.

하지만 영국에서는 정치적 혁명이 일어나지 않았다. 이미 13세기부터 영국 사회는 의회를 중심으로 서서히 개편되었다. 영국인은 프랑스인과 달리 점진적 개혁을 선호했다. 그들은 의회를 중심으로 자연권을 강화했고, 점차 신분사회에서 부르주아지 사회로 이동해갔다. 영국의 부르주아지들은 본래 젠트리의 일원이었다. 따라서 그들은 자국의 왕과 귀족 또는 성직자들을 단숨에 제거해야 될 사회악의 근원으로 단정하지 않았다. 영국의 기득권층과 신흥계급은 의회를 통해 갈등과 대립을 평화적으로 해소하는 데 성공했다. 이것이야말로 근대 영국사에서 우리가 주목해야 할 특징이다.

03

신사도가
시민의 교양으로

영국 근대 부르주아지의 가치관에는 어떠한 특색이 있었을까. 이를 이해하는 데 중요한 단서를 제공하는 인물이 있다. 대니얼 디포(1660~1731)다. 저널리스트이자 소설가인 그의 명저 『로빈슨 크루소의 생활과 모험』을 읽다가, 나의 눈길이 잠시 멈추었다. 디포는 영국 시민이 추구해야 할 세 가지 사항을 언급했다. 이를 통해 18세기 영국 부르주아지의 가치관을 알아보자.

첫째, 디포는 '부지런함(근면)'의 미덕을 강조했다. 그의 주장에 따르면, 인간은 누구나 부지런해야 한다. 그래야 재산을 낭비하여 탕진할 염려가 없다. 지나친 탐욕에 빠질 가능성도 사라진다. 누구나 자신의 임무를 기쁘게 받아들인다면 자연히 부지런해질 것이고 재산도 많이 모을 수 있다고, 그는 말했다. 많은 사람들이 평생 가난에 시달리는 까닭은, 부지런하지 못하기 때문이라는 것이다. 빈부의 갈림길이 근면함에 있다는 디포의 주장에, 나는 전적으로 수긍하지는 못한다. 다만 그 시절의 영국 부르주아지가 근면을 중요한 미덕으로 여겼다는 사실은 명확히 드러났다고 본다.

둘째, 디포는 검소와 절약의 미덕을 중시했다. 부르주아지의 상당수는 검소하지도 않았고 절약하는 습관과도 거리가 멀었다. 만약 그들이 평소에 검약을 실천한다면 별로 힘들이지 않고도 많은 돈을 모을 수 있다고, 디포는 주장했다.

셋째, 정직의 가치도 빼놓을 수 없다. 디포는 정직이야말로 부르주아지의 의무라고 잘라 말했다.

디포의 설명을 듣다 보니, 실학자 다산 정약용이 생각났다. 정약용도 아들에게 보낸 편지에서 근면을 강조했고 절약을 주문했다. 정직의 중요성도 거듭해서 말했다. 사실 그런 생각은 정약용의 고유한 견해가 아니라, 성리학자들의 공통된 입장이었다. 디포의 견해와 거의 아무런 차이도 없었다.

하지만 표면상의 일치에도 불구하고, 실제로는 엄청난 차이점이 있었다. 디포는 이것을 부르주아지의 미덕으로 간주했다. 부유한 상인과 대사업가의 길이 여기에 있었다. 반면에 정약용과 조선의 선비들은 이를 선비와 농부의 미덕으로 여겼다.

부르주아지는 사업을 통해 큰 부자가 되기를 꿈꾸었다. 선비는 농업과 약간의 부업을 통해 자립을 지향하는 데 그쳤다. 조선의 성리학자는 재물의 양이 한정되어 있다고 보았다. 따라서 개인이 큰 이익을 추구하는 행위를 원천적으로 금지하려고 했다.

디포가 대변하는 부르주아지(Bourgeoisie)란 무엇인가. 부르주아지는 '성(城)에 사는 사람', 즉 도시민을 가리키는 말이었다. 도시에 사는 상인과 수공업자들이 부르주아지였다. 그들은 성직자와 귀족 등 기득권층과 이해가 상반되었다. 농민, 노동자와도 이해가 상충되었다. 엄밀히 말해 평민도 아니고 특권층도 아닌 중간층이 부르주아지였다. 근면과 검소, 겸손과 성실을 미덕으로 여기는 제3신분이었다.

19세기 유럽 사회에서는 바로 그들이 상류층의 생활규칙을 모방하고 학습했다. 영국에서만 그랬던 것이 아니다. 귀족사회의 전통을 적극적으로 비판한 프랑스의 부르주아지들도 귀족층의 예절을 그대로 수용했다. 프랑스 시민사회의 '예의범절(civilité)'이란 곧 상류층의 관습을 모방한 것이다.

그보다 앞서 16~17세기 영국에서는 신사들의 예법을 다룬 글이 봇물을 이루었다. 관련 서적도 여럿 간행되었다. 시인 리처드 브래스웨이트의 저서, 『영국신사(The English Gentleman)』(1630)와 『좋은 아내(Description of a Good Wife)』(1631)가 대표적이다. 이 책들은 훗날 영국의 식민지인 아메리카에도 전파되어 큰 인기를 끌었다.

따지고 보면 이런 흐름이 가장 먼저 시작된 곳은 이탈리아였다. 1528년 발다사레 카스틸리오네가 쓴 『궁정론(Il libro del cortegiano)』 등이 간행되었다. 요컨대 젠트리를 비롯하여 유럽의 상류층은 예절의 중요성에 주목했다. 그들은 예법상 지극히 사소한 부분에 대해서도 옳고 그름을 엄격히 따졌다.

17세기 조선에서 예학이 발달했던 것과 유사하다. 물론 차이점도 있었다. 조선 선비들의 예학은 상례(喪禮)와 장례(葬禮)에 초점을 맞추었다. 이와 달리 서양의 예절서는 개인의 사교생활에 초점을 맞추었다. 서양에서는 사교가 생활의 중심이었다. 조선에서는 돌아가신 조상에게 효(孝)를 다하는 것이 선비의 가장 중요한 책무로 인식되었다.

망자(亡者)에 대한 조선의 예법은 갈수록 복잡해졌다. 오죽했으면 이른바 '예송(禮訟)'이 발생했을까. 왕실에서는 상복기간을 3년으로 할지 또는 1년으로 할지를 둘러싸고 대신들 사이에 격론이 벌어졌다. 오늘날의 입장에서는 이해할 수 없는 일이지만, 그때는 상복을 둘러싼 논쟁으로 인해 집권층이 교체될 정도로 큰 사건이었다. 조선 사회에도 성호 이익처럼 복잡한 예절을 반대하는 선비들이 없지 않았다. 그러나 이러한 선각자들의 목소리는 거의 들리지 않았다.

서양에서는 시간이 흐를수록 사교예절도 간단해졌다. 부르주아지는 젠트리와 귀족에 비해 실용성을 더욱 강조하는 경향을 보였다. 그들은 예법의 번

거로움을 싫어하여, 타인에게 폐를 끼치지 않는 선에 그쳤다. 부르주아지의 예법은 타인의 호감을 살 수 있는 방법을 적극적으로 모색했다. 그리하여 상대방에 대한 존중을 적절히 표현하는 방향으로 진화해갔다.

2차 세계대전 이후 유럽 사회에서는 귀족계층이 사실상 소멸했다. 서양의 예절은 더욱더 평범한 시민들의 편의를 도모하는 것이 되었다. 그런데 내가 보기에는 서양의 식탁 예절이 너무 까다로운 것 같다. 제대로 격식을 갖춰 서양 사람과 식사를 함께 하는 일은 쉽지 않다. 규칙이 너무 세부적으로 꼼꼼히 정해져 있기 때문이다. 정찬을 함께 할 때는 복장도 갖춰 입어야 하고, 생선요리를 먹을 때 사용하는 나이프와 고기요리를 먹을 때 사용하는 나이프가 다르다. 잔도 다양해서 물 컵과 주스 잔이 다르고, 백포도주 잔과 적포도주 잔도 구별해서 사용한다.

물론 조선의 선비들에게도 식탁 예절이 있었다. 어른이 먼저 수저를 들어야 식사가 시작되었고, 어른이 수저를 놓으면 식사는 끝났다. 밥 한 숟가락을 떴으면, 반찬도 반드시 한 젓가락만 먹어야 하는 식이었다. 음식을 씹거나 삼키는 소리를 내서도 안 되었다. 또 손님들에게는 각자 따로 상을 차려 음식을 대접했다.

친교에 있어서도 선비들은 여러 가지 규칙을 정해두고 엄격히 준수했다. 상대에게 말을 올리고 내리는 법에도 정해진 규칙이 있었다. 오늘날 우리는 이러한 전통을 거의 다 잊고 말았으나, 불과 수십 년 전까지만 해도 까다로운 예법이 일상생활 곳곳에 자리 잡고 있었다.

간단히 요약해보자. 본래 유럽의 왕실과 귀족계급은 격조 높고 복잡한 전통예절을 고안했다. 그런데 근대에 이르러 그들의 사교예절을 비롯하여 공중도덕, 장례예절 등이 부르주아지의 이목을 끌었다. 근대사회의 주역인 부르주아지는 자신들의 취향에 걸맞게 기존 예법을 하나씩 뜯어고쳤다. 그러고는 학교와 가정, 그리고 사회활동을 통해 새 예절을 사회 전반에 퍼뜨렸다.

교양을 중시하는 시민이라면 항상 예의 바르게 행동해야 했다. 그들은 오랜 세월에 걸쳐 젠트리를 포함한 상류사회의 전통을 실용적으로 개혁했다. 부르주아지들은 결국 새 예법을 만들어낸 셈이지만, 그 저변에는 전통사회의 유산이 침전되어 있었다. 예절만 그런 것이 아니었다. 현대사회에서 호평을 받는 이른바 스포츠맨십도 알고 보면, 상류층의 신사도에서 연유한 것이다.

근대사회의 지배권을 행사한 것은 부르주아지였다. 그런데 그들의 가치관과 행동양식은 젠트리 또는 전통귀족에게서 물려받은 것이 대부분이었다. 신사도는 근대사회를 거쳐 현대의 시민사회에서도 여전히 유효한 측면이 적지 않다.

시선을 우리 쪽으로 돌려보자. 조선 선비의 가치와 행동규범은 오늘날 어떻게 되었는가. 우리 시민사회는 여전히 그 전통 위에 서 있다고 주장할 수 있을까. 선비의 빛나는 전통이 21세기 한국 시민들에게 과연 어떤 의미를 가지는지를 밝히는 작업은 대단히 어려운 일이다. 일제강점기와 한국전쟁 등으로 전통의 단절을 겪었기 때문이다.

막스 베버의
기독교 윤리와 자본주의의 발전

———

서양 근대 시민사회는 합리성을 추구했다. 그때 지식인들은 개인의 자유를 보장할수록 세상사가 더욱 합리적으로 처리될 줄로 확신했다. 정치적 · 경제적 자유방임은 인간과 사회에 대한 그들의 낙관주의를 반영했다. 19세기 독일의 사회학자 막스 베버(1864~1920)도 그런 사람이었다. 그는 근대사회의 합리성에 경탄했다. 베버는 복식부기의 탄생에 큰 의미를 부여했다. 가계(家計)와 경영을 완전히 분리함으로써, 객관적 경영이 가능하게 되었기 때문이다. 또 근대적인 관료제가 도입된 사실도 호평했다. 이로써 근대국가는 중세의 비합리적인 관행에서 벗어나, 합리적으로 운영될 수 있다고 보았다.

근대의 합리성은 양면성을 가지고 있었다. 수단 또는 기술의 합리성이 그 하나였다. 즉 형식적 합리성이다. 다른 하나는 근대시민의 이상과 가치를 현실생활 속에서 추구하는 것이다. 실질적 합리성이라 명명될 수 있는 것이다. 바로 이 두 가지 합리성을 토대로, 부르주아지는 새 세상을 건설할 것이었다. 베버는 그렇게 확신했다.

그러나 낙관은 금물이었다. 독일 사회학자 게오르크 짐멜(1858~1918)이 베버의 확신에 검증의 칼을 들이댔다. 『돈의 철학』이라는 책에서, 짐멜은 욕망과 화폐의 관계를 분석했다. 부르주아지는 자신의 욕망을 달성하기 위해 화폐를 중요한 성취 수단으로 삼았다. 그런데 자본주의 사회에서는 화폐가 성취 수단이 아니라 목적으로 변질되어 있다. 짐멜은 바로 그러한 문제점을 날카롭게 지적했다. 그는 자본주의 사회의 취약점을 올바로 인식했다고 본다.

일찍이 영국의 자유방임주의자 애덤 스미스(1723~1790)는 자본주의의 미래를 낙관했다. 『국부론』에서, 그는 개인의 자유가 보장될수록 좋다고 확언했다. 상인이나 사업가는 경제활동을 통해 저절로 사회 발전에 기여한다고 스미스는 말했다. 굳이 애국심 같은 거대담론에 신경 쓰지 않아도, 그들의 경제활동은 세상을 긍정적으로 변화시킨다고 판단한 것이었다.

"국가의 간섭이 적을수록 사회는 더욱 발전한다." 스미스식의 낙관론은 한동안 계속되었다. 19세기 후반까지도 지식인 사회에는 이런 믿음을 가진 사람들이 많았다. 제러미 벤담을 비롯한 공리주의자도 그런 편이었다. 그들은 최대다수의 최대행복이 실현 가능하다며 미래를 낙관했다. 맬서스의 『인구론』에도 일종의 낙관론이 깔려 있었다. 인구 조절에 힘을 써도 좋고, 만일 그게 여의치 않다면 자연에 맡기면 문제가 저절로 해결될 일이라는 것이었다. 찰스 다윈의 진화론에도 인간 사회에 대한 낙관적 견해가 깔려 있었다. '자연선택'은 그 자체가 합리적인 결정이라고 보기 때문이었다. 막스 베버 또한 낙관론자였다. 그러나 짐멜은 정반대였다. 그는 근대 자본주의의 약점을 격렬히 비판했다.

17세기 이후 영국, 네덜란드, 프랑스에서 부르주아지는 괄목할 만한 성장을 거두었다. 그들은 자본주의 체제를 건설했다. 자유와 평등의 원리를 무기 삼아, 중세의 봉건적 관념을 물리쳤다. 종래의 기득권층에게 특권을 보장해준 정치사회제도를 무너뜨리기도 했다. 결과적으로 사회가 일변했다. 그러나 거기까지였다. 객관적으로 말해, 변화된 세상에서 자유를 얻은 것은 부르주아지뿐이었다.

1838년 영국에서 일어난 차티스트운동. 산업혁명으로 생산은 대폭 증가했지만 불평등은 오히려 심화되자 노동자들을 중심으로 조직적인 저항이 시작되었다.

산업혁명을 통해 생산은 큰 폭으로 증대되었지만, 공정한 분배로 이어지지 못했다. 세상은 별로 평등해지지 않았다. 사회적 모순도 해결되기는커녕, 더욱 복잡하게 엉클어졌다. 그 와중에 공장 설비가 무리하게 확장되어, 19세기 초부터 공황 현상이 나타났다. 대도시에서는 대량실업 사태가 발생했다. 그 여파로 1838년부터 영국에서는 약 20년 동안이나 차티스트 운동이 일어났다. 조금만 설명을 보태자.

사회적 불만이 고조되자 노동자들을 비롯한 하층민이 선거권을 요구했다. 그들은 조직적인 사회운동을 벌였다. 의회의 개혁도 요구했고, 성인 남성의 보통선거권을 비롯하여 무기명 투표의 시행까지 주장했다. 의원에 대한 보수 지급 문제도 현안으로 부각되었다. 민중은 청원운동을 전개했다. 아일랜드의 젠트리로 하원의원이기도 했던 퍼거스 오코너가 이 운동의 중심인물이었다. 협동조합운동의 창시자인 로버트 오언도 지도자의 대열에 속했다. 차티스트 운동을 계기로 영국의 노동자들은 전국적 조직망을 건설했다.

프랑스에서도 부르주아지의 횡포에 반대하는 운동이 잇달았다. 1848년의 2월 혁명과 1871년의 파리코뮌은 하층민의 누적된 불만이 폭발한 사건이었다.

자본주의의 모순에 대해 가장 예민한 반응을 보인 것은 독일이었다. 독일의 낭만주의자들은 자본주의에 기초한 근대 시민사회를 거세게 비판했다. 그들은 중세사회를 대안으로 여겼다. '따뜻한' 중세사회를 향한 회고적 감정이 독일 낭만주의의 특징이었다. 시일이 지날수록 독일의 지식인들은 관념적·추상적 성향을 띠었다. 그 대표자는 게오르크 빌헬름 헤겔(1770~1831)이었다. 헤겔은 『법철학』에서 가족, 시민사회 및 국가에 관한 철학적 검토 결과를 상세히 기술했다.

한 마디로 헤겔은 근대 시민사회를 철저히 비판했다. 시민사회는 개인의 사익 추구를 궁극적인 목적으로 삼기 때문에, 내적 분열이 필연적이라고 혹평했다. 다수의 빈곤층이 발생하여, 시민사회는 더 비참한 상태에 빠지게 되고, 도덕적으로도 파탄에 직면하게 된다고 진단했다. 헤겔은 문제 해결책을 국가 이성에서 찾았다. 그에게 국가란 개인의 한계를 초월하여 모든 사람에게 정의와 공정을 선사하는 이성 자체였다. 국가야말로 자본주의의 폐단으로부터 시민을 구원하는 올바른 수단이라고 주장했다. 그의 눈에 비친 근대 국가는 고결한 도덕성의 표본이자 참된 자유를 상징하는 각별한 존재였다.

20세기까지도 독일의 지식인들은 헤겔의 전통을 계승했다. 가령 페르디난트 퇴니에스(1755~1836)는 인류사회를 두 종류로 구별했다. 이익 추구를 목적으로 하는 '게젤샤프트'는 호된 비판의 대상이었다. 일시적이고 내실 없는 공동생활을 추구하기 때문이었다. 반면 '게마인샤프트'는 명실상부한 공동사회로, 인간애라는 중세적 이상을 회복할 인류의 희망이었다.

근대 독일의 철학적 흐름을 곰곰 돌이켜보면, 헤겔과 같은 부류의 지식인들은 조선의 성리학자들과 사상적으로 일맥상통했다. 독일 철학자들만큼이나 조선의 선비들도 고전사회를 동경하고 이상화했다. 공동체의 도덕적 기능에 기대를 걸었던 점에서도 양자는 서로 일치했다. 국가를 도덕적 이상의 정화(精華)로 바라본 것도 똑같았다.

하지만 두 집단 사이에는 엄청난 차이가 있었다. 독일 철학자들은 자연과학적 지식을 긍정적으로 평가했다. 산업과 교역의 기능도 중시했다. 또 근대의 문화적 유산인 개인의 자유와 평등을 실천하는 데도 적극적이었다. 하지만 조선의 선비들에게는 이런 경향을 발견하기 어려웠다. 선비들은 지나치게 농업 중심적인 사회를 추구했다. 그들은 산업 중심의 도시문명을 철저히 부정했다.

독일 사상계는 비판적 사유의 전통이 깊었다. 그런 전통 위에서 카를 마르크스(1818~1883)가 등장했다. 그는 자본주의를 설명하는 개념적 도구를 창안했다. '생산력'과 '생산관계'라는 두 가지 개념이 핵심적이었다. 자신의 분석 도구를 자유롭게 활용하여 마르크스는 자본주의의 폐단을 철저히 비판했다. 그의 독창적인 사상은 유럽의 공산주의 운동으로 전개되었다.

19세기 독일에는 막스 베버라는 또 한 명의 사상적 거인이 존재했다. 그는 프로테스탄트 윤리가 자본주의 정신의 기반이라고 주장했다. 즉 근검과 절약을 중시하는 신교의 독특한 가치관과, 매사에 성실한 신교도들의 태도가 자본주의라는 경제 현상을 낳았다는 것이다. 베버의 연구에 따르면, 신교도는 신의 구원을 얻기 위해 노력한 결과 독특한 윤리관을 형성하게 되었다. 그들은 자본을 낭비하지 않았다. 그들은 자본을 성실히 축적했고, 효율적으로 재투자했다. 그들은 결코 탐욕에 빠진 이기적 존재가 아니었다. 누구보다 금욕적이고 윤리적인 존재였다. 베버가 여기서 말하는 신교란 칼뱅주의자들이었다. 그들은 인간이 윤리적 태도를 가지고 사업에 종사한다면, 그가 이익 추구를 목적으로 한 경제행위가 구원에 도달하는 방법이라고 확신했다.

베버의 이러한 관점은 19세기 후반에 독일학계를 지배한 신역사주의학파와 대립되었다. 베버는 '가치자유(몰가치성)'라는 개념을 창안해 자신의 학문적 입지를 강화했다. 그의 연구는 가치중립적인 연구, 즉 보편타당한 연구라는 뜻이었다.

베버는 평생에 걸쳐 방대한 지적 유산을 남겼다. 역사학을 비롯하여 경제학, 정치학, 법제도, 종교, 철학 및 예술에 이르기까지 그는 인문사회과학을 두루 섭렵했다. 그의 왕성한 지식욕과 실천 능력은 역사상 선례를 찾아보기 어려웠다. 마치 12세기 중국 송나라의 주희가 되살아난 것 같았다. 주희가 중국의 모든 고전지식을 집대성했듯, 베버는 근대 학문의 정수를 남김없이 흡수했다. 광대한 인식의 지평 위에서, 그는 사회학적 분석을 시도했다.

베버에게 특히 중요한 개념은 '천직(beruf)'이었다. 이는 마르틴 루터 (1483~1546)가 번역한 『성경』에 나오는 개념이었다. 하늘이 특정 직업에 종사하도록 개인을 부르셨다는 뜻이다. 루터의 성서 번역을 토대로, 모든 직업은 평등하다는 주장이 성립되었다. 또한 직업이야말로 신앙생활에 진정한 도움이 된다는 점도 명확해졌다. 이것은 완전히 새로운 직업관이었다.

천직의 개념을 한 걸음 더 밀고 나간 이는 장 칼뱅(1509~1564)이었다. "노동과 금욕 및 절제를 통해 평범한 시민도 구원받을 수 있다"는 게 그의 주장이었다. 칼뱅의 설교에 고무된 신교도 중에는 상공업자가 많았다. 베버는 이 사람들이야말로 자본주의 정신의 본질에 도달했다고 주장했다.

그런데 주의할 점이 있다. 베버가 자본주의를 무조건 미화한 것은 아니었다. 19세기 말 서구사회의 혼란과 부패를 목격한 그는, 쇠창살의 비유를 빌려 자본주의 사회를 비판했다. 종교적 윤리가 쇠창살 밖으로 빠져나갔다며,

이윤을 추구하기에 급급한 기업가들의 비도덕적인 행태를 문제 삼았다.

20세기의 탁월한 지식인은 서로 앞을 다투어 자본주의의 모순과 폐단을 지적했다. 18세기부터 점진적으로 발달해온 자본주의가 이미 상당한 문제점을 드러냈기 때문에 불가피한 일이었다. 역사상 완벽한 이념과 제도는 어디에도 존재하지 않는다.

오늘날 한국 사회는 또다시 개혁과 변화의 시대에 접어들었다. 지난 한 세기 동안 인류는 세계전쟁만 해도 두 차례나 겪었다. 지구 곳곳에서 숱한 분쟁이 일어났다. 1917년의 러시아 혁명을 기점으로, 한때는 온 세상이 공산주의 혁명의 격랑에 휩싸였다. 그 뒤 북유럽에서는 복지국가 건설의 꿈이 실천에 옮겨지기도 했고, 기적처럼 유럽연합(EU)의 경제통합이 일어났다. 1960년대 미국에서는 흑인에 대한 인종 차별이 크게 완화되었다. 여성과 소수자에 대한 사회적 차별도 본격적으로 개선되었다.

그럼에도 지구상에는 여전히 많은 문제들이 남아 있다. 세계 인구의 절반은 여전히 기아선상에서 허덕인다. 이슬람 세력과 서구문명의 충돌도 이미 장기화되었다. 지구환경의 위기도 나날이 심각해지고 있다. 도처에 난제가 쌓여 있다.

그렇다 해도 자본주의의 위력이 크게 줄었다고 볼 수는 없다. 지금은 세력이 많이 위축되었으나, 기독교의 역할도 과소평가할 수만은 없다. 미래를 점치기는 어렵다. 하지만 근대 시민사회가 이룩한 역사적 변화는 지금까지도 막강한 영향력을 행사하고 있다. 인류의 역사는 앞으로도 상당 기간 동안 근대 시민사회가 거둔 성과에 의지할 것이다.

이제 1부를 마감할 때가 되었다. 돌이켜보면 유럽인들은 중세 이후 수백년 동안 많은 역사적 경험을 축적했다. 한편으로 그들은 기사도와 신사도의 전통을 의식적으로 계승했다. 다른 한편으로는 자연법과 기독교 신앙의 영향 아래 근대 자본주의의 싹을 틔웠다. 그리하여 현대사회는 시민의식(civic consciousness)이라 불리는 사회적 가치를 창출하기에 이르렀다.

현대 서구사회는 개인의 주체성을 강조하면서도, 합리적 판단 또한 중시한다. 그들은 자신의 권리와 의무만 구별하는 단계에서 벗어났다. 자치와 연대의 필요성을 강력히 주장하는 분위기다. 여기서 내가 힘주어 말하고 싶은 것이 하나 있다. 서구 시민사회는 여러 가지 역사적 경험을 겪으며 점차 '저항적 존재'로 성장했다는 사실이다. 그들은 권력의 부당한 요구에 순응하지 않는다. 그런 의미에서 시민들의 적극적인 정치 참여가 현대 시민사회의 미덕으로 부각된다. 21세기 서구의 시민권(citizenship)은 대략 그와 같은 특징을 가지고 있다.

선비의 역사에는 과연 서구의 경험에 상응하는 역사적 변천이 있었는가? 생각해보면, 우리 사회에도 소중한 역사적 체험이 많았다. 이를 일목요연하게 정리하기는 쉽지 않을 테지만, 많은 경험이 축적되어온 것은 사실이다.

연전에 '유교자본주의'라는 용어가 등장해 사회적 관심사가 된 적이 있었다. 미국의 미래학자 허만칸 교수(1922~1983)는 21세기에는 장차 서양의 자본주의가 몰락하고 동양의 유교자본주의가 그 자리를 차지할 것이라고 주장했다. 유교사회에는 근면과 절약, 학습에 대한 전 사회적 관심과 공익 추구의 정신이 엄존한다. 지난 20세기 한국을 비롯한 동아시아 여러 나라가 산업화에 성공한 배경이 바로 유교라는 주장은 결코 낯설지 않다.

유교권 국가들의 경제적 역동성에 주목하여 큰 기대감을 드러낸 주장이 아닐까 한다. 현재로서는 이런 학설이 명쾌하게 입증되었다고 단언하기는 어렵다. 그렇다 해도 유교자본주의를 함부로 무시하기는 어려울 것이다. 유교문화에는 여태껏 명쾌하게 해명하지 못한 중요한 특징이 얼마든지 존재할 수 있다.

　나 역시 과거의 정신적 유산 가운데 무언가 중요한 교훈을 놓치고 있을지도 모르겠다. 지난 100여 년의 역사적 굴절에도 불구하고 유교적 전통문화는 어떤 기능과 역할을 수행했던가. 근대의 왜곡된 체험 속에서 우리는 전통문화를 의식적, 무의식적으로 어떻게 변용하였던가. 궁금한 문제다. 이제라도 우리는 스스로의 문제의식을 날카롭게 벼려야 한다. 우리 자신의 체험을 견강부회하지 않으면서도, 서양인의 경우와 비교하면서 자연스럽게 객관적 성찰에 이르러야 한다.

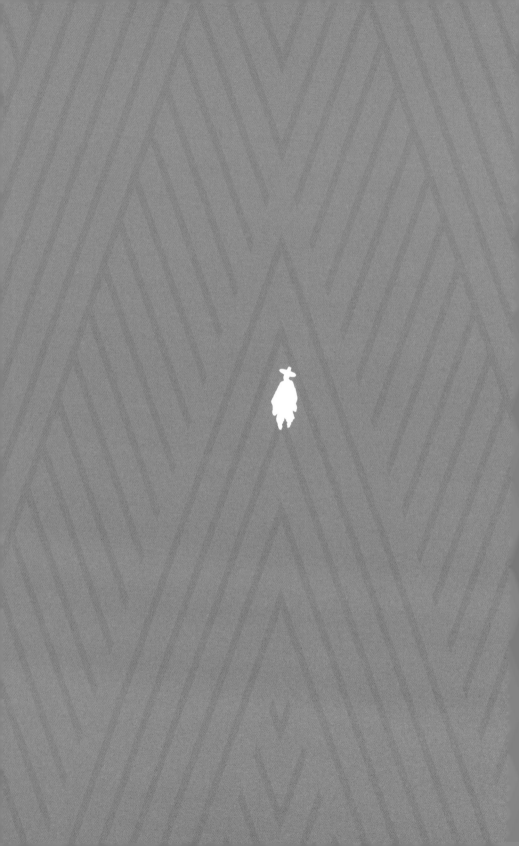

2부

아름답고,
안타까운 선비의 길

──────────── 그 길은 꽃길이었다. 선비는 공자와 맹자의 가르침을 날마다 가슴에 새기며 자신의 언행을 바로잡았다. 자신의 지식과 인품으로 새 세상을 만들 수 있다고 확신했다. 선비의 이러한 신념을 진솔하게 표현하면 수기치인(修己治人), 네 글자로 요약된다.

차원을 달리하여 보면, 선비란 저 푸른 하늘의 이치가 이 땅에서도 구현되기를 바라는 사람이었다. 겸손한 마음으로 언제나 하늘의 뜻을 헤아리고, 자신의 부족함을 반성하는 것이 선비의 사명이었다. 벼슬에 나가서는 '하늘의 명령[天命]'에 따라 세상을 다스리고, 물러나서는 자연과 하나 되어 고요하고 평안한 삶을 추구하는 이가 곧 선비였다. 천인합일(天人合一)의 경지에 도달하기에 애쓰는 것은 선비의 할 일이었다.

서양의 기사와 신사, 일본의 사무라이에게서는 찾아볼 수 없는 철학적 고원함, 이것이 선비의 특징이었다. 세파에 시달리면서도 고상한 뜻을 끝끝내 버리지 않는 이가 선비였다. 조선 사회에는 기절(奇節), 곧 절개가 유난히 높은 선비가 많았다. 그들이 현세를 이상사회로 바꾸지는 못했으나, 윤리의 시대를 연 것은 엄연한 사실이었다. 선비들은 명분과 절개를 숭상함으로써 조선 사회를 전형적인 성리학 사회로 바꿔놓았다. 그들은 한국의 역사에 새 장을 썼다.

그러나 모든 것이 아름다울 수만은 없었다. 동전에도 뒷면이 있듯, 선비의 세상에도 그늘이 깊었다. 성리학 지상주의가 수백 년 동안 이어지자, 고질적 폐단과 치명적인 약점이 생겨났다. 19세기 말 근대화에 성공한 서구열강이 동아시아를 향해 물밀듯 쳐들어왔다. 그러자 선비가 이끌던 조선 사회는 맥없이 무너졌다. 그 모든 것이 성리학과 선비 때문만은 아니었다고 생각한다. 그러나 조선의 패망에 그들의 책임이 크지 않았다고 말하기는 어렵다.

한편으로 자랑스럽고, 다른 한편으로 슬픈 선비의 길을 이제부터 좀 더 자세히 알아볼 작정이다. 편의상 2부를 4개의 장으로 나누었다. 우선 선비들의 정신세계를 지배한 두 가지 개념을 검토할 생각이다. 4장에서는 수기치인의 문제를 알아보고, 5장에서는 선비들의 이상이었던 천인합일이란 무엇인지를 되짚어보려 한다. 바로 그러한 바탕에서 6장에서는 조선시대의 성격을 윤리의 시대로 설명할 생각이다. 이로써 선비들의 세계관과 그들의 삶이 어느 정도 윤곽을 드러낼 것이다.

끝으로, 7장에서는 조선 사회의 폐단이랄까, 또는 치명적인 약점이라고도 지적할 수 있는 부분을 들추려 한다. 이 같은 일련의 검토를 통해, 선비란 과연 어떠한 존재였는지를 입체적으로 조명할 수 있기를 바란다.

4장

선비는
어떻게 살았는가

『대학』에서는 수기치인이 곧 선비의 길이라고 명쾌하게 기술했다. 『논어』에도 비슷한 표현이 보인다. 그럼 '수기'와 '치인'은 어떤 것일까. 둘 중에서 좀 더 근본적인 것은 또 무엇일까. 궁금증이 절로 생긴다.

선비들이 더욱 긴요하게 여긴 것은 '수기'였다. 한국의 역사에서 수기는 어떤 의미를 가졌을까. 이 점도 자세히 검토할 필요가 있다. 만약 수기치인의 방법을 확립한 이가 있었다면, 그는 누구였을지도 알아보고 싶다. 시대 흐름에 따라, 또는 학자나 학파에 따라 수기치인에 대한 인식에 어떤 변화가 일어났을 수도 있다. 이 점도 설명할 수 있으면 좋겠다.

알다시피 수기는 선비의 기본 소양이었다. 이의 실천은 조선시대 많은 사람들의 의식을 일깨웠다. 따지고 보면, 현대 한국이 일본과 싱가포르에 이어 단기간 내에 산업화에 성공한 것도 그 덕분이었다. 쉽게 단언하기 어렵지만, 본래 유교 국가였던 중국과 베트남이 최근 눈부신 경제성장을 이룩한 것도 수기의 전통과 관련이 있어 보인다. 이런 사실을 염두에 둘 때, 수기의 역사를 짚어보는 것은 무척 중요한 일이라 하겠다.

이 장에서는 수기치인을 둘러싼 여러 가지 물음에 나름대로 답을 제공하려고 한다. 이를 위해 여러 선비들의 삶도 소개하고, 그들의 저술도 살펴볼 것이다. 때로 성리학의 여러 가지 난해한 철학적 개념과도 씨름하지 않을 수 없다. 아무쪼록 독자들이 너무 지루해하지 않기를 바란다.

01

『대학』,
선비의 사명을 가르치다

————

선비는 한평생 성현(聖賢)의 글을 공부했다. 성현이란 일차적으로 성인 공자와 현인 맹자를 뜻한다. 그들의 가르침은 무엇이었을까. "성현의 학문은 수기치인(修己治人)에 지나지 않는다." 율곡 이이(1536~1584)는 그렇게 대답했다.

선비는 먼저 수기(修己), 곧 자신에게 내재한 윤리를 회복하고 극대화하는 공부를 한다는 뜻이다. 그런 다음 치인(治人)을 실천에 옮긴다. 치인은 어떻게 하는 것일까. 성리학을 집대성한 송나라의 주희(1130~1200)는 다음과 같이 설명했다.

'인(人)'이란 자아를 벗어난 모든 것이다. 즉 국가와 천하까지 아우르는 모든 외물(外物)의 총칭이다. 그것을 다스리는 것[治]이 치인이다. 다스린다는 말은, 내 마음대로 지배하는 것이 아니다. 사물이 본래의 모습을 회복하게 만드는 것이 진정한 다스림이다.

수기치인은 순수한 도덕적 개념이다. 나 자신과 온 세상을 교화(教化)하는 것이다. 가르쳐서 크게 변화시키는 실천적 행위다. 물리적으로 외압을 가해서 세상을 다스리는 것은 형정(刑政)이다. 순전히 도덕의 힘으로 세상을 바꾸는 것은 예악(禮樂)이다. 선비가 추구한 수기치인의 길은 예악을 매개로 한 것이었다.

바로 그런 점에서 동서양의 사정은 달랐다. 선비들과는 달리, 서양의 기사와 그 후예인 신사는 형정에 초점을 맞추었다. 그들도 물론 예의를 강조했다. 그러나 그들은 결코 도덕의 힘으로 세상을 바꾸려 하지 않았다. 기사와 신사는 창과 칼을 든 사람들이었다. 그들은 도덕보다는 규율과 법의 힘을 신봉했다. 일본의 사무라이들도 법규에 구속된 존재였다. 그들은 도덕심을 통해 사물의 본래 모습이 저절로 회복될 것이라고 믿지 않았다. 각종 무기로 실력을 행사하는 전사의 길은, 조용히 사색에 잠긴 선비의 이상과는 근본적으로 달랐다.

16세기의 큰선비 이이 역시 선비의 길을 '수기치인'이란 네 글자에서 찾았다. 그 이론적 토대는 성선설(性善說)에 있었다. 알다시피 맹자는 인간의 본성이 착하다고 결론지었다. 그의 주장에 수긍한다면, 선비가 나아갈 바는 저절로 분명해진다. 인간의 선한 본성을 회복하는 것이다. 이것이 선비들의 최대 관심사였다.

선비의 길을 가장 먼저 밝힌 이는 공자였다. 『논어』「헌문편(憲問篇)」에 그에 관한 구절이 있다. 어느 날 자로가 공자에게 물었다. "스승님, 군자(君子)란 무엇입니까?" 공자가 대답했다. "수기이안인(修己以安人) 또는 수기이안백성(修己以安百姓)이니라."

군자, 곧 선비의 이상형은 자신을 닦아서 타인 또는 백성을 평안하게 만드는 사람이다. 공자는 이렇게 언명했다.

공자의 간단명료한 설명을 통해 선비의 길이 뚜렷해졌다. 우선 자아의 인격을 완성하라. 이어서 자신이 속한 사회에 책임을 다하라는 것이었다. 후대의 선비들은 이것을 당연한 사명으로 받아들였다.

선비들은 수기치인의 길을 좀 더 명확히, 구체적으로 알고 싶어했다. 이에 자사(子思, 기원전 492~431)가 『대학(大學)』을 지었다. 워낙 오래전의 일이었기

정홍래, 〈소나무와 선비〉, 국립중앙박물관 소장.
선비의 이상형은 자아의 인격을 완성해 타인을 평안하게 만드는 것이었다.

때문에,『대학』의 저자에 대해서는 여러 가지 주장이 난립해 있다. 그래도 공자의 손자 자사로 보는 견해가 지배적이다. 처음에『대학』은『예기(禮記)』의 한 편이었다. 정확히 말해 제42편이었다. 오랜 세월이 지난 다음, 주희가 그 글의 가치에 더욱더 주목했다. 주희는 장구(章句: 장과 단락)를 나누고 상세한 해설도 붙여, 한 권의 독립된 경전으로 만들었다. 이것이 사서(四書)의 하나인『대학』이다.

『대학』에서는 수기치인을 팔조목(八條目)으로 세분하여 설명한다. 격물(格物), 치지(致知), 성의(誠意), 정심(正心), 수신(修身), 제가(齊家), 치국(治國), 평천하(平天下)가 이른바 '8조목'이다. 그중에서도 앞의 5개는 수기에 관한 것이고, 나머지 3개는 치인에 해당한다. 얼핏 조목의 숫자만 헤아려보아도, 강조점이 수기, 곧 자아의 도덕성 함양에 있다는 사실이 드러난다. 자아가 굳건히 선 다음이라야, 혼란한 세상을 바로잡을 수 있다고 보았기 때문이다. 유가(儒家)의 사고방식은 그러했다.

수신에 앞서는 것이 네 가지였다. 먼저 격물(格物)이다. 사물의 이치를 터득하는 일이다. 다음은 치지(致知)다. 나 자신의 지혜를 극대화하라는 주문이다. 그래야만 다음 단계인 성의(誠意)로 넘어간다. 마음이 진실해지는 것이다. 이어서 바른 마음, 곧 정심(正心)의 단계로 나아갈 수 있다. 이처럼 네 단계를 거쳐 도덕적 기초가 충실해야 비로소 수신이 가능하다. 성리학자들은 그렇게 배웠다.

선비라면 누구나『대학』에 명기된 선비의 길을 잘 알고 있었을까. 조선시대에는『대학』이 선비들의 필수 교양서적이었다. 17세기의 큰선비 목재(木齋) 홍여하(洪汝河)가 지은 과거 시험문제[策題]에 다음과 같은 구절이 보인다.

"『대학』의 1경(經)과 10전(傳)은 성인이 말씀하신 본질[體]과 쓰임[用]을 완벽하게 갖추었다. 그 3강령(綱領) 8조목(條目)은 배우는 사람들에게 수기치인의 요점이 된다. 따라서 임금도 신하도 이를 모르면 결코 안 된다.”(홍여하, 『목재집』
제5권, 책제)

17세기 선비들은 『대학』에서 수기치인의 길을 배웠다. 우리는 그렇게 단언해도 좋을 것이다. 조선 선비들 중에는 수기치인이란 표현을 역사상 누가, 어떠한 맥락에서 처음으로 사용했는지 궁금하게 여기는 이도 있었다. 1679년(숙종 5), 윤증은 박세채에게 편지를 보내 이렇게 물었다.

“「대학장구서(大學章句序)」끝부분에 (……) ‘소보운(小補云)’이란 말이 있고, 그 아래에 설명이 있지요. ‘수기치인(修己治人) 네 글자는 『대학』의 체(體)와 용(用), 강(綱)과 목(目)을 전부 포괄하고 있다’라는 말이 있는 것입니다. 그런데 이 말씀은 『사서대전(四書大全)』을 편찬할 당시, 곧 영락 연간(1402~1424)의 사람들이 쓴 것입니까? 아니면 운봉호씨(雲峯胡氏)와 쌍호호씨(雙湖胡氏) 등의 선비들이 한 말입니까? 저의 무지를 깨우쳐주시기 바랍니다.”(『명재유고』 제11권, 「박화숙에게 드림」)

박세채가 윤증의 궁금증을 시원하게 풀어주었는지는 알 수 없다. 다만 한 가지 분명한 사실이 있다. 17세기 조선의 선비들이 『대학』의 안내를 받아 수기치인의 길을 진지하게 걸어갔다는 것이다. 그때 선비들은 치인의 길보다는 선비의 기본 자세인 수기를 이해하고 실천하는 데 더욱 힘을 쏟았다. 이것이 조선 성리학의 중요한 특징이었다.

성리학에서는 수기를 두 가지 관점에서 이해했다. 하나는 일종의 성장론이었다. 『논어』에서 공자는 자신의 삶을 회고하며, 성취 단계에 따라 여섯 가지로 구별했다. 지학(志學, 15세), 입(立, 30세), 불혹(不惑, 40세), 지천명(知天命, 50세), 이순(耳順, 60세), 종심소욕불유구(從心所欲不踰矩, 70세)가 그것이다. 공자가 정말로 이 여섯 단계를 거쳐서 자아 완성에 도달했을까. 아니면 이것은 제자들을 격려하기 위해 상정한 일종의 교육 목표였을까. 어느 쪽이 옳은지는 판단하기 어렵다. 어쨌거나 공자가 선비의 일생을 하나의 성장 과정으로 설명하려 한 사실이 흥미롭지 않은가.

수기에 관한 또 다른 이해도 가능하다. 그 역시 공자의 설명에서 유래한다. 수제자 안회는 평생 꼭 한 번 공자에게 질문했다. "인(仁)이란 무엇입니까?" 이에 대한 스승의 대답은 극기복례(克己復禮), 네 글자였다.

"자아를 이기고 예(禮)를 회복하라." 예를 회복한다는 것은 예로 돌아간다는 뜻이다. 뜻을 새겨보면, 자아의 현재 상태와 무관하게 본래 예를 갖추고 있었다는 것이다. 『장자』의 「신성편(繕性篇)」에 나오는 '복기초(復其初)'와도 같은 뜻이다. 곧 그 처음을 되살린다는 말이다. 맹자의 성선설도 같은 맥락에 있다. 이렇게 볼 때 수기는 자아에 내재된 본성의 회복이요, 예로 표현되는 도덕적 질서를 회복하는 실천운동이었다.

요컨대 조선 선비들은 『대학』의 가르침을 마음에 새기며 살았다. 그들은 여덟 단계로 설정된 수기치인의 길을 걸었다. 제각기 힘이 닿는 대로 선비의 길을 실천했다. 그들은 치인보다도 수기에 더욱 집중했다.

02

수기,
어떻게 인격을 완성할 것인가

―――――

긴 역사 속에서 수기에 관한 한국인의 이해는 어떠한 변천 과정을 겪었을까. 우선 고대로 올라가 보자. 수기가 문헌에 처음 등장하는 것은 6세기 후반이다. 신라 진흥왕(재위 540~576)은 영토를 널리 확장했다. 그러고는 여러 곳에 순수비(巡狩碑)를 세워 자신의 치적을 기념했다. 바로 그 순수비문에 처음으로 '수기'라는 표현이 보인다.

"이 때문에 제왕(帝王)은 연호를 세우고, 나를 닦음(수기)으로써 백성을 평안하게 하지 않음이 없었다(是以帝王建號 莫不修己以安百姓)."

'수기이안백성(修己以安百姓)'이라고 했다. 『논어』「헌문편」에 나오는 공자의 말을 그대로 인용한 것이다. 진흥왕은 과연 유교적 도덕에 철저한 임금이었을까.

그 시대에도 유교적 지식을 갖춘 이들은 소수나마 존재했다. 그러나 그들의 경전 이해가 후대의 선비들과 똑같았을까. 그 시대에는 불교가 국교였다. 지식인들도 불교에 경도되어 있었다. 유교에 관한 지식은 일종의 교양일 뿐이었다.

그로부터 400여 년이 지난 고려시대에도 지배적인 사상은 여전히 불교였다. 10세기의 대표적인 유학자 최승로(崔承老)도 인정한 사실이다. 그는 성종

(재위 981~997)에게 「시무이십팔조(時務二十八條)」를 올려, 유교적 입장에서 국가 현안을 제시했다. 그 글에서조차 최승로는 임금이 불교의 가르침으로 수신(修身)하고, 유교 경전으로 이국(理國)하기를 촉구했다. 즉 당대의 유교는 통치술을 제공하는 데 만족했다. 치인(治人) 또는 치세(治世)의 도구였다. 그와 달리 불교는 몸과 마음을 수련하는 수신의 지름길로 인식되었다.

수기와 치인 두 가지를 유교의 역할로 이해한 것은 한참 뒤였다. 정확히 말해 14세기 후반에 이르러서였다. 중국에서 들어온 성리학이 당대 진보적 지식인들의 호응을 얻음으로써 일어난 변화였다. 그들은 『대학』과 그 주석서인 『대학연의』의 중요성을 강조했다. 1392년 조선이 건국되자 그들은 태조 이성계에게 마음공부의 중요성을 역설했다. 『태조실록』에 다음과 같은 기사가 실려 있다(1392년 11월 14일자).

간관(諫官)들이 상소하였다. "(……) 신 등이 배운 바에 따르면, 군주의 마음은 정치를 하는 근원입니다. 마음이 바르면 모든 일이 따라서 바르게 되고, 마음이 바르지 않으면 온갖 욕심이 이를 공격하게 됩니다. 따라서 존양(存養)과 성찰(省察)의 공부를 열심히 하지 않을 수 없습니다. (……) 선유(先儒) 진덕수(眞德秀)는 『대학연의(大學衍義)』를 저술해서 경연(經筵)에 바쳤습니다. (……) 삼가 원하옵건대 전하께서는 날마다 경연에 나오셔서 『대학』을 강론하여, 격물치지(格物致知) 성의정심(誠意正心)의 학문을 연구하시기 바랍니다. 그리하여 수신제가(修身齊家)와 치국평천하(治國平天下)를 이루시기를 소망합니다." 임금이 이를 허락하였다.

새 왕조의 건국 초기부터 태조는 신하들과 함께 날마다 『대학』을 읽고 수기치인의 방법을 논의했던 것이다. 이에 『대학』에 대한 조야(朝野: 조정과 그 바깥)의 관심이 커졌고, 이해도 깊어졌다.

14세기의 큰선비 권근(權近)이 그런 흐름을 주도했다고, 나는 믿는다. 그는 자신이 출제한 과거시험 문제에서도 『대학』의 편차에 숨은 뜻을 물었다. 「전시(殿試) 책문의 제」에 아래와 같은 대목이 있다(권근, 『양촌선생문집』, 제33권).

『대학』은 성현들이 만세에 물려준 법이다. 수기치인의 도리가 모두 여기에 갖추어져 있다. 선유(先儒) 진씨(眞氏: 송나라의 유학자 진덕수)는 이를 더욱 부연하고 보완하여 『대학연의』를 저술하였다. 나라를 제대로 다스리고자 하는 왕은 물론이요, 학문에 뜻을 둔 선비라면 누구나 이 책을 참고하고 연구하여야 한다. (······) 그런데 진씨의 글에는 격물보다 앞서 제왕의 정치 순서를 설명하였다. 그런 다음 제왕학의 근본을 말했다. 그러고 나서 격물과 치지의 요법을 서술하였다. 그다음에 성의(誠意), 정심(正心), 수신(修身), 제가(齊家)의 요령을 열거하였다. 그러나 치국과 평천하의 요령에 관하여는 따로 언급이 없었다. 이것은 무슨 까닭인가?

권근의 시대, 즉 14세기 말과 15세기 초에 이르러 수기치인에 관한 선비들의 이해는 한층 깊어졌다. 위 인용문을 통해서도 충분히 짐작할 수 있다. 당시 선비들은 『대학』이 왜 치인을 수기보다 먼저 서술했는지를 진지하게 검토할 정도였다. 참고로 『대학』은 제왕을 위한 학문적 길잡이였기에 치인을 수기에 앞서 설명했던 것이다.

16세기가 되면 선비들의 수기 담론은 더욱 깊어진다. 그들은 주희의 학설을 철저히 내면화하는 단계에 접어들었다. 정암(靜菴) 조광조(趙光祖)를 비롯한 당대의 진보적 선비들은 '정심성의'를 수기치인의 요체라고 확신했다. 본디 이것은 주희의 주장이었다. 조광조는 주희의 견해를 한 걸음 더 밀고 나갔다. "마음은 출신의 귀천에 구애받지 않는다." 그는 이렇게 말했다. 사람의 신분이 중요한 것이 아니라, 그 사람이 공부한 결과를 보고 판단해야 한다는 것이었다. 조광조 식으로 말하면, 선비란 무엇보다도 자기 자신의 노력에 의해 길러지는 존재였다.

수기에 관한 조광조 및 일부 조선 선비들의 인식 수준은 송나라에서 집대성된 성리학의 수준을 한층 높였다. 주희의 가르침을 계승하면서도 이를 한층 발전시킨 쾌거였다. 나는 그렇게 생각한다.

이런 주장의 근거는 과연 무엇일까. 궁금하게 여길 사람이 적지 않으리라. 1518년(중종 13) 5월 4일, 석강(夕講)에 나는 주목했다. 그때 조원기(趙元紀)와 조광조 등이 경연에서 주목할 만한 발언을 했다. 아래에서는 그 점을 유심히 살펴보자(『중종실록』, 중종 13년 5월 4일자 기사).

"특진관 조원기가 (『대학』의) 본문을 살펴보고 나서 아뢰었다. 수기치인(修己治人)의 도리는 정심성의(正心誠意)에 지나지 않습니다. 정심성의만 하면 이른바 충신의 도까지도 다 그 안에 들어 있습니다. 주자(朱子)가 늘 정심성의를 임금에게 권하자, 어떤 이가 말했습니다. '정심성의란 말을 임금께서 듣기 싫어합니다. 다시 그런 말씀을 하지 마시오.' 그러자 주자가 말했습니다. '나는 평생에 배운 것이 이 넉 자뿐이다.' 효종과 광종은 송나라의 어진 임금이었으나 이 말씀을 듣기 싫어하였습니다. 그래서 이런 말이 나왔던 것입니다. 전하께서 정심성의로 일을 하신다면 장차 교만하게 될 우려가 전혀 없으실 것입니다. (……)"

시강관 신광한(申光漢)이 아뢰었다. "(……) 사노(私奴) 여형(呂衡)이란 사람은 학문에 뜻을 두었습니다. 그리하여 (김)안국에게서 『소학(小學)』을 빌려다 읽었고, 안국이 (경상감사 자리에서) 교체되어 (서울로) 올 때 글을 지어서 바쳤습니다. 그 글에는 유자(儒者)들도 미치지 못할 (탁월한) 부분이 있다고 합니다. 안국이 여기(곧 서울) 있다면 그 글을 가져와서 읽어볼 수도 있을 것입니다."

조광조가 아뢰었다. "그(여형)가 지은 글을 읽어보았습니다. 그는 일의 선후를 아는 사람입니다. 천한 신분임에도 이와 같으니, 어찌 아름답지 않습니까? 허통(許通:과거시험에 응시할 자격을 줌)할 수는 없다 해도, 특별한 포상이 있어야만 합니다. 우선 면천(免賤)을 허락하소서. 또 제가 들으니 그의 아버지와 할아버지도 대대로 주인에게 충의를 다하였다고 합니다. 여형처럼 (아름다운) 행실을 천한 사람 중에서 어찌 쉽게 찾아볼 수 있겠습니까? 대개 사람의 본래 마음은 귀천이 다르지 않은 법입니다. 타고난 천성에 무슨 차이가 있겠습니까? 이런 견지에서 볼 때, 사람의 악한 점을 바로잡는 것은 오직 교화(敎化)라는 두 글자에 달려 있습니다.”

여형은 16세기 경상도에 살았던 사노(私奴)였다. 그런데 그는 학문을 좋아했다. 마침 조광조의 동료 김안국이 경상감사가 되었기 때문에, 여형의 인품과 능력이 조정에까지 알려지게 되었던 것이다. 조광조는 경연에서 여형의 사례를 자세히 아뢰었다. 그와 그의 부조(父祖)를 표창하자고도 주장했다. 조광조는 여형의 예를 들어, 사람에게 중요한 것은 타고난 귀천이 아니라는 점을 강조했다. 누구든지 정심성의로 수기에 전념한다면 성과를 거둘 수 있다고 주장했다. 조광조에게 사노 여형의 사례는 여간 고무적인 것이 아니었다.

그런데 불행히도 1519년(중종 14) 겨울, 조광조의 시대는 일찌감치 막을 내리고 말았다. 중종과 몇몇 측근들의 미움을 받아, 조광조는 유배지 화순에서 사약을 마시고 불귀(不歸)의 객이 되었다. 향년은 겨우 38세였다.

03

『성학집요』, 율곡 이이의 성리학적 통찰

———

조광조는 억울하게 세상을 떠났으나, 수기치인에 관한 선비들의 논의는 아주 후퇴하지 않았다. 세상에는 이미 뜻있는 선비들이 많아졌다. 특히 16세기 후반에는 조광조의 학맥을 계승한 율곡(栗谷) 이이(李珥)가 등장하여 괄목할 만한 업적을 달성했다. 이이는 수기치인에 관한 학문적 해명을 사실상 완성했다. 그의 『성학집요(聖學輯要)』는 하나의 기념탑이었다.

이이는 선조(재위 1567~1608)에게 큰 기대를 걸었다. 그는 젊은 임금을 성의껏 보필하기 위해 2년 동안 성리학의 여러 경전에서 필요한 글을 발췌했다. 거기에 자신의 견해를 덧붙여 책자를 완성했다. 1575년(선조 7)의 일이었다. 『성학집요』는 『대학』을 뛰어넘은 제왕학 교재라고 볼 수 있다.

혹자는 이 책의 목차에 수신, 제가, 치국, 평천하 등의 항목이 존재하지 않는 사실에 주목한다. 이이의 책에는 '수기(修己), 정가(正家), 위정(爲政), 도통(道統)'의 항목이 보인다. 이를 두고 조선의 임금은 일종의 제후였기 때문에, 평천하에 해당하는 사업이 불가능했다는 말도 한다. 얼핏 일리 있는 가설이지만, 내 생각은 다르다. 이이는 누구보다도 성리철학의 심오한 경지에 이르렀다. 때문에 자신감을 가지고 『대학』의 용어를 조금씩 변주했다. 나는 그렇게 생각한다. 특히 마지막에 도통이란 항목을 설정했다. 이것은 성리학의 도(道)

를 영구불변의 진리로 확신하고, 여러 성인(聖人)들을 통하여 이 도가 면면히 계승되었다고 주장한 것이다. 이 책의 압권이라 하겠다.

수기란 무엇인가. 이이는 뜻을 세우는 법부터 차근차근 설명했다. 이어서 세상의 이치를 배우는 법, 성실한 마음을 지키는 법, 여기서 한 걸음 더 나아가 마음을 넓히고 좋은 벗을 사귀면서 자신의 단점을 극복하는 법을 명확한 어조로 설명했다.

다음 단계는 정가다. 부모에게 효도하고, 아내와 남편이 주관하는 일을 구별하는 것. 자식을 가르치고 친족을 대접하는 법도 일일이 서술했다. 수신의 내공이 가정생활에서 어떻게 실천되어야 할지를 검토한 것이다.

『성학집요』의 가장 큰 특징은 무엇일까. 입지(立志)를 중시한다는 점이다. 이이는 『격몽요결(擊蒙要訣)』, 곧 공부를 처음 시작한 청소년들을 위해 쓴 책에서도 입지를 무척 강조했다. 송나라의 주희는 성의정심이란 용어를 통해, 입지의 중요성을 강조했다. 조선에서는 조광조, 조원기 등이 그 전통을 이어받았다. 이이는 그 점을 한층 더 강화한 것이다. 다음은 이이의 주장이다.

"배움에는 뜻을 세우는 것보다 앞서는 것이 없다. 뜻이 바로 서지 않고서도 공부를 이룬 경우는 아직 없었다. 그러므로 '몸을 닦는[修己]' 조목에서는 '뜻을 세우는 일'이 가장 우선이다. 때문에 이를 제일 앞에 두었다."

「정가」 편에서 이이는 근엄(謹嚴)을 강조했다. 과거에 조광조가 근독(謹獨)이라 하여, 홀로 있을 때를 삼간 것과 동일한 맥락이었다. 이이는 부모를 섬길 때나 부부간에도 근엄함이 요구된다고 말했다. 자식을 가르치고 하인들을 부리는 데도 선비는 언행을 삼가서, 한계를 넘어서는 일이 결코 있어서는 안 된다고 했다.

「위정(爲政)」 편은 두 가지로 구성되어 있다. 하나는 이상정치론이요, 다른 하나는 현실정치론이었다. 전자의 중점은 덕치(德治)에 있다. 백성에 대한 배려와 사랑을 말한 것이다. 흥미롭게도 이이는 군신공치(君臣共治)에 방점을 찍었다. "좋은 조언이 정책에 구현되도록 한다. 임금이 자기 뜻을 버리고 신하들의 공론을 따라야 한다." 그러면서 순(舜)임금의 정치적 성공도 신하들의 의견을 존중했기 때문이라고 분석했다. 이이는 황제 중심의 역대 중국 사회와는 멀찍이 거리를 두었다. 그의 사상은 공치를 강조한 정도전에 맞닿아 있었다.

윗사람(임금)이 자기의 뜻을 버리고 아랫사람들(신하)의 공론을 따라야 한다고 했다. 조선 선비들의 정치관을 이보다 더 잘 요약하기는 어렵다. 서양의 기사들에게서는 도저히 발견할 수 없는 특색이다. 그들은 주군(영주, 왕, 교회)의 명령에 절대복종하는 존재였다. 우리와 마찬가지로 유교문화권에 속한다고 하지만, 일본의 사무라이도 주군에 대한 복종의 의무를 가졌다. 심지어 유교문화의 본고장이라는 중국 사회에서도 신하들은 황제의 절대권력에 대항하기가 거의 불가능했다. 그러나 조선 사회에서는 달랐다. 조선에서는 누구도 군신공치의 이념을 정면으로 비판하지 못했다.

현실정치의 난관을 뚫기 위해서 이이는 여러 가지 대책을 강구했다. 그는 단순 소박한 이상주의자가 아니었다. 정도전을 계승한 당대 최고의 경세가였다. 어떻게 하면 백성이 마음 편히 생업에 종사할 수 있을까를 고민한 끝에, 이이는 세금도 적게, 부역도 가볍게 하라고 주장했다. 형벌을 삼가고, 나라의 쓰임새를 줄이고, 재물의 생산을 늘려 민생이 넉넉해지게 하자고 했다.

그런 점에서 이이는 국가의 기강을 세우는 일이 급선무라고 보았다. "정치를 행하는 일은 기강을 세우는 것을 첫째로 삼습니다. 기강은 국가의 원기(元氣)입니다. 기강이 서지 않으면 만사가 무너지고, 원기가 튼튼하지 않으면 온몸이 해이해집니다." 또 이렇게도 주장했다. 기강이 무너지면, "혹시라도 사변이 생길 경우 마치 오래된 흙담이 무너지듯 다 허물어지고 맙니다. 다시는 구제할 방법을 찾을 수가 없을 것입니다.”

선조는 이이의 고언(苦言)을 따르지 않았다. 그 결과는 어땠는가. 조선왕조는 임진왜란의 소용돌이에 휘말려 오랫동안 질서를 회복하지 못했다.

이런저런 이유를 들어 선조와 측근들은 개혁을 망설였다. 우유부단한 조정의 형세를 지켜보며, 이이의 심경은 더욱 난감해졌다. 그러나 안간힘을 내어, 그들에게 용기를 불어넣고자 했다. 그래서 이이는 이런 말도 했다.

“성왕의 정치는 책에 모두 진술되어 있습니다. 마치 규구(規矩: 컴퍼스 및 자)가 손에 있어 모난 물건과 둥근 물건을 그릴 수 있는 것과 같습니다. 처음에는 손에 익지 않을지언정 점차 익숙해질 것입니다. 어찌 왕도정치를 시행할 수 없다고 걱정하겠습니까?”

조선시대에 수기치인의 길을 밝힌 책으로, 이이의 『성학집요』를 뛰어넘는 책이 다시는 없었다. 그런데 이런 책이 있으면 무엇 하겠는가? 왕도정치는 끝내 제대로 구현되지 못했다. 안타까운 일이었다.

04

우암 송시열,
극기복례와 사군애민

———

시일이 흐르자, 이이의 학통을 이은 제자들 가운데서는 수기와 치인의 방법을 새로운 각도에서 논의하는 사람들이 나타났다. 우암(尤庵) 송시열(宋時烈, 1607~1689)이 대표적이었다. 『송자대전』(제171권)에 실린 「신항서원(莘巷書院) 묘정비(廟庭碑)」에는, 송시열이 발견한 한 가지 답이 기록되어 있다. 1685년(숙종11) 5월에 쓴 그 글에서, 그는 이렇게 말했다.

"성현의 도는 수기치인에서 벗어나지 않는다. 수기의 공부는 안자(顔子: 안회)의 극기복례(克己復禮)보다 더 중요한 것이 없다. 그럼 치인의 용(用)은 어떠한가. 이윤(伊尹: 상나라의 재상)의 사군애민(事君愛民)보다 더 큰 것이 없다."

이이가 그랬듯, 송시열도 수기를 치인보다 우선적인 문제로 인식했다. 그로 말하면 이이의 손제자요, 사계 김장생의 제자였다. 김장생이 평생 강조한 것이 예학(禮學)이었다는 사실을 감안하자. 그러면 송시열이 왜 극기복례를 수기의 요체로 삼았는지를 이해할 수 있다.

성리학자들은 예악을 형정보다 앞세웠다. 그들은 물리적인 힘(형정)으로 세상을 변화시키려 하지 않았다. 시간이 걸리더라도 교화를 통해서 살 만한 세상을 만들고자 했다. 예악이 중요한 까닭이다. 예악의 중심은 예법에 있었다. 17세기에 김장생 등이 예를 연구하여 예학이라는 새 학문을 발전시킨 것은 그 때문이었다.

같은 시기 서양에서도 예절에 관한 관심이 고조되었다. 이미 1부에서 말한 바와 같았다. 서양 사람들에게 예절이란, 신분과 교양의 차이를 드러내는 수단이자 정중하고 품위 있는 사교생활을 위한 도구였다. 그에 비해 조선 선비들의 관점은 전혀 달랐다. 선비들은 예절을 성리학적 이념의 정화(精華)라고 확신했다. 자신들이 도달한 심오한 형이상학적 이해를 예법을 통해 구체화하는 것이 선비들의 염원이었다.

송시열은 여기서 한 걸음 더 나아갔다. 그는 예의 보편성을 강조했다. 임금도, 선비도, 평민도, 여성도 모두 보편적인 예의 질서를 받아들여야 한다는 것이 그의 입장이었다. 임금이라고 해서 사서(士庶: 선비와 평민)와 구별되는 변례(變禮)가 적용될 수 없다고 했다.

윤휴와 윤선도를 비롯해 일부 선비들, 특히 남인 가운데 반론을 펴는 학자들이 많았다. 그들은 왕실의 예법과 선비의 예법은 다르다는 입장이었다. 결과적으로 송시열과 윤휴 등은 2개의 진영으로 나뉘어, 왕실의 예법을 둘러싸고 몇 차례 격렬하게 충돌했다. 이른바 예송논쟁이었다. 그때마다 조선의 왕들은 두 진영 사이를 오락가락했다. 그러나 큰 틀에서 보면 결국에는 송시열 측이 승리를 거둔 셈이었다. 18~19세기 집권세력은 송시열의 학통을 물려받은 선비들이었기에 하는 말이다.

송시열은 누구인가. 그의 모습은 격렬한 당쟁을 거치면서 많이 왜곡되었다. 우리로서는 그의 진면목을 알기가 어렵다. 짧은 지면을 통해 그에 관한 역사의 진실을 제대로 전달하기는 어려울 것이다. 다만 여기서 내가 강조하고 싶은 점이 하나 있다. 김장생과 송시열 등이 추구한 예학에 폐단이 없지 않았으나, 거기에도 순기능이 있었다는 것이다. 그들에게는 예의와 질서를 회복함으로써 도달하고자 한 구극(究極)의 세계가 있었다. 그것은 무한히 평화롭고 조화로운 대동(大同)의 세계였다. 차별과 대립이 완전히 소멸된 유교의 이상이 바로 대동 세계였다. 수기에 관한 송시열의 인식은 17~18세기 노론의 공통적인 가치관이기도 했다.

05

덕촌 양득중,
항상 선행을 실천해야

소론은 수기치인에 관해 조금 다른 견해를 가졌다. 그들의 생각을 가장 잘 표현한 이는 덕촌(德村) 양득중(梁得中, 1666~1742)이었다. 그는 윤증의 제자로서 전라도 영암 출신이었다.

1729년(영조 5) 1월, 양득중은 영조의 경연에 참여했다. '출처(出處)'를 정확히 알고 실천하는 것이 선비에게 가장 중요하다. 이날 그가 힘주어 말한 것이 그 말이었다. 양득중은 출처가 곧 수기치인의 핵심이라고 했다. 그날의 대화를 기록한 「등대연화(登對筵話)」의 일절을 함께 읽어보자(양득중, 『덕촌집』, 제3권).

"저는 선비의 직분에 대한 생각을 아뢰고자 합니다. 우리나라의 선비는 농민과 구별되지 않습니다. 이른바 선비는 농민에 속합니다. 선비의 직분은 밭이랑 사이에서 일하고 섬기며 육체노동을 하는 것입니다. 틈틈이 경전을 송독(誦讀)하여 수기치인의 도를 강론하기도 합니다. 그 행신(行身)과 절도(節度)는 오직 출(出)과 처(處) 두 길뿐입니다. '가난하면 자신의 몸을 홀로 착하게 하고, 영달하면 천하를 모두 착하게 만드는 것이다(窮則獨善其身 達則兼善天下).' 이것이 곧 행신과 절도의 요체입니다.

오늘날 선비라고 하는 사람들은 자신이 있고, 가정이 있다는 점을 알지 못합니다. 또 독서와 강학의 일이 공존함을 알지 못하는 것 같습니다. 그리하여 헛되이 다른 일에 분주합니다.

신이 시골에 머물렀을 때는 문밖을 나간 적이 거의 없었습니다. 때로 일이 있어서 다른 사람의 집에 가기도 했습니다. 그때 그들이 마주보며 주고받는 이야기는 사문(師門: 학맥)의 일과 봉소(封疏: 상소문)에 관한 것이 전부였습니다. 아니면 당론(黨論)을 펴, 다른 집안을 헐뜯는 일이 전부였습니다.

의리를 논의하거나 문자에 관해 말하는 것을 보지 못하였습니다. 평소 신이 직접 눈으로 본 것은, 가슴 아픈 일이었습니다. (……) 이것이야말로 신이 평소 분개했던 바입니다. 그러나 어디에서도 입을 열 수가 없었습니다. 지금 전하 앞에서 이 말씀을 아니하면, 어디서 말을 하겠습니까."

양득중은 『맹자』 「진심장(盡心章)」의 한 구절을 인용했다. "가난하면 자신의 몸을 홀로 착하게 하고, 영달하면 천하를 모두 착하게 만드는 것이다." 그는 이것이야말로 선비가 벼슬에 나아갈 때든[出], 집에 있을 때든[處] 꼭 명심해야 할 가르침이라고 여겼다.

왜 그랬을까. 그가 활동하던 시대, 즉 18세기는 당쟁으로 세상이 어지러웠다. 시골 선비들은 벼슬길에서 소외된 지 오래였다. 그들의 상당수는 몸소 농업에 종사했다. 틈틈이 경전을 공부했으나, 벼슬과는 거리가 멀었다. 그럼에도 그들은 당론(黨論)에 집착했다. 선비들은 무리를 지어 상소를 올렸고, 반대 당파를 헐뜯는 데 많은 시간과 정력을 낭비했다. 양득중은 그런 풍토에 염증을 느꼈다.

그의 생각은 단순명료했다. 선비는 어디에 있거나 자신의 처지에 합당한 선(善)을 실천하는 것이 옳다. 그것이 선비의 책무라는 생각이었다. 소론 가운데 상당수는 양득중과 같은 견해였다.

선비들의 상당수가 생업(농업)에 직접 종사했다는 점을 깊이 유념할 필요가 있다. 일본의 사무라이라든가, 서양 중세의 기사와 근대 영국의 젠트리와는 확연히 구별되는 사실이다. 그들은 생산노동에 직접 종사하는 생산계층이 아니었다. 시대에 따라 그들의 사회적 위상에 변화가 있었다 해도, 가난한 조선 후기의 선비들과는 처지가 엄연히 달랐다.

훗날 양득중은 영조에게 실사구시(實事求是)의 중요성을 강조했다. 영조는 깊은 감명을 받았다. 때문에 자신의 처소에 그 네 글자가 새겨진 현판을 걸 정도였다. 또 양득중은 탕평책으로 당쟁을 종식시키자고 주장했다. 그 역시 영조의 호응을 얻었다. 영조의 완론(緩論: 온건한 주장) 탕평책에는 양득중과 같은 선비들의 주장이 녹아 있었다.

06

다산 정약용,
효제 하나만 제대로 실천하라

18세기 정치의 또 다른 주역은 남인이었다. 그들은 수기에 관해 어떤 생각을 했을까. 나는 다산(茶山) 정약용(丁若鏞, 1762~1836)의 목소리에 주목한다. 그는 당론에 집착한 인사는 아니었다. 그러나 퇴계 이황과 성호 이익으로 대표되는 남인의 학맥을 계승한 최고의 학자였다. 정약용은 이렇게 주장했다(『다산시문집』 제17권, 「증언(贈言)」).

"공자의 도는 수기치인일 따름이다. 요즘 학문하는 사람들은 아침저녁으로 연구하는 것이 오직 이기설(理氣說)과 사단칠정(四端七情)에 관한 것뿐이다. 또는 하도낙서(河圖洛書)의 수(數)와 태극원회(太極元會) 따위의 주장이다. 나는 알지 못하겠거니와, 이런 것들이 '수기'에 해당하는가, '치인'에 해당하는가?"

길게 설명할 필요도 없다. 정약용은 18세기의 유식한 선비들이 매달리는 고급한 연구 주제들을 단숨에 폐기했다. 유교의 본령은 수기치인이다, 그런데 이기설이니, 사단칠정론, 팔괘, 태극설 따위가 무슨 의미가 있느냐는 반론이었다.

정약용은 치인의 방도를 찾기 위해 깊이 고심했다. 『목민심서』, 『경세유표』, 『흠흠신서』가 그의 붓끝에서 탄생한 것은 우연이 아니었다. 『목민심서』

가 지방관의 행정실무를 돕기 위한 책이라면, 『경세유표』는 국가조직 전반을 혁신하려는 목적에서 쓰인 책이다. 『흠흠신서』는 형률(刑律)을 신중하게 하려는 취지에서 저술되었다.

물론 정약용은 수기를 어떻게 실천할지도 궁리했다. 「반산(盤山) 정수칠(丁修七)에게 주는 말」이란 한 편의 글이 유독 나의 관심을 끈다(『다산시문집』 제17권).

공자(孔子)의 도는 효제(孝悌)일 뿐이다. 이것으로 덕을 이룸을 일러 인(仁)이라고 한다. 이를 헤아려 인을 구하면 서(恕)라고 말한다. 공자의 도는 이와 같을 뿐이다.

효(孝)에 바탕을 두면 임금을 섬길 수 있다. 효를 확대해나가면 어린이에게도 자애로울 수 있다.

제(悌)에 바탕을 두면 어른을 섬길 수 있다. 공자의 도란 세상 모든 사람을 저마다 효성스럽고 공손하게 만드는 것이다. 따라서 사람들이 자기에게 친한 이를 친하게 대하고, 어른을 어른답게 대접하면 천하가 다스려진다.

정약용의 글은 뜻이 명쾌하다. 복잡하거나 어려울 것이 전혀 없다. 공자의 가르침을 따르는 선비는 효제 하나만 제대로 실천하면 된다. 그러면 세상은 낙토로 바뀔 수 있다. 공연히 어려운 말을 길게 부회(附會)할 이유가 없다. 정약용의 생각은 이러했다.

그보다 한 세대 뒤, 추사(秋史) 김정희(金正喜, 1786~1856)가 다산의 학문을 이었다. 나는 그렇게 믿는다. 김정희는 「실사구시론(實事求是論)」을 지었다. 그 글을 통해서 두 사람의 사상은 하나로 이어진다. 구체적으로 말해, 김정희도 정약용처럼 당대의 고담준론(高談峻論)을 일체 배격했다. 그는 공자와 맹자가 쉬운 말로 가르친 것을 일부러 어려운 말을 동원해서 복잡하고 애매하게 만들 이유가 없다고 단언했다. 김정희의 확신은 곧 정약용의 그것이었다.

　이상에서 우리는 선비들이 어떠한 목표를 가지고 살았는지를 살펴보았다. 그들의 이상이 담긴 수기치인이 『논어』와 『대학』 등의 고전에는 어떻게 나타났는지를 알아보기도 했다. 또 주희를 비롯한 성리학의 대가들이 수기치인을 무어라 해석했는지도 검토했다. 아울러 한국의 역사 속에서 그것이 어떻게 수용되고 변용되었는지도 분석했다. 특히 조선시대 500년 동안에 어떠한 인식의 변천이 일어났는지를 살펴보았다. 수기치인에 관한 조선 선비들의 연구는, 조광조에서 이이로 이어지는 사승(師承) 관계 속에서 비약적인 발전을 경험했다. 이이의 『성학집요』가 바로 그 학문적 숙고의 결정체였다. 이 책은 주희의 인식을 적극적으로 수용하면서도, 조선 성리학이 도달한 심오한 세계를 정리했다.

　그러나 그것이 끝은 아니었다. 17세기부터 19세기까지 수기치인에 관한 논의는 깊고 더욱 다양해졌다. 송시열, 양득중, 정약용 등은 각자의 학문적 연원(淵源)과 정치적 입각점이 달랐던 만큼 저마다 독자적인 색깔의 수기치인설을 전개했다. 그들이 강조한 수기치인의 실천 방안은 다양했다.

　그중에서 어느 쪽을 따를 것인가. 그것은 전적으로 개인적 취향의 문제일 것이다. 그럼에도 나는 정약용의 주장에 큰 매력을 느낀다. 실천의 문제를 굳이 형이상학의 차원으로 복잡하고 애매하게 만들 이유가 있을까 싶은 것이다. 정약용의 관점은 그와 동시대에 살았던 서양의 신사들과도 일맥상통하는 점이 있었다. 그들은 형이상학적 논의를 벗어나, 일상생활에 유용한 행동 강령의 실천을 중시했다. 물론 그때까지도 정약용의 머릿속에는 유교적 관념이 가득했다. 서양의 신사들이 자연권을 기반으로 자유와 평등을 강조한 것과는 적지 않은 차이가 존재했다.

21세기 한국의 지도자들은 더 이상 수기치인을 목표로 삼지 않는다. 그들에게는 수기도 치인도 별다른 의미가 없다. 그들만 그런 것이 아니다. 누구도 선비가 되기를 꿈꾸지 않는다. 그동안 세상은 바뀌었고 가치관도 달라졌다.

나는 전통주의자가 아니다. 옛날의 전통을 되살리자고 주장할 생각은 조금도 없다. 냉정히 말해, 조선의 선비들은 그들이 신봉했던 성리학적 가치관에 너무 매몰되어 있었는지도 모르겠다. 때로 그들은 가치관에 충실한 자신의 모습을 강조하느라 위선적일 때도 있었다. 개인적 욕망을 금기시하는 가치관에는 충실했으면서도, 양반이라는 집단의 이익을 관철하기 위해서는 치졸한 모습을 보이기도 했다. 혈연, 지연, 학연을 내세우며 사회질서를 무너뜨리기도 했다.

선비들에게는 지나치게 관념적이고 폐쇄적인 약점이 있었다. 그럼에도 불구하고 나로서는 어쩔 수 없이 선비를 존경할 수밖에 없는 점이 있다. 선비에게는 물질적 유혹으로 꺾지 못할 강직함이 있었다. 제 한 몸의 부귀영화를 초개처럼 여길 줄 아는 큰 뜻이 있었다. 공동체를 향한 헌신의 열정이 있었다. 무엇보다도 개인의 삶과 우주자연을 하나로 꿰뚫는 유기적 인식이 있었다. 이기심과 탐욕이 곳곳에서 지금 이 순간에도 수없이 많은 문제를 일으키고 있어서 더욱 그러한가. 선비의 청고(淸高)한 기상, 그의 호연(浩然)함이 그리울 때가 적지 않다.

5장

자연과 하나 된
선비들

선비들은 자연과 하나 되기를 바랐다. 서양의 기사, 젠트리와는 완전히 다른 점이 었다. 일본의 사무라이들과도 큰 차이를 보였다. 사무라이와 젠트리 등은 세속권력의 상징이었다. 그런데 선비에게는 전혀 다른 면모가 있었다. 조선의 선비들은 누구나 천인합일의 의미를 깊이 천착했다. 그들은 하늘의 뜻을 지상에서 구현하기를 꿈꾸며 천명도(天命圖)를 그리기도 했다. 그도 여의치 않으면 자연에 묻힌 삶을 노래하기도 하고, 화폭에 담기도 했다. 예컨대 소쇄원이란 원림(園林: 집터에 딸린 뜰)에는 자연 속 에서 숨 쉬며 조용히 선비의 길을 걸어가고자 했던 옛사람의 뜻이 서려 있다. 선비의 삶에는 형이상학적, 낭만적 성격이 물씬하였다.

선비들이 큰 스승으로 여겼던 이는 송나라의 대학자 주희(朱熹)였다. 그가 남긴 시 에 다음과 같은 구절이 있다.

반 이랑 네모진 연못, 거울 하나를 열었네(半畝方塘一鑑開).
하늘빛 구름 그림자가 어울려 배회하네(天光雲影共徘徊).

한가로이 자연 속에서 살며 하늘의 뜻을 읽고자 했던 선비. 그 마음이 우리의 가슴 에 와 닿는다.

아래에서는 선비들의 취미생활을 비롯해 선비문화의 독특한 점을 짚어볼 생각이 다. 그러나 그에 앞서 천인합일에 대한 그들의 철학부터 우선 알아보자. 그들의 철학 적 관점에 현대인으로서는 동의하지 못할 점도 있을 것이다. 또 우리가 공감하기 어 려운 점도 많다. 특히 선비들이 관심을 기울였던 형이상학에 관하여는 쉽게 수긍하 기 어려운 점이 있다. 그러나 그들의 정신세계를 깊이 이해하기 위해서, 우리는 어쩔 수 없이 낯선 개념들과도 만나야만 할 것이다.

천인합일,
아름답고 조화로운 세상을 만들겠다는 의지

선비들이 형이상학적 개념에 적극적으로 관심을 보인 것은 14세기 말부터 였다. 그들은 이미 불교의 형이상학에 익숙했다. 때문에 성리철학의 형이상학적인 측면에 대해서도 매력을 느꼈다. 서양의 기사, 젠트리는 형이상학적 이해와는 거리가 멀었다. 일본의 사무라이들도 형이상학에 대한 관심은 전혀 없었다.

1390년(공양왕 2), 양촌 권근은 『입학도설(入學圖說)』을 저술했다. 성리학의 정수를 40개의 도표에 담은 것이었다. 그중 첫 번째 그림은 「천인심성합일지도(天人心性合一之圖)」였다. 하늘과 사람의 심성이 서로 긴밀한 관계에 있음을 일목요연하게 정리한 것이었다. 권근은 이 그림에서 성리학의 몇 가지 중심 개념을 간단히 설명했다. 아울러 각각의 개념이 서로 어떻게 연결되는지를 도표로 정리했다. 태극(太極), 천명(天命), 이기(理氣), 음양(陰陽), 오행(五行), 사단(四端), 칠정(七情)의 상호관계를 일목요연하게 정리한 것이었다.

하늘과 인간은 과연 합일, 곧 하나가 될 필요가 있을까. 일찍이 맹자는, 인간이 하늘과 하나가 될 때 이상적인 상태에 도달한다고 보았다. 한나라 때가 되면 맹자의 생각이 한층 발전했다. 동중서(董仲舒)란 학자는 인간세상의 일이 하늘과 직결되어 있다며 재이론(災異論)을 펼쳤다. 사람의 잘잘못에 대해

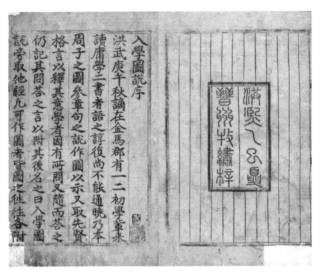

『입학도설』, 한국학중앙연구원 소장.
선비들은 끊임없는 수련을 통해 인욕을 극복하면 하늘과 하나가 될 수 있다고 믿었다.

하늘이 상서와 재앙으로 응답한다는 것이었다.

　여기서 한 걸음 더 나아간 이는 송나라의 장횡거(張橫居)였다. 그는 성리학자로서 천인합일이라는 용어를 최초로 정립했다. 이후 성리학자들은 천리(天理)와 인욕(人慾)을 대립적인 것으로 파악했다. 그들은 주장하기를, 만일 인간이 끊임없는 수련을 통해 인욕을 극복한다면 하늘과 하나가 될 수 있다고 했다. 이것이 바로 선비가 가야 할 길이었다.

　내가 조사한 바로는, 조선의 선비들 중에는 유성룡, 신흠, 이현일, 허전, 최한기 등이 천인합일설에 큰 관심을 보였다. 그들의 주장을 시대 순으로 차근차근 짚어보자. 선비들의 인식에 어떠한 공통점이 있었는지, 그것이 시대적 조류에 호응하여 어떻게 변해갔는지를 잘 이해할 수 있을 것이다.

　먼저 유성룡(柳成龍)의 생각부터 점검해보자. 그는 이황의 제자로서 임진왜란 때 앞장서서 국난을 헤쳐나간 인물이었다. 천인합일에 관하여, 언젠가 그는 다음과 같이 설명했다.

사람은 하늘이 되지 않은 적이 없다. 하늘도 사람이 되지 않은 적이 없다. 위아래
가 서로 통하니, 모두 하나의 이치다. 요, 순, 우, 탕, 문, 무, 주공이 위에 있어 천하가
잘 다스려졌다. 이것은 천인합일이 되어서 그랬던 것이다. 공자와 맹자는 성현의 덕
을 지녔으나, 곤궁하였고 아래 자리에 있었다. 때문에 그 말씀이 실천되지 못하였고,
천하가 그 은택을 입지 못했다. 이것은 천인(天人)이 합일하지 못한 경우였다. (……)
내가 일찍이 경연(經筵)에 있을 때 임금께서 기수설(氣數說: 천지 현상과 세상일을 기
수로 알아내는 방법)에 관해 물으셨다. 나는 다음과 같이 대답하였다.
"천수(天數)는 춥고 더운 것이요, 인사(人事)는 털옷과 베옷입니다. 춥고 더운 것
은 사람의 힘으로 옮기고 바꿀 수 없습니다. 하지만 털옷과 베옷을 갖추면 춥고 더
운 것을 막을 수 있어, 추위와 더위에 곤란을 당하지 않습니다. 그러므로 성인이 오
로지 인사를 주로 하고 천수를 언급하지 않은 데는 진실로 까닭이 있었습니다."

유성룡의 견해를 요약하면 이런 말이 될 것이다. '운이 닿아 천인합일이 되
면 태평성세가 이뤄진다. 그러나 그것은 사람의 뜻대로 되는 일이 아니다. 사
람이 하늘의 뜻을 좌우하기는 지극히 어려운 일이다. 하지만 사람이 도리대
로 성심껏 노력하면 악운은 피할 수 있다.' 이 말처럼 유성룡은 임진왜란의
고난을 무릅쓰고 국운을 개척하기 위해 끝까지 최선을 다했다.
천인합일을 진지하게 연구한 선비들은 함부로 경거망동하지 않도록 스스
로 조심했다. 신흠이 바로 그런 경우였다. 1628년(인조 4) 그가 세상을 떠났을
때, 인조는 예조좌랑 김현(金灦)을 보내 신흠의 영전에 제문을 드렸다. 그 일
절에 다음과 같은 말이 나온다.

마음을 **격탁양청**(激濁揚淸: 탁한 이를 물리치고 맑은 이를 북돋움)에 두고 천인합일 탐구했네(心存激揚 學究天人).

청요직(淸要職: 명예롭고 중요한 관직)을 지냈으나 늘 더더욱 삼갔지요(奪淸翕要 歷揚愈寅).

이상의 두 가지 예를 통해 확인할 수 있는 것처럼, 천인합일설은 미신이 아니었다. 그것은 우주자연의 이치를 본받아 아름답고 조화로운 세상을 이루고야 말겠다는, 선비들의 굳센 의지를 표현하는 개념이었다.

17세기 말이 되면, 천인합일론자들은 더욱더 금욕적인 성격을 띠었다. 남인 학자 이현일(李玄逸)이 대표적인 선비였다. 1690년(숙종 16), 그는 『홍범』(유교의 정치철학을 담은 경전)에 근거해 숙종에게 인간적 욕망을 끊으라고 간곡히 부탁했다. 그래야 천인합일에 도달할 수 있다고 확신했기 때문이다. 그때 이현일은 이렇게 주장했다(『갈암집』 제3권, 「직임을 사양하고 아울러 소회를 진달하는 소」).

"『홍범(洪範)』은 천인합일의 도를 담은 글입니다. 때문에 그 책에서는 감통(感通: 지극한 정성이 하늘을 감동시킨다는 주장)의 이치를 말하였습니다. 『춘추』는 나라를 경영하고 세상을 다스리는 교훈을 밝힌 것입니다. 때문에 사시(四時)의 변화를 가지고 역사를 살폈습니다. 이 어찌 후세의 임금이 감계(鑑戒)로 삼지 않을 수 있겠습니까.

아, 세상의 변고는 저절로 일어나는 것이 아닙니다. 반드시 인사(人事)로 인하여 감응하는 법입니다. 선유(先儒)가 말하였습니다. '『홍범오행전』(재이와 상서를 기록한 책)은 없앨 수 없다.' 참으로 틀림없는 견해입니다. (……)

나라가 흥하고 쇠하는 기미는 오직 임금이 한 번 마음을 바꾸느냐 않느냐에 달려 있습니다. 근자에 하늘이 전하의 마음을 일깨워 경계시키고 분발시키니, 전하께서 스스로 새롭게 하려는 뜻을 세우시면 실로 이 나라에 영원한 복이 될 것입니다. 그럼 사욕을 극복하고 의리로 일을 처리하여 호오(好惡)가 바르게 서고 상벌(賞罰)이 합당해지게 하려고 한다면 무엇을 해야 하겠습니까. 마음속으로 천리(天理)와 인욕(人欲)을 엄밀하게 구별하십시오. 반드시 인욕을 버리고 천리를 얻고자 노력해야만 합니다."

이현일은 퇴계 이황의 학통을 계승한 전형적인 성리학자였다. 그랬기에 그는 인욕을 완전히 제거하고 천리를 따라야만 천인합일의 길이 열린다고 확신했다. 그의 주장에도 반론의 여지가 전혀 없는 것은 아니었다. 앞서 그의 대선배 유성룡이 설파했듯, 공자와 맹자의 인품과 지혜로도 천인합일은 불가능했다. 아마 이현일도 유성룡의 견해를 잘 알았을 것이다. 그런데도 이렇게 주장한 까닭은 무엇일까. 숙종을 권면하여 더 나은 정치를 펴게 하려는 데 뜻을 두었기 때문일 것이다.

이현일과 비슷한 생각을 가진 선비들은 19세기 말까지도 상당수였다. 선비들의 생각은 참으로 200년 넘게 거의 그대로 유지된 것 같다. 1869년(고종 6) 5월 6일, 경연에서 당대의 큰선비 허전, 박호양, 이기호 등도 이현일과 같은 입장을 표명했으니 말이다. 그들은 『맹자』의 한 대목, 즉 호연지기(浩然之氣)설을 천인합일의 관점에서 다음과 같이 풀이했다. 그 날짜 『승정원일기』를 살펴보자.

허전이 아뢰었다. "사람은 천지의 바른 기운을 타고났습니다. 이 기운은 본래 매우 크고 강건하기 때문에, 곧게 기르고 사욕으로 바른 것을 해치지 말아야 합니다. 그러면 그 기운이 천지 사이에 충만하게 됩니다. 이것이 이른바 천인합일입니다." (……)
박호양은 아뢰기를, "호연지기는 말로 표현하기 어려운 점이 있습니다. 어찌 감히 함부로 말씀드릴 수 있겠습니까. (……) 보통사람은 사사로운 뜻에 가려서 (기력이) 소진되어 자포자기에 이릅니다. 그러나 성인은 바르게 길러서 해를 끼치지 않습니다. 하여, 성대하게 유행하여 호연한 상태가 됩니다. (……) 그 큰 것으로 말하면, 우주에 충만하여 만화(萬化: 끝없는 변화)와 함께 한 몸이 됩니다. 상하에 함께 유행하여, 하늘과 땅이 서로 호응하고 음양이 조화되어 풍우가 알맞게 됩니다. 그러므로 기이한 상서가 모두 나타납니다. 이것은 한 사람의 학문에 있어서만 그런 것이 아닙니다." (……)

이기호는 아뢰기를, "(……) 맹자는 홀로 이 경지를 마음속으로 체득하였고, 말로 표현하기 어려운 오묘함에 대하여 홀로 알았습니다. 말로 표현하기 어려운 이치를 깊이 궁구하여 확충해야 합니다. 그러면 마음이 흔들리지 않는 경지에 이르지 못할 염려가 어디 있겠습니까."

허전 등은 천인합일에 관한 성리학자들의 전통적인 설명을 사실상 그대로 되풀이했다. 그들은 맹자가 말한 호연지기를 길러, 천인합일의 경지에 도달하고자 했다. 사사로운 이해관계에서 벗어날 수만 있으면, 우주의 변화무쌍한 상태와 조화를 이룬다고 보았다. 결과적으로 하늘의 뜻에 온전히 부합되어, 유교적 이상세계를 현실에서 구현할 수 있다는 견해였다.

그러나 19세기 후반 전통적인 관점을 호되게 비판하는 특이한 선비가 나타났다. 천인합일에 관한 이해의 지평이 완전히 달라지고 있었다. 참으로 놀라운 변화였다. 변화의 중심에 혜강(惠岡) 최한기(崔漢綺)라는 인물이 있었다. 나는 우리 역사에서 최한기만큼 독특한 사상가는 무척 드물었다고 믿는다.

그는 허전, 이기호 등의 정통 성리학자와 완전히 다른 각도에서 '천인합일'에 관한 논의를 시작했다. 최한기의 주장을 직접 들어보자(최한기, 『인정』, 제9권, 「만물일체(萬物一體)」).

옛날 천인합일에 대한 주장을 보면, 혹자는 사욕을 완전히 떨쳐버려야 흔연스럽게 하늘과 합치된다고 했다. 또 혹자는 하늘이 (인간의) 형질(形質)과는 거리가 멀다는 점을 옳게 아는 것이 중요하다고 말했다. 다른 사람들은 말하기를, 성명(性命)이 있어서 하늘과 사람[天人]이 서로 통한다고 주장했다. 이러한 주장은 모두 억측이요, 부회에 불과하다. 전혀 타당성이 없는 말들이다.

그야말로 폭탄선언이었다. 최한기는 종래의 논의를 몽땅 부정했다. 그는 무엇인가 새로운 것을 발견한 것이 틀림없었다. 최한기의 새로운 견해란 무엇일까. 그는 자신의 철학적 확신을 다음과 같이 정리했다.

어찌 천인일체(천인합일)에 대해서만 그러하겠는가? 교(敎)를 논하고 학(學)을 논한 (기왕의) 여러 조목들도 모두 '운화(運化)의 기(氣)'를 밝히지 못한 데서 나온 것이었다. 때문에 요란하고 애매하였다.

가령 사람과 사물의 생사를 따져보자. 기가 모여서 사람과 사물이 되었다. 그 생장(生長)과 쇠로(衰老)에 따라 저절로 시작과 끝의 운화가 생기기 마련이다. (마지막에는) 그 기가 흩어져 대기(大氣) 속으로 되돌아간다. 이 역시 천인일체(天人一體)의 운화인 것이다.

정작 우리가 관심을 가져야 할 것은, 실체가 없는 종래의 천인합일론이 아니라고 했다. 최한기는 '운화의 기'를 밝혀야 한다고 주장했다. 이것은 도대체 무슨 뜻인가? 사물의 움직임과 변화를 추동하는 기운, 곧 운화의 기는 추상적이거나 형이상학적인 것이 아니라고 했다. 그것은 종교적인 신비현상도 아니었다. 최한기는 사물의 구체적인 측면, 곧 물리적 현상에 주목하자고 말했다.

현대적인 용어를 빌리면, 사물에 관한 자연과학적 또는 사회과학적 관찰과 분석이 필요하다는 것이었다. 그의 날카로운 학문적 통찰을 통해, 성리학은 이제 형이상학적 수사와 작별하게 되었다. 최한기는 근대의 새벽을 알리는 전령사였다. 나는 그렇게 확신한다.

조선 후기 사상계 일각에서는 관념적이고 형이상학적인 성리학에서 벗어나려는 움직임이 꾸준히 전개되었다. 실학운동이 그것이었다. 바로 그런 신사상운동의 정점에 최한기가 있었다(조선 후기의 반(反) 성리학적인 사조에 관해서는 최봉익의 『조선철학사개요』(평양, 1986), 한마당, 1989 영인본, 241~286쪽)을 참고).

한 마디로 14세기에 시작된 선비들의 형이상학적 탐구가 결국에는 실천적 탐구로 전환되기에 이르렀다. 최한기는 자연과학 또는 사회과학적인 연구의 필요성을 발견하기에 이르렀다. 그러나 안타깝게도 너무 늦은 자각이었다. 1910년, 외세의 침략으로 조선이란 나라가 망해버렸기 때문에 최한기가 발견한 새 길을 후배들은 마음껏 탐구하지 못했다.

02

천명도,
우주와 인간의 관계를 천착하다

―――――

16세기 조선의 선비들은 천명(天命: 하늘의 명령)에 지대한 관심을 가지고 진지한 토론을 펼쳤다. 그들의 논의에 큰 영향을 준 것은 권근의 『입학도설』이었다. 많은 선비들이 천명에 관한 논쟁에 뛰어들었다. 이황, 정지운, 김인후, 노수신 등이었다. 그들은 저마다 자신의 「천명도설(天命圖說)」을 지어 토론에 나섰다. 그리하여 하늘과 인간의 심성에 관한 권근의 원론적 이해는 한층 심화되었다.

맨 처음 「천명도설」을 완성(1543)한 이는 정지운(鄭之雲)이었다. 그는 이 도설을 가지고 전라도 순창에 우거(寓居)하던 아우 김인후를 찾아갔다. 1549년(명종 4) 8월의 일이었다. 김인후는 이황과 쌍벽을 이룬 당대 최고의 성리학자였다. 그는 「태극도설(太極圖說)」에 조예가 깊기로 정평이 나 있었다. 「태극도설」이라면 북송의 주돈이가 저술한 249자의 짧은 글이다. 거기에는 우주의 생성과 인류의 근원을 풀이한 심오한 사상이 담겨 있었다. 당시 조선에는 김인후만큼 그 내용을 속속들이 이해하는 선비가 별로 없었다. 이 때문에 정지운은 천리 길을 마다하지 않고 김인후를 방문했다.

정지운은 누구인가? 그는 매우 고상한 선비였다. 집이 가난하여 아내가 길쌈하여 먹고살았다고 하는데, 가끔 양식이 떨어져도 태연히 여기고 근심하는 빛이 없었다. 세상의 험한 일을 많이 겪었으나 조금도 학문에 대한 의지를 포기한 적이 없었다.

정지운은 젊어서부터 성리학에 전심했다. 그리하여 「천명도설」을 저술하고 깊은 이치를 탐구했다. 훗날 이황을 만나 그에 관해 많은 의견을 주고받았으며, 자신의 오류를 바로잡았다고 한다. 그는 나이 53세에 사망했는데, 하서 김인후가 세상을 떠난 그다음해의 일이었다. 16세기의 사단칠정론은 정지운의 「천명도설」에서 비롯되었다고 해도 과언이 아니다.

그러나 그것은 물론 뒷날의 일이었다. 정지운의 도설을 살펴본 김인후는 대체로 만족했다. 하지만 이론이 없지 않았다. 그리하여 또 한 장의 「천명도」가 탄생했다. 여기에 이황과 노수신도 토론에 참가했다. 결과적으로 「천명도」는 16세기의 많은 선비들이 관심을 갖는 공동의 주제가 되었다. 그들의 다양한 견해는 1578년(선조 11), 전라도 능성에서 간행된 『천명도해(天命圖解)』(능성본, 고려대학교 도서관 소장)에 수록되었다.

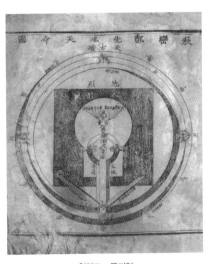
천명도, e뮤지엄.

여기서는 정지운과 김인후의 견해에 초점을 맞추어, 간단히 소개하는 데 그친다. 누가 옳고 그른가를 판단하는 것은 내 몫이 아니다. 16세기 조선 선비들의 지적 분위기를 엿보는 것으로 족하다.

정지운의 「천명도」를 검토한 다음, 김인후는 자신의 소감을 두 가지로 요약했다. 첫째, "형기(形氣: 사람의 마음)가 사사롭기 때문에 질곡(桎梏: 몹시 속박함)이 생겨서"(김인후, 『하서 전집』제3권, 786쪽) 우주만물의 운동이 그치지 않는다고 했다.

둘째, "단 한순간도 정성을 멈추지 않고 타고난 성(性: 착한 본성)을 다 바쳐 노력한다면, 결국 천명의 기미를 알 수 있다"라고 했다.

요컨대 인간의 사사로움이 세상 문제의 근원이나, 정성을 다해 본성을 회복한다면 천명에 부합하는 삶을 영위할 수 있다고 했다.

정지운의 「천명도」를 김인후의 것과 비교해보면, 중요한 차이가 있었다. 정지운은 성(性)을 이(理: 사물의 합리적인 이치)로 보았다. 이와 달리 김인후는 그것을 중(中: 사물이 도달한 조화로운 상태)이라고 주장했다.

이 주제를 여기서 길게 논의할 겨를은 없다. 「천명도」에 관한 해석은 추상적이고 형이상학적이다. 자연히 각자의 취향에 따라 다양한 해석이 가능하다. 나로서는 가장 주목되는 것이 김인후의 견해다.

김인후는 하늘과 인간의 관계를 '이기화생(理氣化生)'으로 보았다. 즉 이와 기가 변화와 성장을 가능하게 만든다고 여겼다. 요컨대 천명이 인간의 삶에 직접적이고 구체적으로 관여한다고 판단했다.

알다시피 이황은 주리론(主理論: 이가 만물의 중심이라는 학설)의 거장으로 천리(天理)가 사물의 존망을 지배하는 절대적인 힘을 가진다고 믿었다. 김인후는 달랐다. 그는 천도(天道)와 인도(人道)를 유기적인 관점에서 바라보았다. 『중용』에 근거한 것이었다. 김인후의 생각은 이황의 주리론과 유사하면서도 그 반대편에 있던 서경덕(徐敬德)의 주기론(主氣論) 또는 이기일원론(理氣一元論)과도 일맥상통했다. 이기일원론을 주장한 이로는 율곡 이이가 있었다.

아마 이이는 김인후의 영향을 상당히 많이 받은 것으로 짐작된다. 김인후는 『중용』에 경도되어 있었다. 그리하여 '선악'을 설명할 때도 '선'은 화(和: 가장 적절함), '악'은 과불급(過不及: 지나치거나 부족함)이라고 했다. 그래서였을까. 이이 역시 성정(性情: 성질과 심성)의 직출(直出: 곧고 바르게 표현됨)을 선이라고 했다.

반면에 성정의 횡출(橫出: 직출과 반대되는 상태)을 악이라고 규정했다. 이이는 김인후와 다른 용어를 사용했으나, 뜻으로 보면 한가지였다.

이렇듯 16세기 조선의 선비들은 우주와 인간의 관계를 천착했다. 나아가 인간의 심성에 관해서도 깊이 있는 성찰을 거듭했다. 선비들은 성리학을 토대로 독특한 우주관과 세계관을 형성했다. 선비들의 시야는 한층 넓어졌고, 생각은 더욱 깊어졌다. 현대인의 관점에서 보면, 지나치게 사변적이고 형이상학적이었다. 그러나 성리학이 한국 사회에 깊이 뿌리를 내려, 하나의 독특한 사유체계가 완성되었다는 점은 누구도 부인하기 어려울 것이다. 이로써 16세기 선비들은 한국 지성사에 신기원을 열었다.

일본의 사무라이를 비롯해 서양 중세의 기사, 근대의 신사들에게는 조선 선비들의 철학적 탐구에 맞먹는 지적 탐구활동이 존재하지 않았다. 중국의 신사들도 천명도를 둘러싼 깊이 있는 철학논쟁을 벌이지 않았다. 그러기에는 신사, 젠트리, 사무라이의 관심은 너무도 현실적이었다. 그들의 마음과 몸은 철저히 현실세계에 속했던 것이다.

인간과 사회에 관하여 조선의 선비들보다 훨씬 다양하고 체계적인 논의를 펼친 사람들은 없었을까. 서양 근대의 철학자들이라면 이야기가 달라진다. 그들은 당대 최고의 교육기관인 대학을 무대로 학문 활동에 전념했다. 이밖에도 서양의 계몽사상가들은 신문과 잡지를 통해, 또는 단행본 저술을 통해 자유와 평등의 이념을 구현할 방안을 탐색했다. 서양의 사상가들은 때로 지배체제와 격렬하게 충돌하면서 시민사회의 발전에 기여했다.

그들에 비하면 우리의 선비들은 지나치게 낭만적이고 낙관적이었다. '인간의 선한 본성을 회복하면 모든 문제가 해결될 수 있다.' 선비들의 이러한 신념만으로는 현실사회의 모순을 해결하고 복잡한 이해관계를 조정하기 어려웠다.

03

자연에 은거하며
권토중래를 꿈꾸다

―――――

선비들은 천명을 따라 부지런히 성정을 도야했다. 그래도 세상은 녹록하지 않았다. 제아무리 인격을 수양해도, 정치일선에 나가기만 하면 그들의 이해관계는 서로 격렬하게 충돌했다. 세상사에 염증을 느낀 선비들은 초야로 물러났다.

그러나 그것은 단순한 도피나 은둔이 아니었다. 선비들은 자연으로 돌아간 다음에도 하늘의 뜻을 헤아렸다. 그들은 권토중래(捲土重來)를 꿈꾸었다. 다시 수양을 쌓고, 제자들을 길러 언젠가 다시 뜻을 펼 수 있기를 기약했다.

성리학의 큰 스승 주희가 그들의 모범이었다. 주희는 시끄러운 송나라 조정을 떠나 무이산에 들어갔다. 그곳에 무이정사를 짓고 심신을 단련했다. 무이산이라면 중국 푸젠성(福建省) 최고의 명산이다. 36개의 봉우리와 99개의 동굴이 있는 거대한 산이다.

주자의 예를 따라 퇴계 이황은 도산(陶山: 현재 경상북도 안동)으로 들어갔다. 그는 자연을 벗 삼아 지내며 조용히 학문을 닦았다. 도산은 무이산처럼 유명한 산이 아니었다. 그저 한 선비가 몸을 맡길 만한 평범한 산이었다. 여기서 우리는 이황의 겸손한 성품을 엿볼 수 있다.

율곡 이이도 훗날 이황의 선례를 따랐다. 그는 황해도 석담(石潭)에서 숨을 골랐다. 퇴계와 율곡의 후배들도 그렇게 했다. 가령 이상정(李象靖)은 안동에 고산정사(高山精舍)를 짓고 선인들의 전통을 이었다. 사실 조선 팔도 곳곳에 이런 선비들이 넘쳐났다. 그들은 자연과 하나 되기를 꿈꾸었고, 자신의 의지를 노래와 그림으로 표현했다.

이야기를 조금 더 구체적으로 해보자. 1183년 후세가 주자라 부르는 주희는 무이산에 은거했다. 이른바 '무이구곡(武夷九曲)'의 제5곡에 그는 무이정사를 지었다. 또 이를 계기로 「무이정사잡영(武夷精舍雜詠)」이란 글을 썼다. 그 이듬해에는 「무이구곡도가(武夷九曲圖歌)」도 만들었다. 주희는 자신이 몸과 마음을 맡긴 무이산의 아름다움을 멋지게 표현했다. 글 속에는 성리학 공부의 과정이 단계적으로 서술되어 있어, 후학들에게 나침반이 되었다.

조선의 선비들은 주희를 존경했다. 자연히 무이산의 풍경을 화폭에 담은 〈무이구곡도〉도 인기가 높았다. 이 그림은 실경산수화(實景山水畵), 즉 무이산의 실제 모습을 그린 풍경화였다. 1592년(선조 25) 이성길(李成吉)이 그린 〈무이구곡도〉가 아직 남아 있다(국립중앙박물관 소장). 조선의 선비들은 율곡 이이가 살았던 고산구곡의 풍경을 그린 〈고산구곡도〉를 여러 차례 제작했다. 그림을 보고 있으면, 조선 선비들의 고상한 정신세계가 손에 잡힐 듯 다가온다.

퇴계는 도산에 들어가 자연을 노래했다. 「도산잡영(陶山雜詠)」과 「도산구곡가(陶山九曲歌)」가 이황의 문집에 수록되어 있다. 어떤 내용의 글일까. 『퇴계집』 3권에 실린 「도산잡영 병기(幷記)」의 한 대목을 직접 읽어보자.

처음에 나는 시내 위에 자리를 잡고 시내가 내려다보이는 곳에 두어 칸 집을 얽어서, 책을 간직하고 옹졸한 성품을 기르는 처소로 삼으려 하였다. 그러나 벌써 세 번이나 자리를 옮겼는데도, 번번이 비바람에 허물어졌다. (생각해보니) 시내 위는 너무 한적하여 마음을 넓히기에 적당하지 않아, 다시 옮기기로 작정하였다. (드디어)

이성길, 〈무이구곡도〉, 국립중앙박물관 소장.

산의 남쪽에 땅을 얻었다.

이 글은 1561년(명종 16) 동짓날에 쓴 것이다. 이황은 도산에 정착하기까지의 과정을 간단히 서술했다. 뜻밖에도 정착 과정은 순조롭지 않았다. 그의 시도는 이미 세 번씩이나 실패로 돌아갔다. 네 번 만에 가까스로 도산 남쪽 야트막한 곳에 보금자리를 얻었다고 했다. 소박하고 사실적인 기술이다.

행간을 살펴보면, 이황의 인생관을 읽을 수 있다. 인생은 숱한 도전과 실패로 점철되기 마련이라는 것이다. 끝까지 포기하지 않았던 선비, 이황의 인생 행로가 글에 압축적으로 표현되어 있다.

장차 이황은 도산에 살 생각이었다. 두 채의 자그만 집을 지어놓고 거기서 여생을 보내고 싶어했다. 오직 학문에만 정진할 뜻을 그는 다음과 같이 밝혀놓았다.

정사년(1557, 명종 12)부터 신유년(1561, 명종 16)까지 5년 동안 당(堂)과 사(舍) 두 채가 그런대로 이루어져 그럭저럭 지낼 만하게 되었다. 당은 모두 세 칸이다. 중간의 한 칸은 '완락재(玩樂齋)'라 이름 하였다. 주선생(朱先生: 주희)의 「명당실기(名堂室記)」에, "완상하여 즐기도다. 여기서 평생을 지내더라도 싫지 않을 것이다"라고 한 글귀를 빌린 것이다. 동쪽 한 칸은 '암서헌(巖棲軒)'이라 불렀다. 운곡(雲谷: 주희)이 지은 시에, "자신을 오래도록 가지지 못했도다. (이제) 바위에 붙여 살 테니 작은 효험이라도 있기 바라노라"라는 구절에서 가져왔다. 그리고 (두 채의 집을) 합쳐서 '도산서당(陶山書堂)'이라는 현판을 달았다.

무이정사를 세워 주희가 후학도 양성하고 자신의 뜻도 길렀듯, 이황 자신도 그와 같이 살겠다고 했다. 그는 주희를 본받아 도산서당도 열었다. 건물의 이름을 붙일 때에도 주희의 뜻을 되새겼다. 주희는 이황의 마음속에 언제나 살아 있는 큰 스승이었다.

자신의 불우한 처지를 돌아보며, 이황은 전원에 묻혀 살 뜻을 거듭 다짐했다. 그는 이렇게 실토했다.

"나이는 더욱 늘어나고 병은 더욱 깊어지며 세상살이는 더욱 곤란해졌다. 세상이 나를 버리지 않았더라도 내 스스로 세상을 벗어나지 않을 도리가 없다. 이제 비로소 그 굴레를 벗어던지고 전원(田園)에 몸을 맡기노라. (……)

산림의 즐거움이 뜻밖에도 내 눈앞에 펼쳐진다. 내가 오랜 병을 다스리고 깊은 시름을 풀어헤치며 여생을 편안히 보낼 곳이 여기 아니면 또 어디 있겠는가 싶다."

이황은 자신과의 약속을 지켰다. 그는 도산에서 여생을 마쳤으며, 그의 학덕도 더욱 높아졌다. 조선의 성리학은 이황의 이름을 빼놓고는 말할 수 없을 정도가 되었다. 문하에서는 기라성 같은 인재들이 배출되었다. 서애 유성룡과 학봉 김성일은 이황의 가장 이름 높은 제자였다. 이황이 이룬 학풍은 수백 년 동안 내리 이어졌다. 실학자 성호 이익과 다산 정약용 역시 이황을 사숙했다. 바다 건너 일본에서도 퇴계학이 융성했다. 이황의 도산은 주희의 무이산 못지않게 후세에 큰 영향을 주었다.

19세기의 명문장가 이유원(李裕元)은 「도산구곡가」를 지었다. 퇴계 이황이 머물던 도산서당의 정경을 상상하며, 그는 이렇게 읊었다(『임하필기』 제38권).

> 우뚝 솟은 도산에 훈장 자리 깔았네(壁立陶山函席開).
>
> 아홉 시내 흐르며 선생의 발자취 오늘에 전하네(先生遺躅九溪回).
>
> 달은 밝고 별은 반짝이네. 사위가 아담하고 적막하네(月明星槩凝然寂).
>
> 이제 봄옷이 지어지면 제자들이 몰려올 걸세(春服成時弟子來).

마지막 구절에서 봄옷을 이야기한 것은 무슨 까닭일까. 공자가 제자들을 거느리고 기수(沂水)에서 목욕했다는 옛일을 떠올린 것이다. 이황을 통해 공자의 가르침이 되살아난 사실을 노래했다.

영남의 선비들은 이황의 정신적 유산을 물려받았다. 그들은 자신의 도산을 이곳저곳에서 재발견했다. 18세기의 큰선비 이상정은 안동에 고산정사를 짓고 「고산잡영(高山雜詠)」을 남기기도 했다. 이제 이황이 그들의 주희였다.

율곡 이이는 해주 수양산에 있는 석담으로 들어갔다. 정확히 말해, 황해도 해주 고산면의 석담구곡(石潭九曲)으로 찾아간 것이다. 1575년(선조 8)의 일이었다. 이이는 황해도 관찰사를 그만두고 석담으로 가서 은병정사(隱屛精舍)를 세웠다. 그 3년 뒤에는 「고산구곡가」를 지었다. 주희와 이황의 모범을 따랐다고 하겠다.

그의 제자 김장생은 『사계전서』(제7권, 「율곡이선생행장」 하)에 그 시절의 이야기를 기록했다.

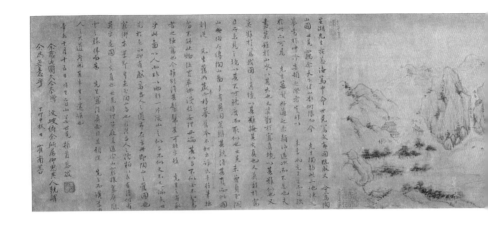

(율곡) 선생이 지팡이를 짚고 노닐다가 제5곡(曲)에 이르러, '여기가 살 만하다'고 하셨다. 그곳을 은병(隱屏)이라 이름 지으시고, 정사(精舍)를 지었다. 사당도 세웠다. 주자의 신주를 주벽(主壁)으로 모시고, 정암(조광조)과 퇴계를 함께 모셨다. 봄가을에 사당제사 지내기를 예법대로 하셨다. (……) 그곳이 이른바 석담서원이다.

이이가 쓴 「고산구곡가」는 시조 형식이다. 순한문이 아니라서 더욱 친근감을 준다. 글의 내용은 이황의 「도산십이곡」과도 일맥상통한다. 이후로 조선의 선비들은 자연의 정취를 우리말 시조와 가사로 노래했다. 백광홍(白光弘)의 「관서별곡」과 송강 정철의 「관동별곡」 등이 손꼽히는 예가 될 것이다.

1687년(숙종 13), 송시열은 「무이구곡가」의 운을 빌려 「고산구곡시(高山九曲詩)」를 지었다. 그로 말하면 김장생의 제자이자, 이이의 손제자였다. 나중에 송시열은 화양동(현재 충청북도 괴산)으로 물러나 「화양구곡가」를 지었다. 큰 스승들의 전통을 이었다고 볼 수 있다.

주희가 머문 무이산의 정경은 〈무이구곡도〉라는 그림으로 표현되었다. 살아생전에 이황은 그 그림을 사랑했다고 전한다. 후세는 이황을 주희처럼 존경하여, 도산서원을 그림으로 그려놓고 감상하며 이황에 대한 흠모의 정을

표현했다. 1752년(영조 27), 강세황(姜世晃)은 도산서원을 답사하여, 그 실제 경치를 화폭에 담았다. 현재 국립중앙박물관이 소장하고 있는 〈도산서원도(陶山書院圖)〉가 그것이다. 이것은 성호 이익의 부탁에 따른 것이었다. 이익은 이황을 몹시 존경하여, 평생 자신의 언행과 학문의 사표로 삼았다.

율곡 이이가 별세한 뒤 문인들은 〈고산구곡도〉를 제작했다. 그 과정은 권섭(權燮)이 「고산구곡도설(高山九曲圖說)」에서 서술한 바와 같았다. 처음에는 이이의 후손이 〈고산구곡도〉를 그렸다고 했다. 그 그림이 김수증(金壽增)의 손을 거쳐 나중에는 송시열에게 전해졌다. 송시열은 김수증 등 9명의 제자들에게 감상평을 받아서 그림과 함께 장정했다.

1781년(정조 5) 정조는 명을 내려 〈고산구곡도〉를 다시 제작하도록 했다. 그로부터 20여 년이 지난 뒤 또 한 차례 〈고산구곡도〉가 만들어졌다. 1803년(순조 3)의 일이었다. 이이의 학통을 계승한 노론의 문인과 화가 21명이 그림을 그리고 이이를 추모하는 글을 묶었다. 그리하여 「고산구곡시화병(高山九曲詩畫屛)」이 탄생했다.

이상에서 간단히 살펴보았듯, 조선의 선비들은 하늘의 이치를 받들어 '천인합일'의 경지에 도달하고자 노력했다. 역시 그와 동일한 맥락에서 선비들은 주희의 은거(隱居)를 본받아 자연을 벗 삼아 지냈다. 그들은 임간(林間)을 여유롭게 거닐었고, 그 사이에 서당과 서원을 지어놓고 후학을 양성했다. 언젠가는 조정에 복귀하여 유교의 이상인 지치(至治)를 반드시 이루고자 다짐했던 것이다.

서양의 기사와 젠트리의 삶은 은거와는 무관했다. 사무라이들의 처지도 감히 은거를 논할 수 없었다. 명청시대 중국의 신사들은 겉으로는 은거의 삶을 추구하는 듯했다. 그러나 그들의 대부분은 현실세계의 이해관계에 깊숙이 개입했다. 그에 비하면 조선에는 유유자적한 선비들이 훨씬 많았다. 자의든 타의든 현실에서 소외된 선비들이 수두룩했기 때문이다.

04

소쇄원,
학문과 심신 수양의 공간

자연과 하나 되기를 꿈꾸었던 선비들의 마음은 곳곳에 아름다운 유적으로 남았다. 정자, 별서(別墅) 또는 원림(園林)으로 불리는 아름다운 공간이 곳곳에 있다. 그 가운데서도 선비들의 정취가 물씬한 공간 하나가 먼 시간의 벽을 가로질러 우리의 마음을 사로잡는다. 전라남도 담양군 남면 지곡리 123번지의 소쇄원이다. 우리는 그곳에서 자연을 향한 선비들의 경외심을 한눈에 읽을 수 있다.

　1530년경(중종 25), 양산보(梁山甫)는 소쇄원을 조성했다. '소쇄(瀟灑)'는 본래 남제(南齊)의 공덕장(孔德璋)이 지은 「북산이문(北山移文)」에 나오는 표현이다. '깨끗하고 시원하다'는 뜻이다. 양산보는 이를 자신의 호로 삼았다. 바깥세상과 떨어져 순수하게 살겠다는 의지를 스스로 맹세한 것이었다.

　그는 열다섯 살에 조광조의 제자가 되었다. 스승의 개혁정치가 성공하기를 바랐다. 그러나 뜻밖에도 기묘사화(1519)를 만나 스승은 사약을 받고 세상을 떠났다. 양산보는 큰 충격을 받았다. 양산보의 나이 열일곱 살 때였다.

　그는 고향으로 돌아가 평생을 숨어 지냈다. 그러나 양산보가 도가(道家)식의 은둔을 꾀했다고 보기는 어렵다. 소쇄원은 선비들에게 교류의 장으로 제공되었다. 당대 최고의 선비들이 그곳에서 자연 풍광을 관상하며, 성리학의 이상을 논했다. 김인후를 비롯하여 송순, 정철, 기대승 등이 소쇄원에서 만나 인격을 수양하고 학문을 수련했다. 아울러 선비의 풍류를 한껏 즐겼다. 소쇄원은 엄격하고 심오한 담론의 장이요, 여유로운 선비문화의 요람이었다.

무등산의 원효계곡을 따라 광주호로 흘러내리는 증암천(자미탄) 기슭에는 아름다운 선비들의 흔적이 즐비하다. 소쇄원이 있는가 하면, 여러 채의 정자가 흩어져 있다. 식영정, 면앙정, 송강정, 환벽당, 취가정, 독수정 등은 제각기 선비들의 쉼터요, 면학의 공간이었다. 이곳이 이황의 도산이나 이이의 석담만큼 우뚝하지는 못했을지도 모르겠다. 그러나 선비들이 자연과 호흡하며 심신을 수양하는 데 이만한 공간을 다시 찾아보기도 어려운 일이다.

1755년(영조 31), 〈소쇄원도(瀟灑園圖)〉가 제작되었다고 한다. 그 그림의 모사본이 남아 있다. 거의 20여 채의 건물이 그림을 가득 채우고 있다. 〈소쇄원도〉는 본래 송시열의 작품이라는 말이 전한다.

이 그림에는 한 가지 특별한 점이 있다. 양산보의 막역지우이자 사돈이었던 하서 김인후가 지은 「소쇄원 48영」이 기록되어 있는 것이다. 시작(詩作) 연대는 1548년(명종 3)이었다. 일종의 연작시인데, 그중에서도 제2영(詠) 「침계문방(枕溪文房)」이 내 마음을 사로잡는다. 시의 뜻을 옮겨보면 다음과 같다.

> 창 밝아오자 방 안의 첩축(籤軸: 책의 표지와 글을 쓴 족자)이 한결 깨끗하네(窓明籤軸淨).
>
> 맑은 수석에 그림과 책이 비치누나(水石暎圖書).
>
> 정신 모아 생각도 하고 마음 내키면 눕기도 하네(精思隨偃仰).
>
> 오묘한 일치, 천지조화(연어비약 鳶飛魚躍) 아닐손가(妙契入鳶魚).

시의 제목 '침계문방'은 시냇가에 자리 잡고 있어 마치 개울을 머리로 베고 있는 것과 같다는 뜻이다. 광풍각(光風閣)을 의미했다. 시에 나오는 연어(鳶魚)는 천지조화의 오묘함을 비유한 것이다. 김인후는 광풍각의 품위 있고 한가로운 정경을 묘사했다. 나아가 그곳의 생활이 천인합일의 경지를 방불케 한다고 말했다.

훗날 송시열은 양산보의 「행장」을 썼다. 그 글에서 그는 소쇄원 주인 양산보와 그의 심우인 김인후 두 사람이 현인군자였다고 말했다.

김인후의 「소쇄원 48영」은 흥미로운 글이다. 여기서 자세히 설명할 여유는 없으나, 세 가지 사실을 간단히 언급해야겠다.

첫째, 김인후의 연시는 소쇄원의 위치와 구성을 정확히 묘사하고 있다는 점이다. 그는 그 공간에서 일어나는 동작과 행위를 손에 잡힐 듯 생생하게 그려냈다.

둘째, 이 연시를 통해 당시 소쇄원의 분위기를 읽을 수 있다. 주돈이의 「태극도설」이 압축적으로 표현한 유가(儒家)의 세계관이 소쇄원의 요소요소에 배어 있었다. 아울러 안빈낙도하는 선비의 가치관이 역력히 나타나 있다는 점도 지적하고 싶다.

셋째, 소쇄원에는 성리학적 이상세계를 지향하는 선비의 마음이 표현되었다. 대봉대 아래쪽 대나무와 오동나무는 태평성세를 기원하는 상징이다. 광풍각 주위의 석가산(石假山)과 도오(桃塢: 복숭아밭), 그리고 계곡으로 이어지는 매대(梅臺: 매화밭)는 지상선경(地上仙境)을 표현한 것이었다.

한 마디로 소쇄원은 고산구곡, 도산십이곡 등과 함께 주희의 무이구곡의 한국적인 변형이었다. 조선의 선비들은 주희를 비롯한 송나라의 성리학자들과 자신을 동일시했다. 그들은 송나라 선비들의 꿈과 이상을 자신의 형편에 알맞게 변용했다. 조선의 사회현실에 어울리는 형태로 성리학의 이념을 변주한 것이었다.

하늘과 인간이 조화롭게 어울려 하나 되는 것. 벼슬에 나갔을 때나 고향 마을에 머물 때나 늘 선비들이 추구하는 바였다.

김인후는 시조 「자연가」에서 선비 특유의 세계관을 질박한 언어로 부조(浮彫)했다.

> 청산(靑山)도 절로 절로 녹수(綠水)도 절로 절로
>
> 산(山)도 절로 물[水]도 절로 하니 산수간(山水間) 나도 절로
>
> 아마도 절로 생긴 인생이라 절로 절로 늙으리라."

(국어국문학회, 『한국시조감상』, 보고사, 2012, 168쪽)

이상에서 우리는 조선 선비들의 이상을 세 가지 측면에서 살펴보았다. 처음에는 천인합일에 관한 그들의 철학적 모색이 어떠했는지를 검토했다. 이어서 하늘의 명령에 순응하는 인간이 되기 위해 그들이 그린 천명도를 눈여겨보았다. 끝으로, 시끄러운 세상사를 잊고 조용히 자연에 묻혀 살면서도 언제나 자신을 단련하고 후학을 기르기에 여념이 없던 선비들의 일상을 잠시 들여다보았다. 그것은 서양의 기사와 젠트리는 물론이요, 일본의 사무라이와도 확연히 구별되는, 조선 선비들의 독특한 세계관이었다.

오늘의 우리에게 선비란 과연 어떤 존재인가. 현대적 관점에서 볼 때, 선비들은 지나치게 추상적인 개념에 사로잡혀 있었다. 또 자연과 사회현상에 대해서도 체계적, 분석적으로 접근하지 못했다고 비판할 수도 있다.

그러나 솔직히 말해 조선의 선비들에게는 현대인에게 결핍된 많은 미덕이 있었다. 그들은 물질적 욕망을 절제하는 청아한 인품을 가졌고, 또한 겸손했다. 서로의 인격을 존중하고, 끊임없이 서로 배우고 가르쳤다. 자연의 고마움

을 알았고, 개발이라는 미명 아래 함부로 착취하지도 않았다. 선비들에게 인간의 삶은 천지자연의 일부였다. 인간은 결코 자연적 질서의 파괴자가 아니었다.

자연과 하나 되기를 바랐던 그들의 꿈을, 우리는 지난 한 세기 동안 망각한 채 살았다. 돌이켜보면, 그것은 우리가 지켜야 할 소중한 문화적 자산일 수도 있는데 말이다.

6장

'윤리적 인간'의 시대
─ 조선이라는 특이한 나라

조선시대에는 선비의 가치관이 사회 전체를 지배했다. 그때는 도리(道理), 즉 의리와 지조가 모든 판단의 기준이었다. 이런 가치관이 한 세상을 풍미하게 되기까지에는 많은 시간이 걸렸다. 선비들의 희생과 노력도 요구되었다. 그것은 성리학이 처음 수용되고 200여 년의 세월이 지난 다음에야 가능한 일이었다.

15~16세기 조정에서 배척당한 선비들이 조선 사회 곳곳에 둥지를 틀었다. 그들은 강학(講學: 학문을 닦고 연구함)에 몰두했다. 그리하여 조선 사회의 분위기가 점차 달라졌다. 방방곡곡에 '윤리적 인간'을 으뜸으로 여기는 풍조가 널리 퍼졌다.

선비다운 선비를 등용하자는 목소리도 커졌다. 과거제도의 폐단을 지적하고, 대안을 요구하는 사람도 많아졌다. 어떻게 하면 선비를 제대로 기를 수 있을지를 고민하는 선비도 적지 않았다.

따지고 보면, 이 모든 논의의 한복판에는 출처(出處)의 문제가 자리했다. 과연 선비는 언제 벼슬에 나아가고, 언제 물러서야 하는가. 이를 둘러싼 숙의가 거듭되었다.

윤리적 인간은 선비의 이상형이었다. 보통 우리가 군자(君子)라고 부르는 이를 말한다. 당연히 그는 출처의 달인이어야 했다. 17세기부터 당파 간의 정쟁이 격화되자, 출처는 더욱 심각한 문제로 부각되었다. 때로 그것은 선비의 목숨이 걸린 중대 사안이었다.

서양의 기사와 젠트리에게 출처의 문제는 존재하지 않았다. 일본의 사무라이에게도 낯선 개념이었다. 그들은 어떤 경우가 되었든지 지배권력의 일부로서 기능하는 것 이외에 다른 가능성이 없었다. 즉 현실권력의 일부라는 뚜렷한 정체성이 결정적이었다. 그러나 조선 선비들의 생각은 달랐다. 나아갈 때를 판단하는 것보다 더 중요한 것이 물러설 때를 아는 것이었다.

이 장에서는 이상에서 언급한 여러 가지 사항을 점검할 것이다. 우선 어떤 사람이 선비의 모범으로 인식되었는지를 구체적으로 살필 생각이다. 이어서 유수원과 같은 선비는 왜 추천제를 과거시험의 대안으로 생각했는지도 짚어보려고 한다. 또 선비가 양산되고 있던 시대에 하필 왜, 학교를 부흥하려는 시도가 되풀이되었는지도 점검해 볼 것이다.

선비란 마음이 안정되고 넉넉한 존재라고 우리는 알고 있다. 그런데 그들 자신은 그렇지 못하다고 생각했다. 어쩌면 그들이 스스로를 비판적인 관점에서 바라보았기 때문에, 그 시대에는 선비의 가치관이 더욱 뚜렷이 확립되었는지도 모르겠다. 그러한 점에 관해서도 약간의 고찰이 필요할 것이다.

끝으로, 올바른 출처를 둘러싼 선비들의 담론과 고민에 대해서도 관심을 가지려 한다. 오늘날 우리는 남 앞에 나서기 위해 자신의 잘난 점을 선전하기에 바쁘다. 불과 한 세기 전만 해도 사정은 완전히 달랐다. 현대인으로서는 이해하기 어려운 일이다. 하지만 출처를 심각하게 고민하던 선비들은 우리가 놓친 인생의 숭고한 의미를 알고 있었던 것은 아닐까.

이 장에서는 주로 선비들의 자기부정과 고뇌를 짚어보는 셈이다. 그들의 격렬한 자기비판을 통해서, 우리는 오히려 선비의 진면목을 볼 수도 있을 것 같다.

01

백강 이경여, 난세에도 지조를 지킨 선비의 모범

선비의 이상은 안팎의 조화에 있었다. 벼슬에 나아가서는 왕좌(王佐: 임금의 보좌역)가 되고, 물러서서는 한적한 자연을 벗 삼아 호연(浩然)한 기상을 기르는 것이 선비의 꿈이었다. 백강(白江) 이경여(李敬輿, 1585~1657)는 그렇게 살았다. 그의 삶에 관한 세상의 평가가 그러했다. 그는 행운아였다고 말해야 할까.

1657년 8월 8일, 이경여가 세상을 떠나자 조경(趙絅, 1586~1669)은 「만사(輓詞)」를 지어 바쳤다. 조경이 노래한 망자의 삶은 다음과 같았다(조경, 『용주유고』 제4권, 「이백강을 애도하다(挽李白江敬輿)」).

> 동산에서 소리 높이 글을 읊조려 명성 떨쳤네(東山高詠振名聲).
>
> 반월성 강가에 집 짓고 살았었지(卜築江含半月城).
>
> 홀로 낚싯대 들고 타고난 성품대로 지내셨지(獨把漁竿循素性).
>
> 잠시 백구와 이별하고 창생에 답하셨네(暫辭鷗社答蒼生).
>
> 선생의 온화한 절조에 모든 이의 안위가 달렸었지(雍容一節安危竝).
>
> 세 임금의 조정에 출입하여 그 영욕 놀라웠도다(出入三朝寵辱驚).
>
> 남기신 표문 아름다워라, 시간(尸諫 : 죽음을 무릅쓴 간언)보다 나으리(遺表班班過尸諫).

역사에 길이길이 그 충정 빛나리(波濤良史立忠貞).

젊어서는 『사기』 읽으시더니 늘그막에 주자를 (거듭) 읽으셨도다(少讀龍門晩紫陽).

평생 선비답게 출처를 가다듬으셨네(平生儒雅飭行藏).

한가로이 살아도 명나라의 책력을 눈앞에 걸어두셨지(居閑眼掛皇明曆).

험한 곳 다녔어도 백 번 단련한 굳센 마음이셨도다(履險心持百鍊剛).

두 번이나 정승이 되셨네, 밝은 성상 은택일세(再築沙堤由主聖).

(……)

이 「만사」에 따르면, 이경여의 삶은 변화무쌍했다. 이경여는 조정에 들어가서는 정승의 벼슬을 맡아 난국을 수습했다고 했다. 물러나서는 백구와 벗이 되기도 하고 낚시로 유유자적했다. 말년에는 주희의 성리서(性理書)를 반복하여 숙독했으니 아름다운 선비였다.

역사에 남긴 이경여의 발자취는 뚜렷했다. 1609년(광해군 1) 그는 증광문과에 급제했으나, 당시 집권층이던 북인과 갈등하여 벼슬을 버리고 낙향했다. 10여 년 뒤인 1623년(인조 1) 반정이 일어났다. 인조가 등극하자 이경여는 홍문관 부교리가 되어 조정에 복귀했다.

1636년(인조 14) 병자호란이 일어나자 왕을 모시고 남한산성으로 들어갔다. 그는 끝내 임진왜란 때 명나라가 도와준 은혜를 잊지 못했다. 1642년(인조 20), 청나라 연호를 사용하지 말자고 주장했다는 이유로, 그는 청나라에 끌려가 심양(瀋陽)에 억류되는 고초를 겪었다. 조경의 「만사」에서 '명나라의 책력'이라고 말한 부분은 그때 일을 상징적으로 표현한 것이었다.

1646년(인조 24), 이경여는 우의정이었는데 인조가 소현세자빈 강씨를 죽이려 하자 의리로써 이를 반대했다. 이 일로 그는 전라도 진도와 함경도 삼수 등지를 전전하는 유배객이 되었다. 조경이 '백 번 단련한 굳센 마음'을 가졌다고 말한 것은 그 때문이었다.

그로부터 4년이 지난 1650년(효종 1), 새로 즉위한 효종은 그를 다시 조정으로 불렀다. 이경여는 영의정으로서 사은사가 되어 청나라에 다녀왔다. 청나라는 그를 미워하여 조정에 그의 실각을 주문했다. 효종은 이경여의 벼슬을 갈아치웠다. 아무 실권도 없는 영중추부사로 삼았던 것이다.

한 마디로 이경여는 안팎으로 혼란이 극심하던 난세를 살았다. 그럼에도 그는 항상 선비로서 지조를 지켰다. 함부로 시류에 휩쓸리지도 않았다. 항상 마음의 덕을 길러, '출처'의 정도를 걷고자 노력했다. 만년에 이르러 벼슬을 내려놓고 고향으로 돌아가 학문에 더욱 잠심(潛心)했다. 「만사」의 저자 조경은 이런 그를 가리켜, "늘그막에 주자를 (거듭) 읽으셨도다"라며 그의 높은 학덕을 기렸다.

조선시대에는 이경여와 같은 우뚝한 선비가 적지 않았다. 그들의 일생은 결코 순탄하지 않았으나, 한시도 고아한 기품과 매서운 절개를 잃지 않았다고 할까. 현대인의 삶에서는 찾아보기 어려운 인생의 아름다운 모습이다.

02

농암 유수원,
과거제의 폐단을 말하다

———

누구나 이경여처럼 살기를 기대할 수는 없었다. 많은 선비들은 벼슬길에서 멀리 떨어져 있었다. 조선왕조는 1392년 개국 이래 늘 과거시험을 통해 유능한 선비들을 발탁하고자 노력했다.

과거시험은 고려시대에도 있었으나, 그때는 실력보다 혈연이 훨씬 중요했다. 애써 과거에 합격해도 가문이 한미하면 벼슬에 나아가기가 사실상 불가능했다. 조선시대에는 달랐다. 아무리 집안이 좋아도 과거에 급제하지 못하면 요직에 등용되지 않았다. 학문이 높고 인품이 훌륭하다는 세평이 없으면 고관대작이 될 수 없었다. 과거시험에 합격하여 '개천에서 용'이 나는 경우도 많았다. 조선 최고의 정승으로 손꼽히는 황희(黃喜)만 해도 출신이 변변하지 못했다. 형조판서까지 지낸 반석평(潘碩枰)도 노비 출신이라는 말이 있을 정도였다.

그럼에도 불구하고 과거시험이 등용문으로서 제 구실을 하지 못한다는 비판은 끊이지 않았다. 1519년(중종 14), 조광조는 과거제의 한계를 벗어나기 위해 현량과(賢良科)를 도입했다. 그것은 일종의 추천제 시험이었다. 그러나 현량과를 시행한 보람은 조금도 없었다. 그 시험이 시행된 해에 조광조가 실각했다. 그리하여 현량과 자체가 무효가 되고 말았다.

이후에도 조선의 선각자 가운데는 과거제의 폐단을 지적하는 이들이 많았다. 현저한 예로, 농암(聾菴) 유수원(柳壽垣, 1694~1755)이 있었다. 『우서(迂書)』「학교 학생을 뽑고 보충하는 제도를 논의함」이라는 글에서 그는 과거제도를 이렇게 비판했다.

"과거시험에 전적으로 의지하여 인재를 등용하면, 등용의 범위가 좁아지는 폐단을 면치 못할 것이다. 설사 삼장(三場: 과거시험장)에서 지은 글이 매우 좋다 하더라도, 그것은 제의(制義)와 같은 문장에 정통하고 익숙한 선비를 뽑는 데 불과하다. 이 사람들이 과연 현명하고도 뛰어난 재사들이겠는가. 오직 과거시험으로만 인재를 뽑으면, 남모르게 조용히 학문을 닦는 선비들을 조정에 등용할 길이 없다. 이 얼마나 미흡한 것이랴."

이 문제에 관한 유수원의 견해를 좀 더 자세히 알아보자. 그의 주장에 따르면, 17~18세기에는 벼슬을 포기한 선비들이 상당수였다. 왜 그랬을까. 당시의 학교제도 전반에 심각한 결함이 드러났기 때문이라고 했다. 유수원은 그 문제점을 이렇게 설명했다.

근래에 이르러 과거 보는 유생과 학문하는 선비가 뚜렷하게 나누어졌다. 이것은 참으로 좋지 않은 폐단이다. 국가가 선비에게 바라고 또 선비를 대우하는 것이 이처럼 천하구나. 선비가 어떻게 자중하겠는가.

학교로 하여금 성심껏 학정(學政)을 닦고 밝히게 하면, 학문하는 선비가 과거에서 나오지 않고 어느 곳에서 나오겠는가. 그러나 학교가 학정을 지니지 못하여 선비들이 모두 자신을 범상한 인간으로 자처하고 학문 두 글자에 뜻을 두지 않게 되었다. 뜻 있는 선비들이 조용히 숨어 학문을 닦으면서 그 가운데 섞이지 않을 것은 당연한 사세인 것이다.

지금 내가 말하는 것은, 반드시 학문을 닦은 선비들이 과거에서 나오도록 하여

야만 국가가 비로소 인재를 얻는 효험을 보게 된다는 것이다.

조선시대에는 학문이 높은 선비들을 이따금 조정에 초빙했다. 산림에 숨어 있는 '유일(遺逸)'을 찾아서 등용했던 것이다. 때로는 그들에게 높은 관직을 주었다. 우암 송시열은 유일로서 조정에 나아가 정승의 자리에 오르기도 했다.

유수원이 이를 모를 리가 없었다. 그는 송시열과 같은 시대를 살았다. 그런데 문제는 초야에 묻힌 선비를 등용할 때조차 실속이 거의 없었다고 한다. 그저 형식에 흐르고 마는 경향이 심했다. 유수원의 비판은 날카로웠다. 조금 장황하지만, 당시의 사정을 유수원보다 사실적으로 기술하기는 쉽지 않을 것이다.

우리나라는 예의를 갖추어 현명한 사람을 대접한다고는 하지만, 실제로는 현명한 사람을 초빙하는 근본을 모르고 있다. 어째서 그런가. 선비들이 집에서 공부하고 있을 때 경대부(卿大夫)가 조정에 천거하면, 임금은 마땅히 예의를 갖추어 간절하게 맞이하고 그의 학술과 인품이 어떤지를 살필 일이다. 그런 다음에는 공경대부들과 의논하여 크게 등용할 만하면 중대한 직책에 임용하는 것이 옳다. 여러 가지 사무를 담당하기에 적당하면 어느 한 관직에 임명하는 것이 좋다.

만일 추천받은 선비가 성품은 어질고 착하나 재능이 관직에 맞지 않아, 초야로 돌아가기를 원하는 경우도 있다. 그런 선비에게는 그가 숭상하는 것을 따르게 하여 풍속을 장려할 일이다. 그래야 임금과 백성 사이에 서로 해야 할 도리를 지키게 되는 것이다.

그런데 오늘날은 그렇지 않다. 아침에 한 관직에 임명하였다가 저녁에는 다른 벼슬로 이동시킨다. 이런 일을 조금도 어렵게 여기지 않고, 삼가지도 않는다. 심지어 임금은 어떻게 생긴지도 모르는 사람을 재상 자리에 앉히기도 한다. 이보다 더 허망한 일이 있겠는가.

학덕이 높은 선비를 등용한다고 했지마는, 조정에서는 선비의 적성과 능력을 전혀 고려하지 않았던 것이다. 조정의 실권자들은 정치적 위기에서 벗어나기 위해 초야에 묻혀 있던 선비를 불러들이는 척할 때가 많았다. 말하자면 학덕이 높은 선비를, '국면전환용 카드'로만 이용하는 경우가 있었다.

선비에게 적절한 대접을 한다는 것은 무엇일까. 반드시 관직으로 그의 학문과 인품에 보상해야 하는 것일까. 유수원이 내린 결론은 이러했다.

"아, 선비를 대접하는 도리가 어찌 관직의 유무에 달린 일이겠는가. 반드시 선비답게 조정에 불러들이고 선비답게 대우해야 된다. 그런 다음에야 비로소 참다운 도리라 할 수 있다."

두말할 나위 없이 조선 후기 사회를 지배한 것은 인간의 '도리'였다. 도덕이었다. 선비의 가치관이 한 시대를 이끄는 이념이었다. 그러므로 집권자는 권력욕을 노골적으로 드러내서는 안 되었다. 속마음이야 어쨌든 '도덕적'으로 위장해야만 세론(世論)의 역풍을 피할 수 있었다. 유수원은 바로 집권층의 그러한 위선을 지적했다.

유수원의 비판을 뒤집어보면, 조선 사회의 성격이 더욱 뚜렷이 드러난다. 조선에서는 누구든지 명분과 절조를 숭상하지 않을 수 없었다. 노골적으로 탐욕을 드러내는 것은 불가능했다. 위선이라는 비판은 가능하겠으나, 무례하고 뻔뻔한 언행은 감히 누구도 드러내놓고 할 수 없었다.

참고로 유수원의 사회 비판을 읽다가 한 가지 의문이 생길지도 모르겠다. 일반적으로 말해 시험을 쳐서 인재를 뽑는 것은 합리적이다. 과거제도에 무슨 고질적인 문제점이 있느냐는 의아심이 들 수 있다. 만일 시험만 공정하게 관리된다면 큰 문제는 없었다고 볼 수도 있다. 문제는 바로 과거시험의 관리가 어떠했느냐는 것이다.

1612년(광해군 4) 11월 19일자 『광해군일기』에서 나는 뜻밖의 사실을 알게 되었다. 한 마디로 말해 과거시험을 주관한 시험관들은 답안지의 우열을 분간하기가 어려워 혼란을 겪었다는 것이다. 실록을 편찬한 사관들은 17세기 과거제도 시행의 큰 문제점을 다음과 같이 말했다.

김홍도, 〈소과응시도〉, 국립중앙박물관 소장.

사서의(四書疑)를 가지고 생원들을 시험한 지 200여 년이 되었다. 그러다 보니 전후 세대가 (모범 답안을) 답습하여 같은 글귀를 (답안으로) 쓰게 되었다. 한 과거시험장에서 자기의 생각대로 (창의적인) 답안을 쓰는 선비는 몇 사람밖에 되지 않았다. 그밖에는 다들 같은 내용을 마구 베끼다시피 하였다. 고시관들은 답안의 우열을 분별할 수가 없게 되었다. 식자들이 이를 병통으로 여긴 지 이미 오래였다.

과거시험은 사서, 곧 『논어』, 『맹자』, 『대학』, 『중용』에서 주로 출제되었다. 조선왕조는 건국 이래 수백 년 동안 같은 교재를 가지고 시험을 치렀다. 때문에 시중에는 역대의 우수한 답안이 널리 알려져 있었다. 그런데 당시에는 경전에 대한 해석의 자유가 용인되지 않았다. 그러므로 선비들은 모범답안에 집착할 수밖에 없었다. 그들은 이른바 역대 최고의 모범답안을 구하여 송두리째 외운 상태로 시험장에 들어갔다.

그 결과 우열을 가리기 어려울 정도로 완벽한 답안지가 너무 많았다. 과거시험은 이제 시험을 위한 시험이 되고 말았다. 고시관들의 고민은 날로 깊어갔다. 그러나 뾰족한 대안이 없었다.

과거시험 제도를 근본적으로 개혁하는 것은 불가능했다. 성리학을 국시(國是)로 여겼기 때문이다. 새로운 경전이 있을 리도 만무했고, 새로운 해석을 허용해서도 안 될 것이었다. 따라서 제도의 현상유지를 원하는 세력의 저항이 완강했다.

결론적으로 과거시험 공부는 학자의 창의적인 탐구 활동과는 거리가 멀수밖에 없었다. 기왕에 출제된 수백 개의 문항을 반복해서 학습하는 것이 시험공부의 핵심이었다. 모범답안을 철저히 외우는 것이야말로 합격에 이르는 지름길이었다. 지금의 고시제도도 별로 다르지 않다.

18~19세기가 되면, 서울의 권세가 자제들은 한 가지 해법을 찾았다. 그들은 여러 가지 특전을 입어, 1~2차 시험을 면제받았다. 사실상 합격자 신분을 거저 얻었던 것이다. 소수의 특권층 자제는 과거 합격자의 석차를 결정하는 최종 시험장으로 직행했다. 그러나 대부분의 선비들은 치열한 경쟁을 치르며, 합격의 행운을 얻기 위해 검은 머리가 희어지도록 과거시험장을 들락거렸다.

유수원처럼 양식이 있는 선비들은 이러한 사회풍조를 비판했다. 책과 씨름하는 선비들이 아무리 많다 한들 그 가운데 진정한 선비가 과연 몇이나 되느냐는 혹독한 자기비판이었다. 옳은 말이다. 하지만 바로 그런 시대였기 때문에, 선비의 길은 한 시대를 특징짓는 보편의 길이 아니었던가. 누구라도 공자와 맹자와 주자를 외우고 있었으니 말이다.

그런데 서구 역사에는 과거시험 같은 인재등용 방법이 존재하지 않았다. 정확히 말해, 19세기에 이르러 영국은 고등고시라는 새로운 방법을 채택했다. 중국의 과거제도를 모방해 좀 더 근대적으로 개선한 것이었다. 이후 유럽 여러 나라가 그 뒤를 따랐다. 그 이전에는 추천을 통해서 관리를 충원했다. 정확히 말해 매관매직이 주를 이루었다. 일본도 다르지 않았다. 사무라이들의 나라, 일본에는 문과시험도 무과시험도 존재하지 않았다. 그런 점에서 단연코 이채를 띠었던 것은 중국, 조선 및 월남의 과거제도였다. 설사 과거제도에 많은 폐단이 있었다 해도, 비교사적인 측면에서 검토해보면 결코 낙후된 인재등용 방식은 아니었다.

학교 교육에 대한
선비의 생각

———

학문의 길과 과거의 길이 나뉘자 학교는 점점 더 파행으로 치달았다. 양란을 겪고 국가 재정이 어려워지자 향교는 교육기능을 사실상 상실했다. 조선왕조는 향교에 훈도를 파견하지 못했다. 경전을 학습하고자 하는 선비들은 서원으로 몰려들었다. 전국 방방곡곡의 유자들은 서로 앞을 다퉈 서원을 건립했다.

17~18세기에는 서원 건립이 봇물을 이루었다. 한 고을에도 대여섯 개의 서원이 난립할 정도가 되었다. 서당 수는 더욱 많았다. 19세기 말이 되면 대략 3개 자연 마을마다 하나꼴로 서당이 있었다. 성리학의 기본 경전인 사서와 삼경을 공부할 기회는 상당수 평민들에게도 주어졌다. 18~19세기에는 상당수의 여성들도 한문을 익혀 문집을 남겼다. 임윤지당(任允摯堂)과 강정일당(姜靜一堂) 등이 그들이었다. 학문에 종사하여 탁월한 성과를 낸 중인도 많았다.

위항문학(委巷文學)이란 바로 시서(詩書)에 밝은 중인들이 이룩한 성과였다. 본래 '위항'은 중인을 비롯한 평민을 가리키던 용어다. 17세기 말부터 중인들은 독자적으로 시사(詩社, 문학동인)를 만들기 시작해, 18세기에 크게 융성했다. 그들은 활발한 문학활동을 통해 사회적 인정을 받는 데 성공했으며, 19

세기 후반에는 개화사상을 전파하는 데도 중요한 역할을 담당했다. 이처럼 중인 가운데도 훌륭한 선비가 많았다.

선비 집안의 여성들과 평민들은 제각기 한글소설을 돌려 읽었다. 그들 가운데 상당수는 소설을 필사했다. 그 과정에서 윤색과 편집도 마다하지 않았다. 그들은 상당한 문예적 취향을 가지고 있었다. 그들의 취미와 이해력에 알맞은 판소리도 인기를 끌었다.

조선 후기 사회에서는 지식이 더 이상 특정 계층의 독점물이 아니었다. 교육받을 기회가 널리 확대되었음은 물론, 창작과 독서를 비롯한 문화활동에 참여하는 사람들도 특정 계층에 국한되지 않았다. 이러한 변화가 양반 중심의 신분질서를 상당히 위협했다고 볼 수도 있다. 그런데 이러한 변화의 근원은 바로 지식은 감히 어느 누구도 독점해서는 안 된다는 성리학(유교)의 가르침에서 비롯되었다.

『논어』의 첫 구절은 "학이시습지 불역열호(學而時習之 不亦悅乎)"다. 배우고 때로 익히니 즐겁지 아니한가. 성리학의 이상인 군자가 되는 길은 타고난 신분에 의해 결정될 일이 아니었다. 오로지 배움과 실천에 달린 문제였다.

공자는 제자들 가운데서도 유독 중궁(仲弓)을 칭찬했다. 중궁의 가계에는 흠결이 있었다. 신분제 사회에서는 크게 쓰일 수 없는 처지였다. 공자는 이를 안타까이 여기며, 이렇게 말했다.

"얼룩소의 새끼라도 털이 붉고 뿔이 곧다면, 사람들이 비록 쓰지 않고자 해도 산천의 신들이 그냥 두겠는가?"

공자는 출신이 아니라, 능력에 따른 인재등용을 주장했던 것이다. 심지어 공자는 중궁이 남면(南面)할 만하다고까지 극찬했다. 왕이 될 만한 인재라는 뜻이다.

조선의 선비들은 한편으로 양반이라는 세습 지위를 자랑스럽게 여기며 기존의 신분질서를 고집했다. 그러나 다른 한편으로 그들은 공자의 가르침에 충실했다. 누구든지 재능을 가진 사람은 사회가 그 능력에 걸맞은 대접을 해야 한다는 것이었다. 일견 모순되는 상황이었다. 조선의 선비들은 바로 그러한 모순 속에서 때로는 합리적인 결정을 내렸고, 때로는 인습에 얽매였다.

일종의 비틀거림이었다. 학교 역시 본연의 목적인 배움의 장소이기도 했고, 양반의 집단적 이기심을 고집하는 제도적 무기로 악용되기도 했다. 특히 18세기에는 당쟁이 심했기 때문에, 대부분의 서원이 당파싸움의 소굴로 변질되었다. 그게 아니라 해도 시골의 몰락한 양반들은 서원을 자신들의 사회경제적 이익을 지키는 보루로 이용했다. 서원이 가진 본연의 기능, 곧 교육기관으로서의 역할은 갈수록 쇠퇴했다.

그리하여 19세기가 되면 서원은 적폐세력의 근원이라는 지탄을 받았다. 서원에 대한 백성들의 불만도 고조되었다. 서원은 당쟁의 소굴이었다. 또 많은 면세지를 소유해 조세 정의를 무너뜨렸다. 게다가 무고한 평민을 끌어다가 함부로 노역을 시켰고, 심지어 백성의 재산을 빼앗기도 했다. 백성의 원성이 자자할 것은 당연한 일이었다. 1868년(고종 5) 흥선대원군은 용단을 내렸다. 그는 서원 반대 여론을 배경 삼아 수천 개에 달하는 전국의 서원을 일시에 철폐했다. 오직 47개의 서원만을 남겨두었다.

이미 여러 세대 전에 유수원이 적절히 지적했듯, 학교 교육이 정상화되어야 선비문화가 만개할 것이었다. 서원과 학교의 수가 많다고 되는 것은 아니었다. '제대로 운영되는 학교가 전국 여러 곳에 두루 설치되어 있기만 하면 그것으로 충분하다.' 이것이 흥선대원군의 생각이었다.

앞에서도 잠깐 말했듯, 19세기 후반 조선에는 수만 개를 헤아리는 서당이 광범위하게 존재했다. 초급 교육기관은 충분히 확보되어 있었던 셈이다. 그러나 중등 및 고등 교육기관은 양적으로나 질적으로나 많지 않았다. 공설학

김홍도, 〈서당〉, 국립중앙박물관 소장.

교인 향교 교육의 정상화를 외치는 목소리는 컸으나, 재원 마련이 쉽지 않았다. 제도 혁신도 어려운 일이었다. 바야흐로 이웃나라에서는 근대화가 시작되고 있었다. 그러나 조선에는 새로운 시대를 이끌 선비를 양성할 교육기관이 사실상 존재하지 않았다.

조정에서도 학교에 관한 논의가 거듭되었다. 그러나 그 대부분은 원론적이고 모호한 주장만 되풀이하는 모습이었다. 일례로 1879년(고종 16) 5월 19일 경연에서 왕과 대신들이 어떤 문답을 주고받았는지를 지상(誌上) 중계한다(『승정원일기』, 같은 날).

상(고종)이 말했다. "학교를 일으키는 것은 진실로 제왕의 큰일이다. 이단을 물리치고 정학(正學)을 숭상하는 것이, 실로 학교를 일으키는 데 달려 있다. 만일 학교를 부흥시키지 못한다면 나라가 어찌 나라가 될 수 있겠는가.”

박주운이 아뢰었다. “성상의 하교가 지당하십니다. 선비는 나라의 원기(元氣)로서, 선비가 선비답게 될 수 있는 것은 학교를 부흥하는 데 달렸습니다.”

상이 다시 말했다. “선비는 진실로 국가의 원기이고, 선비의 기상을 진작시키는 것은 오로지 학교를 일으키는 데 달려 있다.”

그러자 박주운이 아뢰었다. “조종조의 사액서원(賜額書院: 왕이 현판을 하사한 서원)은 곧 국학입니다. 열성조께서 학교를 일으키신 좋은 법이요, 아름다운 뜻이었습니다. 우리 조정의 예의와 문물이 환하게 갖추어져 기성(箕聖: 기자)에 견줄 만큼 융성하게 된 것은 모두 여기에서 나왔습니다. 이제 서원을 다시 설치하여, 국가의 원기를 진작시키셔야 합니다. 이것이 최선의 방법일 듯합니다.”

(……) 박주운이 또 아뢰었다. “(……) 지금 온 나라에 서원이 있던 곳이 철폐되었습니다. 선비들의 기개가 막히고 눌린 것이 지금보다 심한 때가 없었습니다. 오직 성상께서 분발하여 결단을 내리셔서 특별히 다시 설치할 것을 명하십시오. 선비들로 하여금 스스로 비용을 마련하도록 한다면, 나라의 경비에는 터럭만큼도 손해가 없으면서도 국가의 명맥을 유지하는 데 크게 도움이 될 것입니다. 선비들이 모두 기뻐하고 고무되어 마치 재생(再生)의 때를 만난 것 같을 것입니다. 지금 흔쾌히 시행하여 이미 꺾인 선비들의 기상을 진작시키고 이미 끊어진 유교를 부흥시키는 것이 오늘의 첫 번째 급선무일 듯합니다.”

상이 말하였다. “이미 여러 곳에 사액서원이 있다. 이 어찌 급하게 서둘러야 하겠는가.”

박주운(朴周雲)은 수학과 역학에 조예가 깊은 유신(儒臣)이었다. 그는 탁월한 성리학자였던 것이다. 그날 경연에 앞서 3년 전인 1876년(고종 13), 조선은 일본과 수호조약을 맺어 개항을 결정했다. 때는 근대화의 물결이 도도하게 밀려오던 시점이었다.

그럼에도 박주운을 포함한 대다수 신하들에게 근대적인 교육은 안중에 없었다. 그들은 흥선대원군이 철폐한 낡은 서원의 복구만을 대책으로 여겼다. 박주운 등은 국가의 재정 부족을 고려하여, 민간의 자발적인 기부와 희사를 통해 종래의 서원을 복구하자고 주장했다. 이것은 차마 교육 문제의 해결책이라고 말할 수도 없는 것이었다.

한 마디로 구태의연하고 안이한 사고방식의 표현이었다. 설사 그들의 제안이 받아들여졌다 해서, 학교가 되살아나거나 선비들의 면모가 일신될 가능성이 조금이라도 있었을까 의심된다. 21세기의 눈으로 보면 답답한 일이었다.

조선은 책으로 일어났으나, 책으로 망했다고 볼 수 있다. 성리학을 널리 보급함으로써 지식의 독점이 깨지고 각계각층이 선비로 태어날 수 있었던 것은 조선의 축복이었다. 그러나 끝까지 오직 성리서만을 고집하는 구태의연함 때문에 조선은 스스로 근대화할 수 있는 기회를 놓쳤다. 안타깝지만 19세기 말의 우리 역사는 이렇게 평해도 무방하지 않을 것이다.

부귀영화보다
마음의 안정

———

물론 모든 것을 현대인의 눈으로 재단하는 것은 잘못이다. 선비를 선비답게 만드는 것은 제도의 힘만은 아니었다. 선비는 부단히 내적 수련을 쌓았기 때문에 특별한 심성의 주인공이 되었다. 실제로 조선의 많은 선비들은 형식보다는 내용에 치중했다. 그들은 표면에 드러난 양적 성취보다 질적 측면에 관심을 가졌다.

한 가지 실례를 들어본다. 위백규(魏伯珪, 1727~1798)라는 선비가 있었다. 18세기 호남지방에서 학덕과 품행으로 명성이 높았던 선비다.

위백규는 「봉사(奉事)」, 「만언봉사(萬言封事)」 등의 글을 조정에 올려 당대 농촌사회의 모순을 날카롭게 해부했다. 「연년행(年年行)」 등의 연작시를 써서 현실의 모순을 지적하기도 했다. 말하자면 그는 현실참여 성향이 농후한 선비였다. 이런 그조차 새로운 제도를 통해 조선 사회를 개혁하려고 하지 않았다. 외형적인 개혁보다는 오히려 선비 각자의 수양이 더 중요하다는 것이 그의 기본적인 입장이었다.

위백규는 『존재집』 「정(靜)」(하편)에서 인생의 한 가지 본질적인 문제를 다음과 같이 파헤쳤다.

사람의 우환은 정(靜)하지 못하다는 사실에 있다. 삼황오제 이후 임금은 임금답게 안정할 수 없었다. 주공과 소공 이후 신하도 신하답게 안정할 수 없었다. 춘추시대 이후로 선비는 선비답게 안정할 수 없었다.

정(靜)이란 욕심이 적은 사람만 그 상태에 도달하여 안정을 얻을 수 있는 것이다. 일상의 말과 행동은 어디에서든지 '체(體: 본질)'가 되지 않는 경우가 없다. 조급하여 서두르면 반드시 넘어진다. 경쟁적으로 달리면 반드시 손상된다. 진수성찬을 차린 큰 밥상이라도, 마음이 불안하면 반드시 목이 멘다. (훌륭한) 음악이 연주되어도 정신이 안정되지 못하면 즐기지 못하고 탄식하기 마련이다.

세상 사람들은 안정되지 못한 마음과 행동으로 부귀를 빨리 이루고 싶어한다. 하지만 예부터 지금까지 이런 상태에 도달한 이는 없었다. 뉘라서 그것을 누릴 수 있겠는가.

조금이라도 욕심을 줄이고 마음의 여유를 갖는 것이 안정을 얻는 데 필수적이다. 위백규는 그렇게 믿었다. 그만이 아니라 조선의 선비들은 대개 그렇게 확신했을 것이다. 현대적인 표현을 빌린다면, 선비들은 경제발전을 통해 행복한 사회를 만들 수 있다고 생각하지 않았다. 선비의 삶은 내면의 안정에 초점이 맞춰져 있었다. 바로 그 점에 조선 사회의 중요한 특징이 있었다.

오늘날 우리는 매사에 '빨리빨리'를 요구한다. 이익과 효율이 사실상 가치의 유일한 척도다. 그러나 옛 선비들의 사고방식은 전혀 달랐다. 그들은 제도가 아니라 인간의 내적 수양을 통해 인생의 복잡다단한 문제를 극복하고자 했다. 위의 인용문에서 위백규가 증언했듯, 그때도 '빨리'를 외치고 '부귀를' 탐하는 사람이 없었을 리는 없다. 그럼에도 선비들은 보통 사람들이 당연히 여기는 길을 버리고 전혀 다른 길을 가고자 스스로를 채찍질했다. 아름다운 일이었다.

선비의 출처,
언제 벼슬길에 들고 날 것인가

이해관계가 다르면 언젠가 충돌하기 마련이다. 심하면 거센 소용돌이가 일어나기도 한다. 세상사는 그런 것이다. 선비는 세파에 휩쓸리지 않고 조용히 살기를 바랐다. 선비가 유독 벼슬길에 들고[處] 남[出]에 중대한 의미를 부여한 데는 그런 까닭이 있었다.

조선의 역사를 살펴보면 출처의 달인이 없지 않았다. 하서 김인후가 특히 유명했다. 출처의 이치를 궁구한 선비는 더 많았다. 퇴계 이황, 우계 성혼을 비롯해 실학자 성호 이익과 청장관 이덕무 등도 출처를 어떻게 결정해야 좋을지를 놓고 깊이 고심했다.

하서 김인후의 출처

16세기의 큰선비 김인후는 함부로 조정에 나가지 않았다. 그는 인종에 대한 신하로서의 의리를 다하기 위해, 명종이 여러 차례 불렀음에도 한 발짝도 움직이지 않았다. 그는 인종이 아직 세자였던 시절의 스승으로서 두 사람 사이에는 특별한 교감이 있었다. 인종은 김인후에게 중국에서 갓 수입한『주자대전』한 질을 하사했다. 또 손수 그린 〈묵죽도(墨竹圖)〉를 내려주었다. 그런데 인종은 즉위한 지 얼마 되지 않아 갑자기 세상을 떠났다. 김인후는 인종의 죽음이 필시 누군가에 의한 독살일 것으로 의심했다.

때문에 그는 인종의 제삿날이 되면 홀로 고향에 있는 난산(卵山)에 들어가 통곡했다. 그는 평생 동안 그렇게 인종을 향한 충심을 다했다. 세상을 떠날 때가 되자 자손들에게 한 가지 특별한 부탁을 남겼다. 자신의 위패에 인종이 내려준 마지막 벼슬, 곧 '옥과현감'이라는 직책만 쓰라고 했다. 옥과는 현재 전라남도 곡성이다.

김인후의 시대는 사화(士禍)가 점철된 어지러운 세상이었다. 절개 있는 선비들이 이유 없이 화를 입고 귀양을 가거나 사약을 마시고 죽었다. 김인후는 학문도 뜻도 높았으나 아무런 벌도 받지 않았다. 방향을 잃거나 휘둘리는 일도 없었다. 벼슬자리에 있을 때는 충심으로 나랏일을 돌보았고, 물러난 다음에는 자연을 벗 삼아 내면의 여유를 잃지 않았다. 학문에 종사하여 큰 성과를 거두었고, 후학을 길러 성리학의 이상을 고이 전했다.

후세는 김인후의 출처를 모든 선비의 으뜸으로 삼았다. 율곡 이이와 우암 송시열도 그를 부러워했다. 19세기 초 오희상(吳熙常)은 김인후의 출처에 관해 선비 사회에 널리 퍼져 있는 전설을 다음과 같이 기술했다. 이 글은 본래 농암(農巖) 김창협(金昌協, 1651~1708)을 문묘(文廟)에 종사(從祀)하기를 청하는 상소문의 일절이었다(『농암집』, 별집 제4권).

"김인후는 군신의 의리를 다하였고, 김창협은 부자의 인(仁)을 다하였습니다. 일은 서로 다르지만 자취는 같아, 두 분 모두 인륜을 한결 중하게 만들었습니다. 그들의 이름은 영원히 빛날 것입니다.

지난날 선정신(先正臣) 이이는 매번 김후지(金厚之: 김인후)의 출처가 매우 고상하여 우리나라에 견줄 사람이 없다고 말하였습니다. 이 말은 하서의 문인 오희길이 윤근수로부터 들은 말이라고 합니다."

16세기 후반 이이는 김인후의 출처를 다른 선비들과는 비교할 수 없는 경지라고 극찬했다는 것이다. 이런 평가가 윤근수와 오희길 등을 거쳐 후세에 길이 전해졌다. 어지러운 세상에서 청고한 뜻을 세우기도 어렵지만, 그러면서도 심신을 온전히 지키기란 더욱 곤란한 일일 것이다.

우계 성혼, 출처의 어려움을 겪다

1583년(선조 16) 이이가 반대파로부터 심한 공격을 받았다. 때마침 이이의 심우(心友)였던 성혼이 조정의 부름을 받고 서울로 올라왔다. 그는 상소를 올려 이이의 처지를 변명하고자 했다. 그러나 그것이 도리어 반대파의 분노를 돋우는 결과가 될지도 몰라 깊이 염려했다. 또 그동안 산림에 묻혀 사는 처사로 지냈는데, 이제 와서 갑자기 시사(時事)에 적극 개입한다면 도리에 어긋나는 일이 되지 않을까 깊이 생각했다. 거취를 정하기가 어려웠다. 성혼은 친구 구봉(龜峯) 송익필(宋翼弼)에게 편지를 보내 조언을 구했다.

그때 송익필의 답장은 이러했다. "존형(尊兄)이 주상(즉 선조)의 인정과 대우를 받아 이미 조정에 나갔으니, 벼슬길에 나아가지 않았다고 자처할 수 없습니다. 어찌 가슴에 쌓인 바를 다 아뢰어 성상의 마음을 돌리지 않으십니까. 존형을 조정에 나오게 한 특별한 명을 그저 형식적인 일이 되게 해서는 아니 될 것입니다."

성혼은 송익필의 조언에 따라 상소를 올렸다. 그러자 반대 여론이 벌떼처럼 일어났다. 그는 큰 낭패를 보았다. 이 일로 인해 송익필은 더욱 심한 곤경에 처했다. 사방에서 비방이 쏟아졌고, 그의 신변이 위태롭게 되었다.

이 일이 일어나기 10여 년 전 성혼은 자신의 출처(出處)에 관해 퇴계 이황에게 조언을 요청한 적도 있었다. 이황은 매사에 신중한 시대의 큰 스승이라서, 정확한 판단을 기대할 수 있다고 믿었던 것이다. 그때 성혼이 받은 답변은 이러했다.

출처(出處)의 달인 하서 김인후(왼쪽)와 퇴계 이황(오른쪽).

"작은 벼슬은 사양하고 큰 벼슬은 받으며, 물러가는 것을 이유로 삼아 나아간 것. 이 점은 바로 내가 청의(淸議)에 죄를 얻어 훌륭한 사필(史筆)의 비판을 피하기 어려운 부분이었습니다. 그런데 이제 이 문제를 가지고 나에게 물으니, 부끄러워 진땀이 납니다. 무어라고 대답할 수가 없습니다. 그대에게 나아가라고 권한다면, 그대로 하여금 나의 잘못을 본받게 하는 것이 됩니다. 만약 나아가지 말라고 권한다면, 이것은 또 나 자신을 꾸짖은 뒤에 남을 꾸짖으라는 도리에 어긋나기 때문입니다."

이황은 그 자신도 출처를 완벽하게 정하지 못해, 비판 여론이 일었던 일을 회상했다. 그랬던 만큼 성혼에게 왈가왈부할 입장이 못 된다며, 충고를 회피했던 것이다. 모든 선비들이 존경하는 이황다운 모습이었다.

앞에서 나는 성혼이 당면한 출처의 어려움을 기술했다. 그러나 그때 일도 지나치게 확대 해석할 필요는 없다. 성혼이 평생 조정에서 벼슬한 날짜를 헤아려보면 1년도 채 되지 않았다. 이이를 변호하다가 반대파의 시기와 미움을 받고 관직을 사퇴한 뒤로, 그는 늘 벼슬을 멀리했다.

성혼이 세상을 떠난 뒤, 포저(浦渚) 조익(趙翼)은 성혼에 관한 세간의 오해를 해명하고자 다음과 같은 상소를 올렸다.

"성혼은 본래 산중에 은거해 있던 선비였습니다. 평생 조심한 것이 일신의 진퇴(進退)에 있었습니다. 그런데도 조정에서 용납되지 못하여 자취를 감추고 죄를 기다렸습니다. (……) 대가(大駕: 선조)가 피란하던 날 길가에서 통곡하며 맞이하려고 미리 계획을 세웠으나, (임금께서) 서쪽으로 떠나가시던 날 모든 일이 급하게 벌어졌습니다. 미처 알지 못했으니, 사세가 미치지 못했던 것입니다. 성혼은 평생 동안 옛 도를 배워 평상시 일을 처리할 때에도 모두 의리에 맞게 하였습니다. 하물며 국가의 큰 변고와 군신의 큰 의리에 관계되는 문제를, 어찌 정해진 소견이 없어서 달려가지 않았다고 하겠습니까."

성혼의 반대파인 동인들은 왜란 중에 성혼이 했던 행동을 문제 삼았다. 그들은 선조가 평양으로 피난할 때, 성혼이 찾아와서 문안을 여쭙지 않은 사실을 줄곧 비판했다. 조익은 그 점을 일일이 해명하며 성혼의 언행을 변호했다.

조익보다 한 세대 뒤에 활동한 박세채는 성혼의 출처를 긍정적으로 평가했다. 이황과 성혼의 출처관은 별로 다르지 않았다고 논증했던 것이다. 박세채는 『남계집(南溪集)』에서 이렇게 말했다.

정자와 주자 같은 유현(儒賢)들도 일찍이 여러 번 조정의 부름을 받자, 사양만 하고 나오지 않은 경우가 없었다. 이것이 출처(出處)의 정도(正道)였다. 우리나라에서는 퇴계와 우계 두 선생이 처신한 바는 달랐다. 하지만 그 본뜻을 깊이 헤아려보면, 학문이 아직 이루어지지 못하고 재능이 미치지 못한다고 생각하여 경솔하게 세상에 나오려 하지 않았다는 점에서 일치했다. 그러다가 끝내 분수와 의리에 얽매이고 은혜와 예에 구애되어, 부름에 응하여 벼슬을 맡으신 것이었다. 이분들의 행동이 과연 옛사람들과 비교하여 어떻게 다른지 나는 잘 모르겠다.

이황은 조정에 나왔을 때 자신의 주장을 내세우지 않았다. 성혼이 적극적으로 이이를 변호한 것과는 달랐다. 그러나 그 두 사람은 본래 벼슬에 뜻이 없는 선비들이었다. 여러 가지 사정 때문에 잠시 조정에 섰던 것이다. 주자나 정자 등 송나라의 큰선비들도 조정의 거듭된 요구를 받아들여 결국 벼슬길에 잠시 나갔다고 볼 수 있다. 피차간의 사정은 매우 비슷했다. 이것이 박세채의 판단이었다.

당당한 출처는 선비라면 누구나 다 원하는 일이었다. 그러나 여간해서는 세상의 비판을 피하기 어려웠다. 평생 벼슬할 기회가 한 번도 없었던 실학자 이익도 출처의 문제를 심각하게 검토했다. 그는 「백옥출처(伯玉出處)」라는 글을 쓰기도 했다. 춘추시대의 명재상 거백옥(蘧伯玉)을 예로 들어, 출처의 원리를 탐구했던 것이다. 이익의 말을 직접 들어보자.

거백옥은 (……) 위(衛)나라에서 벼슬했다. 조정에 나아가서도 일에 아무 잘못이 없었고, 물러나서도 몸을 잘 보전하였다. 이것은 어려운 일이었다.

공자가 말하였다. "태도는 너그럽고 마음은 정직했다. 대개 남이 굽은 것을 보면 바로잡기를 좋아했다. 그러나 자기 몸은 바르게 했으나, 남을 바로잡는 데 미치지는 못했다. 평생 인(仁)과 선(善)을 앞세우고 노력하였으니 일생을 잘 마친 셈이었다."

평생 인과 선을 실천에 옮기며, 도리에 어긋나지 않게 애쓰는 것. 이것이 출처의 근본이었다. 이익은 「출처지의(出處之義)」라는 글에서 여헌(旅軒) 장현광(張顯光)의 예를 들었다. 조선에도 거백옥에 비길 만한 선비가 있었음을 증명한 것이다. 이야기를 간추리면 다음과 같다.

장현광이 충청도 보은현감으로 부임하게 되었다. 제자 한 사람이 출처의 도리를 물었다. 장현광의 대답은 이러했다.

"배워서 학식이 넉넉해지면 나아가 벼슬을 한다. (임금이) 예우하는 뜻이 있으면 나아가 벼슬한다. 집이 가난하고 부모가 늙었으면 나아가 벼슬하는 것이다. 끝내 벼슬하지 않았더라도 두 가지 부끄러움이 생길 수 있다. 자기 몸을 깨끗이 하려고 대륜(大倫)을 어지럽히는 것이 하나요, 은둔의 이름을 빌려 그 대가를 얻으려는 것이 또 하나이다."

출처의 옳고 그름을 논한 사람은 많았으나, 장현광이 한 말보다 정곡을 찌른 경우는 없었다. 이익은 그렇게 보았다. 그런데 이덕무의 글 「장여헌이 말한 출처의 의(義)」에도 같은 내용이 있다. 장현광의 출처론이 선비 사회에 널리 알려져 있었다는 증거일 것이다.

선비의 일생이 출처의 도리에 합당했다고 후세가 평가하는 경우는 드물었다. 선비들의 평가는 까다로웠다. 『당의통략(黨議通略)』(당쟁의 역사)에서 이건창이 주장했듯, 조선의 선비 사회는 지나치게 명절(名節)을 숭상했다. 그 시대에는 선비라면 누구나 자신의 삶이 출처의 도리에 부합되게 하려고 노심초사했다. 선비답게 산다는 것은, 허다한 난관을 뚫고 마지막 순간까지 내면의 높은 지향을 견지하며 살아가는 것이 요체였다.

이제 논의를 마칠 때가 되었다. 16세기부터 조선 사회는 '윤리적 인간'의 시대를 맞이했다. 나는 그렇게 생각한다. 모든 선비들이 윤리적으로 완벽했다는 주장을 하려는 것이 아니다. 누구라도 윤리적 하자가 발견되면, 세인의 호된 비판을 피하기 어려웠다는 사실을 말하려는 것이다. 조선 사회처럼 윤리적 기준이 높은 사회에서는 자칫하면 위선으로 흐르기 쉬운 법이다. 실제로 선비들의 언행을 살펴보면 위선이 의심되는 경우가 비일비재하다. 물론 위선은 금물이다. 그러나 그 역시 쉬운 일은 아닐 것이다.

오늘날 우리는 아예 도덕적 기준을 포기해버린 듯한 세상에서 살고 있다. 이따금 국회에서는 고위공직자 후보에 관한 청문회가 개최되는데, 차마 눈 뜨고 볼 수 없을 지경이다. 청렴은 고사하고 웬 불법과 비리를 그렇게들 많이 저질렀는가. 도덕이 자취도 없이 사라진 사회가 아닌가 싶다. 이런 몰염치의 세상을 선비들의 기준에 비추어본다면 과연 어떠할지 조마조마한 심정이다.

7장

성리학의 나라
조선의 폐단

1910년 8월 29일 조선왕조는 망했다. 일제의 식민지로 전락하고 만 것이다. 망국의 원인은 무엇일까. 간단한 문제가 아니다. 여러 가지 원인이 복합적으로 작용한 결과로 보아야 마땅하다. 이성적으로 보면 그렇게 보아야 온당할 것이다. 하지만 많은 사람들은 조선의 지배이념인 성리학의 탓으로 돌렸다. 또는 성리학에 매몰되었던 지배층의 무능 때문이라고도 했다. 일리가 있는 주장이었다.

조선 사회는 건국 이후 500년 동안 이를테면 성리학 근본주의에 빠져 있었다. 나는 지금 근본주의라고 했다. 주희의 학설을 신성시했고, 조금이라도 거기에서 어긋한 것은 처벌의 대상으로 삼았기 때문이다. 조선의 성리학은 마치 신학(Theology)과도 같았다. 교조주의가 심해도 너무 심했다. 그래서 성리학 근본주의라는 다소 극단적인 표현을 쓰게 되었다.

이러한 풍조가 초래한 사회적 폐단은 한둘이 아니었다. 이 문제를 가장 날카롭게 지적한 이가 누구였을까. 창강(滄江) 김택영(金澤榮, 1850~1927)이다. 그는 구한말의 대표적인 학자요, 문인이었다. 그는 이건창, 황현과 더불어 문명을 떨쳤다. 1905년 을사늑약이 체결되어 국가의 운명이 초읽기에 들어갔다. 그러자 김택영은 중국으로 망명했다. 자나 깨나 국권회복을 소망하던 그는, 1918년 중국 통저우(通州)에서 『한사경(韓史綮)』이라는 조선 역사책을 간행했다. 총 여섯 권이나 되는 방대한 조선통사였다. 이 책에서 저자는 지난 500년 동안 조선왕조가 저지른 실수와 잘못을 통렬히 비판했다.

시대 순으로 정리해보면, 다음의 여섯 가지 폐단이 가장 비중 있게 다뤄졌다. 첫째, 태종이 도입했다는 서얼차대법. 둘째, 성종의 개가금지법. 셋째, 세조의 단종 폐출. 넷째, 영조의 사도세자 살해. 다섯째, 순조 때부터 극성을 부린 세도정치. 끝으로 당쟁의 폐단이었다.

김택영은 유학의 전통인 사론(史論)의 형식을 빌려, 조선 역사의 잘못을 가차 없이 파헤쳤다. 그러면서 그는 조선 태조 이성계가 고려를 배신하고 국왕까지 시해했다는 왕위 찬탈설을 본격적으로 제기했다.

이 책을 읽은 고국의 유림들은 크게 반발했다. 선비들은 그를 '사적(史賊)'이라며 격렬히 비난했다. 김택영의 사관을 비판하는 책도 나왔다. 『한사경변(韓史綮辨)』이 두 종씩이나 출간되었던 것이다. 두 책 모두 1924년에 간행되었다. 그중 하나는 맹보순(孟輔淳)이 편찬한 것이다. 한흥교(韓興敎) 외 101명이 총 162조에 걸쳐 『한사경』의 주요 내용을 조목조목 반박했다. 그들의 글은 1923년 9월에 『조선일보』를 통해 일반에 이미 공개된 것이었다.

또 한 권의 책은 이병선(李炳善)이 편찬을 주도했다. 정확히 말해, 1907년 송병화(宋炳華)가 창설한 유교 계열의 신종교 단체인 태극교본부에서 만든 책이었다. 거기에는 총 213조의 반박문이 실렸다. 뿐만 아니라 김택영을 향한 통고문(通告文), 성토문(聲討文), 경성신사찬동자개략(京城紳士贊同者槪略), 지방신사찬동자개략(地方紳士贊同者槪略)도 첨부되었다. 이것은 물론 구한말 유림의 총의를 모은 집단창작이었다.

유림의 집단적·조직적 반발이 실로 대단했다. 그럼에도 나는 김택영의 주장이 틀렸다고 단언하기 어렵다고 생각한다. 성리학 중심의 조선 사회에는 아닌 게 아니라 심각한 문제들이 있었다. 일제강점기 춘원 이광수를 비롯한 신지식인들도 성리학 망국론을 제기했다. 심지어 약 20년 전에도 『공자가 죽어야 나라가 산다』라는 책이 나와서, 독자들의 큰 호응을 얻었다. 성리학이 가부장적이고 여성 차별적인 사상이라는 비판은 오늘날 상식으로 통할 정도다. 성리학의 폐단에 대한 일반 시민들과 지식층의 비판이 꼭 합당하다고 보기는 어렵다. 설사 그렇다 해도 비판의 목소리에 상당 부분 설득력이 있는 것이 사실이다.

이제 성리학을 근간으로 운영되었던 조선 사회의 굵직한 폐단을 몇 가지만 예시해보자. 첫째가 서얼차대(庶孼差待: 서자에 대한 차별), 둘째가 당쟁의 폐단, 셋째가 문체반정(文體反正: 고문으로 돌아가자는 운동), 넷째가 금서(禁書)를 통한 사상의 탄압, 다섯째가 위정척사(衛正斥邪)를 내세운 쇄국정책이었다. 관점에 따라서 생각은 얼마든지 다를 수 있겠으나, 나는 그렇게 본다.

방금 예시한 5개 항은 어느 것이든지 성리학과 밀접하게 연결되어 있다. 그중에는 성리학의 미덕으로 간주될 수 있는 사항도 있다. 알다시피 위정척사 운동은 다분히 양면적이다. 일본의 침략에 맞서 국권을 수호하고자 한 점에서, 높이 평가받아 마땅하다. 그러나 근대화를 지연시키고 외래 종교 및 사상의 금지와 탄압을 당연시했다는 점은 부정적인 면이다. 나머지 4개 항은 변명의 여지없이 '성리학 근본주의'가 낳은 폐단이라고 보아야 할 것이다. 이 장에서는 그렇게 보는 이유를 차례로 하나씩 살펴볼 것이다.

01

서자 차별이라는
고질병

———

서얼 차별은 조선시대에 들어와서 본격화되었다. 율곡 이이와 중봉 조헌 등의 선각자들은 이 문제를 반드시 해결하고자 했다. 그러나 대다수 선비들은 서자 차별을 당연시했다. 그들은 적서(嫡庶)를 엄격히 구별하는 것이야말로 사회기강을 유지하는 옳은 방법이라고 굳게 믿었다. 신분질서와 사회기강이 무너지면 도덕과 윤리의 실천은 불가능한 일이라고 생각했기 때문이다. 선비들은 자신의 신념이 공자, 맹자 및 주자의 가르침에서 유래한다고 주장하며, 차별적인 폐습을 제도화했다. 실로 안타까운 일이었다.

18세기 후반 성대중(成大中)이란 문인이 있었다. 그는 서자 출신이었으나 학식이 탁월하여 정조의 아낌을 받았다. 그가 쓴 한 편의 글, 「성언(醒言)」에는 서얼 차별의 쓰라린 역사가 기록되어 있다(성대중, 『청성잡기』 제4권). 그 주요 내용을 간추려보면 다음과 같다.

서얼의 벼슬길이 막힌 것은 1415년(태종 15)부터였다. 서얼인 정도전에 대한 태종의 혐오가 이런 조치를 낳았다. 그렇지만 그때는 서자에 대한 차별이 그렇게 심하지 않았다. 정도전의 손자 정문형(鄭文炯)만 해도 문과에 급제한 후 승승장구하여 판중추부사(종1품)라는 높은 벼슬을 지냈다.

차별의 관습이 고질이 되고 만 것은 한참 뒤의 일이다. 사정이 심각해진 것은 17세기의 일이었다. 인조 즉위 초에는 이미 악습으로 굳어져 있었다. 그리하여 인조가 병조, 형조, 공조에 한해서는 서얼 출신도 벼슬을 할 수 있도록 조치했으나, 막상 그 혜택을 입은 서얼은 거의 없었다.

차별의 폐습은 점점 일상화되었다. 이를 문제 삼는 선비들의 목소리도 커졌다. 18세기 후반, 정확히 말해 1772년(영조 48) 영조는 서얼에게도 청직(淸職)에 진출할 수 있도록 조치했다. 그러나 신하들의 반대가 심했다. 왕명은 불과 5년 만에 무효화되었다. 전국의 서얼들이 원통함을 호소했으나 사태는 전환점을 얻지 못했다.

1777년(정조 1) 3월, 정조는 서얼의 등용을 위해 따로 시행규칙(허통절목)을 마련했다. 왕은 서얼에게도 관직 진출의 기회를 주고자 했다. 그러나 인사를 담당하는 관리들이 왕명을 어겼다. 그들은 단 한 명의 서얼도 청요직에 발탁하지 않았다. 정조는 조정의 이런 폐습을 잘 알고 있었으나, 적극적으로 대응하지 않고 침묵했다.

성대중은 이런 사태를 비판했다. "장자가 말한 대로, '풍속이 임금보다 무섭다'는 말이 맞는 것 같다." 서자로서의 절망감을 그는 이렇게 표현했다.

사실 정조는 서얼의 사회적 불만을 무마하기 위해 '서얼허통절목(庶孽許通節目)'을 정했던 것이다. 그 나름의 실천 방안도 마련했다. 규장각에 검서관 자리를 두어 박제가, 이덕무, 유득공, 서이수 등 서얼 출신 학자들을 발탁했던 것이다. 박제가는 승지를 지낸 박평(朴坪)의 서자요, 이덕무는 통덕랑 이성호(李聖浩)의 서자였다. 다들 처지가 이와 비슷했다. 그러나 그들 가운데 누구도 중용되지는 못했다. 규장각 검서관은 일종의 임시직이었다. 게다가 품계도 낮아 잡직 9품부터 6품에 그쳤다.

이웃나라인 중국에는 서얼 차별이라는 악습이 존재하지 않았다. 조선의 선비들도 그런 사실쯤은 환히 알고 있었다. 그러면서도 양반인 자신들의 정치적·사회적 특권을 유지하기 위해 서얼에 대한 차별을 제도화했다. 말끝마다 그들은 공자와 맹자의 윤리와 도덕을 내세웠지만, 서자 차별을 정당화할 수 있는 논리는 어디에서도 찾아볼 수 없었다. 정확히 말하면, 선비들이 추앙하는 공자는 서얼이었다. 그러하건마는 조선 선비들은 무턱대고 서얼을 차별했으니, 안타까운 일이었다.

02

수백 년 이어진
당쟁의 굴레

———

당쟁은 성리학 국가 조선의 고질적 폐습이었다. 각 당파는 스스로를 군자(君子)로 여겼다. 반면에 반대파를 소인(小人)으로 몰아붙였다. 심지어 반대당파의 지도자들을 사문난적(斯文亂賊), 곧 공자와 맹자의 적으로 규정하기도 했다. 그리하여 그들의 벼슬을 모두 빼앗고, 사당을 헐어버리고, 문집을 불태우는 등의 극단적인 탄압과 보복을 자행했다. 그러고도 전혀 부끄러워하지 않았다.

16세기에 시작된 당파 간의 정쟁은 시간이 아무리 흘러도 가실 줄 몰랐다. 그 싸움이 격화될수록 희생자가 많이 나왔다. 정국은 더욱 경색되었고 민생은 더더욱 도탄에 빠졌다. 각 당파는 자신들이 저지른 많은 실수와 잘못을 하나도 인정하지 않았다. 그들은 모든 정치적·사회적 문제의 뿌리를 반대 당파의 언행에서 찾았다. 성리학의 경전을 두루 인용해가며 자파를 끝까지 변호하고, 반대 당파를 모조리 깎아내렸다.

당파는 학맥과 연혼(連婚: 결혼으로 형성된 인척관계)을 통해 대대로 이어졌다. 선비들은 당파가 다르면 마음 놓고 사귀지도, 왕래하지도 못했다. 선비들의 나라는 사분오열되었다.

당쟁이 일어난 원인은 무엇이었을까. 이중환(李重煥)은 『택리지(擇里志)』에서 삼사(三司: 사간원, 사헌부, 홍문관)와 이조 정랑 및 좌랑의 권한이 지나치게 강하다는 점을 문제 삼았다. 이건창도 당쟁의 역사를 정리한 『당의통략』에서 비슷한 주장을 폈다. 사림(士林)의 공론을 지나치게 중시한 결과, 도리어 고질적인 문제가 일어났다는 것이다. 과연 일리가 있는 견해였다.

그런데 다른 주장도 있었다. 18세기의 실학자 이익은 색다른 견해를 가졌다. 관직의 수는 제한되어 있는데, 벼슬을 원하는 선비는 너무 많아서 문제라고 했다. 이 문제를 더욱 악화시킨 것은 다름 아닌 과거제도였다. 이익은 그렇게 보았다.

당나라와 송나라도 조선과 비슷한 애로를 겪었다. 그러나 중국에서는 한번 시작된 당쟁이 조선에서처럼 수백 년씩이나 계속된 적이 없었다. 수십 년이 지나면 당파 자체가 소멸해버렸다. 한 집안이 대대로 특정한 당파의 주역으로서 피의 당쟁을 주도하는 경우는 없었다.

그러나 조선에서는 한 번 생긴 당파가 여간해서는 사라지지 않았다. 당파에 대한 소속감은 대대로 유지, 강화되었다. 당파 내부의 분파(分派) 작용도 활발했다. 따라서 시대가 흘러갈수록 당쟁은 더욱 복잡한 양상을 띠었다. 또 각 당파는 자신들의 이익을 지키기 위해 극단적인 희생과 충성을 바친 몇몇 인사들의 명절(名節: 명분과 절의)을 기렸다. 서원과 사당을 통해 오래도록 그들을 기념했다. 이로써 당쟁의 열기는 세대가 지날수록 가열되었다.

『성호전집』「붕당을 논함(論朋黨)」이라는 글에서 이익은 당쟁의 폐단을 깊이 있게 분석했다. 그 일절을 소개하면 다음과 같다.

선조(宣祖) 때부터 하나가 나뉘어 둘이 되고, 둘이 갈라져서 넷이 되었다. 넷은 또 갈라져서 여덟이 되었다. 당파를 대대로 자손들에게 세습시켜, 당파가 다르면 서로 원수처럼 여기며 죽였다. 그러나 당파가 같으면 함께 조정에 나아가 벼슬하고, 한 마을에 모여 같이 살았다. 다른 당파와는 늙어 죽을 때까지 서로 왕래하지 않았다. 따라서 다른 당파의 길흉사에 참여하면 수군거리며 떠들었다. 다른 당파와 통혼(通婚)하면 무리를 지어 배척하고 공격하였다. 심지어 말씨와 복장까지도 서로 다르게 하였다. 길가에서 만나더라도 어느 당파라는 것을 알 수 있을 정도였다.

당파가 다르면 말씨와 복장까지 달랐다. 이것이 18세기 후반 조선의 현실이었다. 영조와 정조가 탕평책을 썼다고 하지만, 그 효과는 미미했다. '탕평(蕩平)'이란 미명 아래 외려 노론이 집권했다. 순조 때부터는 노론의 한두 가문이 권력을 오로지하는 세도정치까지 나타났다.

실학자 이익은 당쟁을 완전히 없앨 방법을 궁구했다. 그가 찾아낸 해결책은 무엇이었을까. 그의 말을 직접 들어보자.

"그렇다면 이제 어떻게 할까? 선비들의 과거를 줄여서 그들이 난잡하게 나오는 것을 막아야 한다. 또 관리들의 고과(考課)를 엄격히 하여 무능한 자를 도태시킨다. 그에 더해, 관직을 아껴 함부로 주지 말고, 승진을 신중히 하여 가볍게 올리지 않는다. 자리와 인재가 알맞게 되도록 힘써 벼슬자리를 자주 이동하지 않게 한다. 또 이권이 발생하는 구멍을 막아, 백성들이 (헛된 꿈을 꾸지 않게 하여) 심지(心志)를 안정시킨다. 대책은 이와 같다. 이렇게 하지 않으면 비록 (당쟁하는 사람을 다) 죽인다고 하더라도 막지 못할 것이다."

애석하게도 조선의 왕들은 이익의 충고를 따르지 않았다. 오히려 정반대로 나갔다. 과거급제자는 갈수록 넘쳐났다. 관리의 승진은 갈수록 쉬웠고, 한 벼슬자리에 근무하는 기간은 짧아졌다. 엄격한 근무 평가는 사실상 소멸되었다. 이러고도 나라가 잘되기를 바랐다면, 이상하지 않은가.

조선 사회에는 시간이 갈수록 성리학을 숭상하는 선비가 늘어났다. 그것은 물론 좋은 일이었다. 그러나 그러한 변화가 민생을 살리는 데 어떤 기여

를 했을까. 유감스럽게도 백성의 삶에 대한 그들의 기여도는 무시해도 좋을
정도였다. 안타까운 일이 아닌가.

03

문체반정의
한계

수백 년 동안 오직 성리학만을 숭상한 결과, 전혀 뜻밖의 사태가 초래되기도 했다. 스스로 군사(君師)를 자처했던 정조는 누구나 인정하는 명군이었다. 하지만 그에게는 일반이 모르는 의외의 일면이 있었다. 왕은 신하들의 문체(文體)까지 통제했다. 왕은 당송(唐宋)의 고전적인 문체로만 모든 문서를 작성하게 했다. 좋게 말하면 특이한 일이었다. 그러나 적나라하게 표현하면, 시대착오적인 조치였다. 세월은 흘러 이미 18세기 후반이 되었는데도, 정조는 신하들이 1000년 전 또는 600~700년 전의 문투로 글을 지어야 한다며 고집을 부린 셈이었다.

조선에는 모두 27명의 왕이 있었다. 그 가운데 정조는 특출한 왕이었다. 총 184권의 『홍재전서(弘齋全書)』라는 거질의 문집을 저술했을 정도였다. 이만큼 학식이 풍부한 임금은 거의 없었다. 정조는 백성도 끔찍이 사랑했다. 재위 기간에 남긴 업적도 적지 않았다.

그러나 정조는 너무나도 보수적인 군주였다. 그는 오직 성리학만을 '정학(正學)'으로 간주했다. 왕은 명청시대 중국에서 유행한 여러 가지 문학작품이나 역사책까지도 혐오했다. 그는 이른바 소품(小品)이라는 신문예 사조를 반대했다. 정조는 주관적이고 경험 중심적인 사고를 위험시했다. 또한 패관잡기(稗官雜記)가 조선 땅에 유행하는 현상도 용납하지 못했다. 게다가 서양의 학예와 종교, 지리를 설명한 서적들에 대해서는 극도의 두려움마저 느끼고 있었다. 이른바 '사학(邪學)'에 대한 정조의 반감은 시간이 갈수록 커졌다.

정조는 순정고문(醇正古文), 곧 순수하고 바른 옛 문체를 회복하고자 무진 애를 썼다. 말년의 그는 중국으로부터 일체의 서적을 수입하지 못하게 막았다. 과거시험에서는 중국의 소설 문체를 일체 쓰지 못하게 했다. 대책(對策: 과거시험)을 작성할 때 소품의 문투를 사용했다는 이유만으로, 남공철은 공초(供招: 죄인의 진술서)를 제출해야 했다. 정조는 사상 초유의 문체반정(文體反正)을 일으킬 정도였다. 1792년(정조 16) 10월의 일이었다. 똑똑한 왕의 지나친 편집증이었다.

이보다 한 해 앞서, 정조는 채제공(蔡濟恭)의 시를 읽고 이례적인 호평을 아끼지 않았다. 문체반정을 위한 그 나름의 사전 정비작업이었다. 윤기(尹愭)의 『무명자집(無名子集)』에는 그때 정조가 채제공을 칭찬한 시가 실려 있다. 채제공이 임금에게 바친 시도 나와 있다. 윤기는 "당대의 벼슬아치들이 모두 임금님의 시에 차운하였다. 또 유생들 중에도 차운한 이가 있었다"라고 전했다. 윤기 자신도 왕의 시를 차운해 한 편의 시를 지었다. 정조가 문체반정을 일으키자, 권력에 한 걸음 다가가기 위해 조야의 선비들이 떠들썩하게 호응했던 것이다.

1795년(정조 19) 2월 1일, 정조는 문신들을 대상으로 하여 문체를 직접 점검했다. 왕은 『팔자백선(八子百選)』을 책제(策題)로 내걸었다. 이 책은 정조가 문체반정을 위해 손수 당송팔대가의 문장 가운데서 고른 100편을 싣고 있었다. 모든 신하들은 그 책에 실린 문장을 모범으로 삼아야 했다. 사실상 명백한 강요였다.

정조는 신하들의 답안지를 채점했다. 부사 윤행임(尹行恁)을 1등으로 뽑았다. "(윤행임은) 문체가 단아하고 간결하여, 나의 기대를 저버리지 않았으니 매우 칭찬할 만하다." 이러한 칭찬의 말과 함께 표범가죽 일곱 장을 상품으로 주었다. 2등으로 뽑힌 이시원(李始源)에게는 사슴가죽 일곱 장을 주었다. 그에게는 바로 전시(殿試: 문과의 최종 시험)를 볼 수 있는 특전까지 베풀었다. 이밖에도 여러 신하들에게 상을 주며, 문체반정의 기운을 널리 확산시켰다.

정조의 문체반정은 사상 통제를 목적으로 했다. 성리학 외에는 다른 사상에 조금도 관심을 갖지 못하게 막으려는 것이었다. 명청대에 등장한 양명학, 고증학 등을 배척하는 것은 물론이었다. 뿐만 아니라 중국에서 유입된 서학(西學)을 발본색원하는 데 문체반정의 진의가 있었다.

혹자는 문체반정을 통해 정조가 노론의 일부 신진세력에게 압박을 가하려 했다고 주장한다. 남인의 상당수가 서학에 관련되어 탄압을 받았기 때문에, 노론에게도 그에 상응하는 징벌을 부여함으로써 당파 간 균형을 잡으려 했다는 분석이다. 일리가 있어 보이지만, 단견임에 틀림없다. 정조는 불순한 문체가 곧 사학(邪學)으로 흘러가기 마련이라고 확신했다. 나는 그 점을 전작 『정조와 불량선비 강이천』에서 충분히 논증했다고 생각한다.

다시 정조의 입을 통해, 문체반정에 관한 그의 속마음을 알아보자. 1798년 (정조 22) 8월 8일의 차대(次對), 곧 당상, 대간, 옥당들과의 정례모임에서 정조는 이렇게 말했다.

"청명한 조정의 사대부 반열에 있는 신하들 중에 경학(經學)으로 등용된 자가 몇 사람인지 모르겠구나. 과거에 급제한 뒤로 재상의 지위에 오른 이들조차 소품 중에 소품으로 점점 빠져들지 않은 자가 없었다. 거기서 더 나아가면 그것이 사학(邪學)인 것이다.

이것은 또 운기(運氣)와도 관련된 것이라. 세도(世道)에 대한 나의 걱정에 어찌 끝이 있겠는가. 이런 지경이라. 어찌 양(陽)의 기운이 회복될 가망이 있겠는가. 지금 조야의 어른들 가운데 본보기로 삼을 자가 있어서, 각자의 집안일을 하듯이 발본색원하여야 한다. 미연에 (사학을) 제재하고 집집마다 일깨워 (위반자가) 드러나는 대로 엄하게 물리쳐야 한다. 이것이 (사학을) 금지하는 방도이다. 어찌 다른 금령을 별도로 낼 필요가 있겠는가."

이렇듯 사학, 곧 서학(천주교 및 서양에 관한 지식)에 대한 정조의 의구심은 컸다. 그는 외래문명이 조선에 발도 못 붙이게 할 생각이었다. 왕은 사학에 직접 관계되는 서적의 유통을 금지하는 것만으로는 부족하다고 여겼다. 그리하여 조선의 선비들에게 특별한 주문을 했다. 즉 서학이 아직 중국에 본격적으로 들어오기 전 단계인 당나라와 송나라 때의 책만을 읽으라는 것이었다.

당시는 서세동점(西勢東漸)의 기운이 높아지고 있었다. 서양세력이 동쪽으로 뻗어오고 있던 일대전환기였다. 정조는 그 시점에서 외래문명과의 접촉을 근원적으로 차단하려 애썼다. 이러한 목적을 순조롭게 달성하기 위해, 그는 성리학 근본주의를 더욱 강화했다. 정조에게 성리학은 다름 아닌 쇄국의 이념적 보루였다.

04

금서의
덫

조선 후기의 사상계는 크게 경색되었다. 선비의 독서와 학습은 성리학에 국한되었다. 간혹 불교와 도교에 호기심을 느낀 선비들도 있었다. 교산 허균처럼 사상적으로 자유분방한 선비도 있기는 했다. 그러나 대체로 성리학 이외의 학문과 종교를 이단으로 취급하는 사회적·문화적 분위기에 압도되었다.

조선왕조의 기성질서를 조금이라도 위협하는 서적은 금서로 정해졌다. 선비는 금서를 읽어서도 안 되었고, 유통하거나 몰래 소장해서도 안 되었다.

1411년(태종 11)에는 참위서(讖緯書), 곧 정치적 예언서를 몽땅 금지했다. 그때 금지된 책의 제목을 일일이 소개할 필요는 없을 것이다. 한 마디로 국가의 흥망을 예언한 책자를 모두 압수하여 불태워버렸다. 1457년(세조 3)과 1470년(성종 1)에도 비슷한 조치가 되풀이되었다.

1504년(연산군 10) 연산군은 반역자들이 백성을 선동하지 못하게 한다는 구실 아래 한글로 된 책을 모조리 없애라는 명령을 내렸다. 그 이듬해에는 관청문서와 『여지승람(輿地勝覽)』을 개인적으로 소장하는 것까지도 금지했다. 나라의 비밀이 외국으로 새어나갈까 봐서 그랬다고 한다.

조선왕조는 이단사상의 전파를 막기 위해 금서의 범위를 더욱 확대했다. 양명학, 노장사상 및 불교에 관한 책자들도 금지 대상에 포함되었다. 중국에

사신으로 갔다가 양명학에 관한 책을 구입해 가지고 돌아오는 경우가 종종 있었다. 그런 책자를 반입한 사실이 발각되면 책을 빼앗고, 소지자를 엄벌했다. 또 과격한 일부 선비들은 절간을 뒤져서 불경과 경판(經版)을 모두 불태우기도 했다. 도교 서적도 금지해, 선비들이 비밀리에 읽는 정도에 그쳤다.

『천주실의』. e뮤지엄. 중국에 가톨릭을 전파하기 위해 저술된 책으로, 동북아시아에 널리 전파되었다.

당파싸움이 심해지자 당론에 따라 새로운 금서가 탄생했다. 동인들은 서인의 스승 율곡 이이의 저술을 비판했고, 서인들은 남인(동인에서 갈라짐) 이현일의 문집을 문제 삼았다. 그 결과 이현일의 저서는 오랫동안 간행되지 못했다. 역모죄에 걸린 중죄인의 저술도 몽땅 금서로 취급되었다. 일부 가문의 후손들은 말썽의 소지가 있어 보이는 조상의 글을 알아서 소각하거나 폐기하는 경우도 있었다.

조선 후기에는 예언서 『정감록(鄭鑑錄)』이 금서 중의 금서였다. 조선왕조의 멸망을 예언한 책이었기 때문이다. 『정감록』은 영조와 정조 때부터 많은 반역사건에 직접, 간접으로 영향을 미쳤다. 19세기 후반에 등장한 동학(東學)의 사상적 기반이 되기도 했다. 조정의 거듭된 금지와 탄압에도 불구하고, 끈질기게 생명을 유지했던 것이다(이에 관해서는 나의 책, 『한국의 예언문화』를 참조할 것).

16세기 이후 중국을 통해 서양문물에 관한 서적들이 조금씩이나마 계속 수입되었다. 그러다가 정조 때 이르러 사학(邪學)의 혐의가 씌워져, 그런 책자들은 무사하지 못했다. 서학 관련 서적들이 하루아침에 금서가 되고 말았다.

서학 관련 서적의 소각령이 처음 나온 것은 1788년(정조 12)이었다. 명나라 말부터 중국에서 인기를 끌었던 각종 소품과 패관잡기도 덩달아 금지되었다. 조선 후기에 금서로 지정된 대표적인 서학 책들은 아래와 같다.

『천주실의(天主實義)』와 『십이단(十二端)』, 『칠극(七克)』을 비롯한 가톨릭 교리서가 하나요. 『기하원본(幾何原本)』과 『수리정온(數理精蘊)』 등의 수학책도 금지되었다. 『서국기법(西國記法)』, 『해국도지(海國圖志)』, 『만국여도(萬國興圖)』 등의 인문서적도 금서로 지정되었다.

성리학적 우주관을 견지했던 선비들로서는 천주교의 천지창조설이라든가 지옥 천당설과 같은 내세관에 수긍할 수 없었다. 더욱이 조상에 대한 제사를 거부한다는 것은 있을 수 없는 일이었다. 천주교에 대한 조정과 선비들의 반발은 극심했다. 때문에 그들은 서양의 종교와 무관한 수리 관계 서적이나 서양의 인문지리 및 역사에 관한 지식마저도 거부했다.

19세기 후반 조정에서는 신종교의 경전들도 금지했다. 가령 동학의 경전인 『동경대전(東經大全)』과 『용담유사(龍潭遺詞)』도 금서로 묶였다.

개화기에는 많은 선비들이 조정의 개화정책을 극단적으로 반대했다. 그리하여 청나라 외교관 황준헌(黃遵憲)이 지은 『조선책략(朝鮮策略)』을 불태울 것을 주장했다. 척사파 선비들은 『중서문견(中西聞見)』을 비롯하여, 『만국공법(萬國公法)』, 『공사(公史)』 등 서양에 관한 모든 책들을 엄격히 금지할 것을 조정에 요구했다.

수백 년 동안 성리학만을 '정학(正學)'으로 믿고 살았기 때문에, 선비들의 시야는 협소해졌다. 조선 사회에서 사상의 자유와 관용은 찾아보기 어려웠다. 새로운 문명을 수용하고, 기술과 과학을 획기적으로 발전시키려는 의지도 빈약했다. 성리학 근본주의의 폐단이 근대의 길목에서 우리의 발목을 잡았던 것이다. 이 나라는 사실상 선비공화국이라서 자발적 근대화가 불가능했다.

05

위정척사,
역사의 딜레마

조선왕조는 끝까지 성리학 지상사회였다. 구한말 선비들이 너도나도 위정척사 운동의 대열에 나선 것은 당연한 일이었다. 위정척사 운동은 2단계를 거쳤다고 생각한다.

첫 단계는 앞에서 검토한 문체반정과 금서 조치에서 확연히 드러난 것과 같다. 그것은 성리학을 수호하고 천주교를 배척하는 운동이었다. 18세기 후반부터 19세기 중반까지 위정척사 운동은 주로 그런 방향으로 전개되었다.

두 번째 단계는 개방정책을 거부하고 조선의 주권을 지키는 데 주안점을 두었다. 19세기 후반부터 20세기 전반까지 유림의 대다수가 이 운동을 적극적으로 지지했다. 아래에서는 두 번째 단계의 위정척사 운동을 살펴보려고 한다.

1876년(고종 13) 강화도조약을 계기로 조선은 문호를 개방하게 되었다. 그때 조정에서는 선비들의 여론을 수렴하지 않았다. 개항에 반대할 것이 뻔했기 때문이다. 이에 조정의 몇몇 인사들이 서둘러 개화를 결정하고 말았다.

당시 동아시아의 사정은 급변을 계속했다. 1840년 이후 중국은 영국의 거센 개방압력에 힘없이 굴복했다. 1차 및 2차 중영전쟁을 거치면서 중국은 서구열강의 약탈 대상으로 전락했다. 중국의 비극은 나날이 도를 더했다. 1900

년에는 8개국이 파견한 연합군이 수도 베이징을 일시 점령하는 사태가 일어 났다. 수십 년째 중국은 나아갈 길을 잃고 좌충우돌했다. 근대화를 위한 청나 라 정부의 적극적인 조치는 거의 없었다고 볼 수 있다.

이웃나라 일본은 달랐다. 그들은 네덜란드의 충고를 받아들여, 1853년 미 국과의 수교를 단행했다. 일본도 개항 초기에는 서구와의 불평등조약을 묵 묵히 받아들일 수밖에 없었다. 그러나 1868년에 메이지 유신을 전환점으로 삼아 서구화에 박차를 가했다. 일본의 발전 속도는 놀라웠다. 1894년에는 청 일전쟁에서 중국을 꺾었고, 1900년에는 서구열강과 어깨를 나란히 하여 베 이징을 공동으로 점령했다. 1904년과 1905년에는 서구열강의 예상을 뒤엎 고 러시아와의 전쟁을 승리로 이끌었다.

19세기 말에 시작된 일본의 약진은 어떻게 가능했을까. 여러 가지 설명이 있다. 논자들의 설명을 들어보면 한 가지 공통점이 발견된다. 메이지 정권의 효율적인 투자와 일관된 근대화 정책이 주효했다는 것이다.

내가 보기에는 한 가지 중요한 역사적 배경도 사태의 진전에 크게 기여했

1853년 일본은 미국과 수교를 단행한다.

다. 17세기 이후 일본은 네덜란드와 교역을 했다. 경제적 교류가 계속되는 동안 일본은 네덜란드를 통해 서양 사정에 관한 정보를 지속적으로 수집했다. 겉으로 일본은 쇄국정책을 폈으나, 속으로는 남몰래 '난학(蘭學)'이라는 이름의 서양학을 발전시켰다. 일본에는 서양의 언어와 학문, 각종 기술과 생활상에 대한 정보가 계속 축적되었다. 때문에 서양의 충격이 가시화되자 근대화를 위한 정책적 전환을 쉽게 결심할 수 있었다.

중국 사회도 나름대로 서양의 실정에 관심을 가졌다. 그들도 적지 않은 정보를 축적했다. 명나라 말기 중국에 진출한 서양의 선교사들이 한역(漢譯) 사업을 활발히 전개했기 때문에 가능한 일이었다. 선교사들은 가톨릭 신앙을 효과적으로 전파하기 위해, 중국 조정과 지식인들의 호기심을 자극할 방법을 강구했다. 그리하여 서양의 종교뿐만 아니라 기술, 과학, 역사, 지리 등을 소개하는 책자를 최소 200종 이상 발간했다.

그러나 선교사들의 번역사업은 17세기 후반을 끝으로 종료되었다. 로마교황청은 선교사들이 선교 자체에 집중할 것을 주문했다. 19세기까지도 중국을 찾는 서양 선교사들의 발길은 끊이지 않았다. 그러나 서양의 학문과 기술에 관한 새로운 지식 정보는 더 이상 제공되지 않았다. 19세기 중국의 개방적인 지식층은 대체로 200년 전의 서양을 아는 데 만족했다. 신지식으로 무장한 일본의 선각자들과는 비교할 수 없었다.

조선의 사정은 더욱 참혹했다. 정조 이후 실낱같이 이어지던 서양 소식은 완전히 끊겼다. 조선은 스스로 고립의 길을 택했다. 안타까운 일이었다. 그렇게 100년의 세월이 더 흘렀다. 19세기 말이 되었을 때, 조선은 갑자기 밀어닥친 서구열강이라는 막강한 세력 앞에 어쩔 줄 몰랐다. 이미 지구를 석권한 그들 열강 앞에서는 아시아의 최강대국 중국조차 오금을 펴지 못하는 상황이었다. 조선의 운명이 장차 어떻게 전개될지 짐작하기 어렵지 않았다.

그런 점에서 젊은 국왕 고종과 그의 측근들이 개항(開港)을 결정한 것을 비난할 수가 없다. 그들은 피할 수 없는 역사의 대세를 피부로 느끼고 있었다. 그들의 입장에서 보면 개화정책은 궁리 끝에 결정한 자발적인 선택이었을 것이다. 하지만 그것은 결코 자유로운 선택이 아니었다. 열강의 압력을 견디지 못한 결과였기 때문이다. 조선왕조는 뒤늦게 세계사의 대세를 인정한 셈이었다.

그러나 조선의 성리학자들은 이러한 역사적 흐름을 제대로 이해하지 못했다. 순순히 받아들이지도 못했다. 조선은 너무나도 오랫동안 외부와 차단된 채 지냈다. 때문에 당시 개방을 결사반대한 선비들을 고루하다고 탓할 수만도 없다.

호남의 큰선비 기정진(奇正鎭, 1798~1879)은 위정척사파의 정신적 지주였다. 그는 조선시대를 통틀어 성리학 6대가 중의 한 사람으로 꼽힐 정도로 탁월한 학자였다. 「납량사의(納凉私議)」, 「이통설(理通說)」, 「외필(猥筆)」 등을 저술하여 이기론(理氣論)에 관한 논의를 한층 심화했다는 평가를 받았다.

기정진의 위정척사 사상이 구체적으로 표현된 것은 「병인소(丙寅疏)」가 처음이었다. 1866년(고종 3) 프랑스 군함이 강화도를 침략하자, 당년 69세의 기정진은 충정을 담아 상소를 올렸다. 죽기로 싸워 서양세력의 침략을 물리치고, 성리학의 가르침을 수호하겠다는 굳센 의지를 표현했다. 위정척사 사상이 담긴 최초의 상소문이었다.

당시 많은 사람들은 외적과 싸우지 말고 평화조약을 맺자고 했다. 그러나 기정진은 결사반대했다. 그는 군비(軍備)를 강화할 방법을 제시하며, 척사론을 전개했다. 흥선대원군은 그의 주장을 기꺼이 받아들였다. 나라에서는 기정진에게 공조참판이라는 높은 벼슬을 내렸다.

그가 위정척사를 주장하는 상소문을 올린 지 얼마 안 되어, 이항로(李恒老)

도 같은 취지의 상소를 올렸다. 영남의 유생들도 이에 합세했다. 각지의 선비들은 위정척사를 부르짖으며, 서구열강 및 일본의 침략에 맞서 싸울 것을 주장했다.

전국의 여러 선비들 중에서도 이항로와 기정진의 제자들이 후대의 위정척사론을 주도했다. 20세기 초 국운이 기울자 그들은 목숨을 걸고 항일의병투쟁을 벌였다. 최익현(崔益鉉)은 위정척사파의 대표적인 인물이었다. 그는 이항로의 문하에서 성리학자로 성장했다. 1873년(고종 10) 최익현은 흥선대원군의 실정(失政)을 날카롭게 비판했다. 그의 상소는 고종에게 친정(親政)의 계기를 제공했다. 그로부터 3년 뒤, 고종이 일본과 통상조약을 체결하려 했다. 그러자 이번에는 격렬한 척사소(斥邪疏)를 올렸다. 개화정책에 대한 최익현의 반대는 시종일관 멈추지 않고 계속되었다.

1905년(고종 42) 을사늑약이 체결되어 조선은 일본의 보호국으로 전락했다. 그로서는 참을 수가 없었다. 서둘러 「창의토적소(倡義討賊疏)」를 올리고 항일의병운동을 벌였다. 이미 74세의 고령이었다. 그는 전라도 태인과 순창에서 유생으로 이뤄진 의병을 이끌고 관군 및 일본군에 맞서 싸웠다. 누가 보아도 이길 수 없는 싸움이었다. 그는 저들의 포로가 되어 쓰시마(對馬島)로 끌려갔다. 그곳에서 최익현은 제자 임병찬 등에게 유소(遺疏: 죽으면서 올리는 상소)를 구술하고, 한 많은 세상을 떠났다.

위정척사 운동은 역사적 딜레마였다. 그때 선비들은 한 걸음도 물러설 수 없는 막다른 상황에 직면했다. 많은 선비들은 목숨을 던져서까지 성리학 이념을 지키고, 국가를 수호하고자 했다. 그들은 마지막 충정(衷情)을 다했다. 그런 점에서 위정척사 운동은 숭고한 저항운동이었다. 그러나 그들의 결사적인 투쟁은 아무런 긍정적인 결과도 가져올 수 없었다. 이것이 선비들의 비극이요, 우리 역사의 참극이었다.

1906년 최익현이 쓰시마에 유배되었을 때, 매천(梅泉) 황현(黃玹)은 슬픔을 이기지 못했다. 애끓는 마음을 담아, 그는 한 편의 시를 지었다. 「면옹이 바다를 건넜다는 소식을 듣고 문산의 '영정양' 시에 차운하여 조이경에게 보이다(聞勉翁渡海次文山零丁洋詩示趙而慶)」라는 시로 『매천집』에 실려 있다.

> 종신(나라에 큰 공을 세운 신하)이 담소하며 하늘의 법도 세웠네(宗臣談笑植天經).
>
> 웅어(의리)를 따질 저울에 눈금이 있다오(算定熊魚秤有星).
>
> 한 번의 북소리, 의로운 함성, 경초(굳센 선비)가 가엾도다(一鼓義聲憐勁草).
>
> 남관(포로)의 행색이라니, 표평(부평초)의 신세 서러워라(南冠行色感漂萍).
>
> 구슬픈 노래는 다행히 장동창(명나라 충신, 제자 임병찬을 의미함)과 함께 하시네(悲歌幸伴張同敞).
>
> 그나마 다행은 맥술정(충신 문천상의 숙적)을 만나지 않은 것이오(快事難逢麥述丁).
>
> 외로운 배 바다에 뜬 그 그림 그려내어(擬寫孤帆浮海影)
>
> 천 년 뒤 단청에 쓸까 한다오(千秋在後補丹靑).

황현은 쓰시마로 끌려간 최익현과 그 제자 임병찬의 충절을 기렸다. 시의 마지막 구절이 내 마음을 끈다.

"외로운 배 바다에 뜬 그 그림 그려내어 천 년 뒤 단청에 쓸까 한다오."

황현은 최익현 일행이 배에 실려 쓰시마로 끌려간 광경을 마음속으로 그려보았다. 언젠가 조국이 광명을 되찾으면, 그들의 충절을 기념하여 사당이라도 지어 영혼을 위로해야겠다고 다짐하고 있다.

그러나 황현도 천수를 누리지 못했다. 1910년 8월 29일, 선비들의 애도 속에 조선은 끝내 망하고 말았다. 그해 9월 8일, 황현은 「절명시(絶命詩)」와 유서를 쓰기 시작했다. 그리고 이틀 뒤 목숨을 버리고 말았다. 그의 나이 56세였다.

황현은 「자식들에게 남기는 글」에서 자신이 목숨을 버리는 이유를 밝혔다.

"나는 죽어야 할 의리는 없다. 그런데 국가에서 500년이나 선비를 길러왔는데, 나라가 망하는 지금 이 국난을 당하여 목숨을 버리는 사람이 하나도 없다는 사실이 원통하지 않은가? 나는 위로 황천(皇天)이 상도(常道)를 굳게 지키는 아름다움을 저버리지 못하노라. 아래로는 평소에 읽은 글을 저버리지 못하겠구나."

선비의 한 사람으로서 도리를 다하기 위해, 그는 하나뿐인 목숨을 버린다는 것이었다. 선비란 이런 가치를 가슴에 품고 사는 매우 특별한 존재였다.

선비다운 선비는 어느 때든 많지 않았을 것이다. 그래도 언제나 그런 이들이 조선 어딘가에 존재했다. 창성(昌盛)한 서구문명이 동아시아를 점령했을 때도 그러했다. 황현이나 최익현처럼 우국지사들은 하루라도 구차하게 연명하고 싶은 마음이 없었다. 그들은 신념을 지키기 위해 목숨을 선뜻 내놓았다. 이것이 그들이 추구한 선비의 도리요, 윤리였다.

성리학의 이념적 포로였던 그들의 운명을 나는 몹시 안타깝게 여긴다. 그러면서도 목숨마저 아끼지 않았던 그들의 선택을 가벼운 마음으로 절대 비판할 수가 없다. 나 자신이 선비가 될 수는 없으나, 참된 선비의 모습에 경외감을 느낀다.

3부

역사에
미래의 길을 묻다

─────────── 나는 역사주의(historismus, historicism)의 추종자가 아니다. 역사적 운명 같은 것을 믿지 않는다. 과거의 행위가 현재의 삶을 결정했다는 식으로 단언하는 것은 무리라고 생각한다. 인간 사회는 실로 복잡다단하기 때문이다. 세상사에는 변수가 무한하다. 게다가 우연이라는 뜻밖의 동인이 끼어들 가능성도 늘 존재한다. 그러므로 한두 가지 이유를 들어 역사의 방향이 바뀌었다고 주장하는 것은 위험천만이다.

그럼에도 불구하고 우리는 역사로부터 교훈을 얻는다. 역사적 경험이란 마치 증권시장의 거래 기록과도 같다. 증권분석가는 그 기록을 들여다보며, 시시각각으로 변하는 증권시장의 동향을 분석하고 미래를 예측한다. 물론 그가 검토하는 자료가 과거의 거래 기록에 국한되지는 않는다. 국내외의 정치, 경제 및 문화적 동향을 두루 참고한다. 시중에 떠도는 소문도 고려의 대상이다. 역사에서 무엇인가를 배우는 것도 그와 유사한 과정을 거친다.

역사가로서 나의 입장은 증권분석가와 비슷하다. 역사 기록에 의지하지만, 과거의 기록에 구애되지 않는 판단을 내리고자 노력한다. 그렇다 해도 현실과 미래에 관한 나의 진단은 하나의 시론에 불과하다. 증시 현황에 대한 증권분석가의 발언이 그러하듯이 말이다.

아래에서는 두 가지 주제를 다룰 생각이다. 첫째, 마을에 스며든 선비의 힘에 주목했다. 조선 500년 동안 많은 선비들은 마을에서 살았다. 시골 마을은 그들의 생활터전이었고, 거기서 선비들은 서당을 운영했다. 그들은 이웃사람들을 일깨웠다. 이것이 조선 사회를 역사상 독특한 사회로 만들었다. 나는 그렇게 믿고 있다.

그러했기에 국가가 외적의 침략을 받으면 각지에서 의병들이 우후죽순처럼 일어났다. 이는 조선시대 마을의 문화적 수준이 매우 높았다는 사실과도 관련이 있다. 성리학 문화를 대표하는 한국의 서원들은 시골 마을에 흩어져 있었다. 주요한 문화기관이 서울에 집중되어 있는 오늘날과는 대조적이었다. 이런 사실을 우리는 기억할 필요가 있다.

겉으로 보면, 조선왕조는 중앙집권적 국가였다. 그러나 그 실질은 달랐다. 조선은 '마을공화국'의 연맹체나 다름없었다. 선비들이 건설한 조선 사회의 실상은 우리가 지레짐작하는 것과는 큰 차이가 난다.

그래서 어쨌다는 것인가. 나는 조선 사회의 본질을 곱씹어보기를 촉구한다. 그로부터 우리는 한국 사회가 나아갈 방향을 발견할 수 있다고 확신한다. 시민들이 높은 문화적 수준에 도달한 분권적 사회를 지향하는 것. 지식인과 시민이 공고한 연대를 구축한 사회라야 희망이 있다. 이야말로 비인간적 차별과 양극화의 늪에서 허우적거리는 한국 사회를 구할 수 있는 길이다. 그런 의미에서 3부의 전반부는 마을을 활동 무대로 전개된 선비들의 삶을 조명한다.

거듭 강조하지만 나는 과거로의 회귀를 주장하려는 것이 아니다. 이제 모두가 무릎을 맞대고 유교를 공부해야 한다는 뜻을 말하려는 것이 아니다. 도시의 아파트를 버리고 마을로 돌아가서 유교이념을 널리 보급해야 한다는 주장이 아니다. 성인(聖人)도 시속(時俗)을 따르는 법이다.

그럼 어떻게 하자는 것인가. 우리는 21세기 시민이다. 우리가 있는 자리에서 시민사회의 문화수준을 높이고, 우리가 추구하는 보편가치를 적극적으로 실천할 방안을 모색하자는 것이다. 역사가로서 나의 임무는 그 방안을 구체적으로 제시하는 것이 아니다. 내 역할은 장차 우리가 나아갈 방향을 제시하는 데 그친다. 이 글에서는 다소 거칠게나마 한국 사회의 미래 지향점을 논의하고자 한다.

3부 후반부에서는 바람직한 공동체의 본질에 관한 역사적 논의가 전개된다. 장차 우리가 분권적인 사회를 이루고, 계층을 망라한 상호연대를 강화하려 할 때, 한 가지 중요한 문제가 제기된다. 미래의 한국 사회는 과연 견고한 공동체로서 존재할 수 있을까 하는 것이다. 현대 한국 사회는 그와 정반대되는 현상을 보이고 있기 때문이다.

권력과 재력은 극소수의 기관과 사람들에게 집중되어 있다. 자살률도 세계 최고 수준이다. 오늘날 선진 공업국가 중에는 한국처럼 청년실업률이 높은 나라가 없다. 우리 청소년들의 행복지수도 대단히 낮다. 청년들은 한국 사회를 '헬조선'이라고 자학적으로 말한다. 한국인의 삶은 질적인 면에서 볼 때 실로 열악하다. 아무런 희망도 보이지 않는다.

그러나 상황이 이렇게 나쁘기 때문에, 우리는 더더욱 공동체의 순기능을 숙고해야 하는 것이 아닐까. 많은 사람들이 북유럽의 복지사회를 배우자고 말한다. 옳은 주장이다. 그러나 잠시 시선을 우리의 과거를 향해 던져보는 것도 필요한 일이다. 보기에 따라서는, 조선 사회야말로 인간관계의 촘촘한 그물망을 형성함으로써, 사회를 안정시키는 데 성공하지 않았던가. 조선왕조의 최대 강점이 바로 질서와 안정에 있지 않았던가.

내가 아는 어느 서양학자는 조선 사람들을 '조직의 명수'라고 불렀다. 틀린 말이 아니라고 생각한다. 조선시대에는 정말 다양한 계회(契會)가 존재했다. 집안에는 족계(族契)가 있었고, 마을에는 동약 또는 향약이 있었다. 같은 관청에서 근무한 관리들끼리도 마음이 통하면 계를 맺었다. 동일한 과거시험에 합격한 사람들도 계를 맺어 서로를 돌보았다. 배움을 함께 한 사람들끼리는 동문(同門) 또는 문생(門生)이 되어, 대대로 특별한 유대를 이어나갔다.

이러한 사회 조직이 순기능만을 발휘한 것은 아니었다. 지연, 혈연, 학연의 끈끈한 인연이 지나치게 강조되자, 어두운 그림자도 짙었다. 우리는 이런 사실을 왜곡하거나 턱없이 미화할 이유가 전혀 없다. 그러나 그런 약점이 있다고 해서, 우리의 전통을 송두리째 부정하는 것은 어리석은 일이다.

조선시대 사람들은 계회로 대표되는 다양한 사회 조직을 구성했다. 그들은 조직의 구성원을 대등하게 대접했고, 상호 존중하는 전통을 이어갔다. 사회 조직은 약자를 보호하는 역할도 기꺼이 담당했다.

사회적 분열과 갈등이 불치의 한국병처럼 굳어진 오늘날, 우리는 '혼밥'과 '혼술'이 아무렇지도 않게 되어버린 비정하고 메마른 시대를 방황하고 있다. 우리로서는 공동체의 진정한 의미를 되묻는 것이 너무도 당연한 일이 아닐까 한다.

역사를 통해 절망을 헤쳐 나갈 한 가닥 희망을 발견하려는 시도는 정당하다. 자기애에 사로잡힌 복고주의자의 함성이라면, 그것은 위험천만한 일일 것이다. 역사적 운명론을 신봉하는 몽상적인 발화(發話)도 위험하기는 마찬가지다. 그러나 역사적 성찰을 통해 역사의 샘물을 길어 마시고, 그리하여 앞길을 개척할 힘과 용기를 얻고자 한다면 이야기는 달라진다.

이 책의 1부에서 살핀 것처럼, 서구사회는 그들의 고유한 전통을 계승하면서 역사의 고비마다 새 길을 열어왔다. 중세의 기사도는 근세의 신사도로 거듭났고, 이것이 다시 시민정신으로 승화되었다. 이 같은 역사적 변화가 있었기에, 서구사회는 다른 문명권과는 비할 수 없이 정의롭고 자유롭게 진화했다고 믿는다.

중세의 기사도나 근세의 신사도 또는 시민정신이라는 것도, 그 사회적 역할은 복합적이었다. 순기능만 있었던 것은 결코 아니었다는 말이다. 관점에 따라서는 역기능이 오히려 두드러질 때도 많았다.

한 가지 예를 들어보자. 기사도에는 약자를 보호하고 정의를 실천하는 순기능도 있었으나, 봉건적 지배체제를 강화하는 등의 역기능이 많았다. 신사도 역시 유사한 점이 있었다. 서구사회는 산업혁명기의 사회적 갈등을 신사도만 가지고는 온전히 해결할 수 없었다. 그뿐인가. 근대 시민사회가 자랑스럽게 내세웠던 자유와 평등의 이념도, 산업혁명기 서구사회의 모순을 극복하는 데 미치지 못했다. 신사도와 천부인권설로 무장한 서구인들이 지구 곳곳을 돌아다니며 온갖 악행을 저질렀다. 19~20세기 서구인들이 아프리카와 아시아 대륙의 식민지에서 저지른 만행은 끔찍했다.

그러나 이야기가 단점을 지적하는 데서 끝날 수는 없다. 역사의 시곗바늘이 현대에 가까워올수록 서구사회를 수렁에 빠뜨렸던 허다한 모순과 역기능이 조금씩 극복

되었다. 이런 사실을 망각해서는 안 될 것이다. 멀리 청동기시대부터 강화되었던 신분차별의 족쇄가 점차 사라졌고, 남녀 시민들에게 보통선거권이 부여되었다. 새로운 사회 문제도 적잖이 생겨났지만, 서구사회는 구악(舊惡)으로 치부되던 차별과 억압이 봄날의 아지랑이처럼 사라지는 기적을 일으켰다.

역사적 문제의 해결과 생활환경의 변화는 우연의 결과였을까. 그럴 리가 없다. 서구사회는 자신들의 문화전통을 의식적으로 계승했다. 그 바탕 위에서 그들은 당면한 과제를 하나씩 해결해나갔다. 여기서 내가 강조하고 싶은 점은 서구인들의 역사의식이다. 인간과 사회의 문제를 역사적 맥락에서 바라보는 태도가 서구사회를 특별한 모습으로 바꾸었다고 생각한다.

기사도의 성공을 칭송하는 것만으로 우리가 만족할 수는 없다. 선비의 길도 새로운 결실을 맺어야 하지 않을까 한다. 역사적 당위로서 반드시 그래야 한다는 뜻이 아니다. 우리의 각별한 노력이 촉구된다는 것이다.

지난 역사를 살펴보면, 20세기에도 선비의 눈부신 역할이 목격되었다. 1910년 8월 29일, 조선왕조는 일제의 침략에 무너지고 말았으나 선비정신은 꺾이지 않았다. 나의 전작 『선비와 함께 춤을』에서 힘주어 말했듯, 20세기 한국 사회에도 청렴하고 고결한 선비들이 많았다. 현대 한국 사회는 조선왕조의 귀중한 정신적 유산을 물려받은 것이다. 이토 히로부미를 처단한 안중근 의사는 물론이요, 민족시인 백석과 사랑의 김홍섭 판사, 정의로운 선비 심산 김창숙에 이르기까지 그 이름을 일일이 열거하기 어려울 정도였다. 만일 우리가 이러한 문화적 전통을 계승할 수 있다면, 21세기의 한국 사회는 지금보다 훨씬 공정하고 행복해질 것이다.

인간은 역사적 존재다. 사람은 누구나 자신을 낳고 길러준 문화적 토양과 불가분의 관계에 있다. 세상에는 이른바 문화적 유전자라고도 불리는 공동의 문화유산이 존재한다. 우리가 역사 속 선비의 길을 논의하는 것은 그 유산을 계승하기 위한 노력의 일환임에 틀림없다.

8장

마을에 깊이 스며든
선비의 힘

영국의 젠트리는 시골에 살았으나, 마을에 사는 사람은 아니었다. 젠트리는 농민들 위에 군림하는 지주였다. 그 상당수는 훌륭한 교양인이었다. 그러나 그들은 마을 사람들과 지식을 공유하는 훈장이 아니었다. 젠트리는 나라에 큰일이 있으면 전쟁터로 달려갔다. 하지만 고향에서 마을 사람들을 모아 창칼을 움켜쥐고 애국운동을 벌이지는 않았다. 젠트리와 마을 사람들의 심리적 거리는 멀었다.

일본의 사무라이는 농민들과 한 마을에 뒤섞여 살지도 않았다. 서구 각 나라의 귀족들도 농민들과는 멀찍이 거리를 두었다. 톨스토이의 경우는 달랐다. 그는 자신의 영지에서 농노제를 폐지했고, 학교를 만들어 농민의 아이들에게 글을 가르쳤다. 그는 극히 예외적인 지주였다. 19세기가 저물어가던 때라서 가능한 일이었다.

그런데 조선의 선비들은 항상 마을에서 살았다. 조선 초기부터 그들은 마을의 일원이었다. 어쩌다 관직을 얻어 조정에 나갈 때도 있었다. 그러나 선비의 정계 진출은 오히려 예외적인 일이었다. 그들은 벼슬에 나갔다가도 수년 뒤에는 고향으로 돌아왔다. 지주로서 세도를 부린 경우도 드물었다. 선비의 대부분은 드넓은 땅을 소유하지 못했다. 그들은 약간의 전토(田土)를 가지고 가까스로 생계를 유지할 뿐이었다.

18세기 이후에는 소작농이나 다름없이 가난한 선비도 많았다. 전라도 영암의 대학자 양득중 같은 선비는 영조 앞에서 자신이 평상시에는 농업에 종사했다고 말했다. '놀고먹는 양반이 많다'는 실학자들의 세평도 있었으나, 과장된 표현이었다.

18세기 후반 국가 기록을 살펴보면 조선에는 문무관을 통틀어 3000개쯤의 벼슬자리가 있었다. 정조 임금이 그렇게 말했으니, 신뢰해도 좋을 것이다. 그 시기 전국의 지방관들이 조정에 보고한 문서를 종합해보면, 선비계층이 총인구에서 차지하는 비율은 약 30퍼센트였다. 양반 가문이 전국에 수백만 호를 헤아렸던 것이다. 그 많은 선비들 가운데 고작 3000명 정도가 국가의 녹봉을 받았다. 선비의 절대다수는 벼슬과는 인연이 닿지 않았다. 선비라고 불리는 것은 그 자체만으로도 사회적 특권이었으나, 엄밀히 말해 대다수의 선비들은 조선 사회의 풀뿌리와도 같았다. 대체로 가난했지만 지적, 문화적으로 계몽된 존재가 선비였다.

19세기 선비들이 자신의 거주지를 관할하는 지방관에게 제출한 소장(疏章)에는 간혹 흥미로운 표현이 발견된다. "강력한 위세를 떨치는 저희 고을의 아전들에 비하자면, 저희 선비들은 한낱 약자에 불과합니다." 이런 표현에는 과장된 점이 있었을 것이다. 그렇다 해도 선비 일반의 정치적·사회적 위세가 그다지 대단하지 않았다는 사실을 기억해야 할 것이다.

엄밀히 말해 조선의 선비들은 중국의 신사(紳士)와는 완연히 다른 존재였다. 명청 시대의 신사는 명실상부한 지배층이었다. 그들이 전체 인구에서 차지하는 비중은 미미해, 극소수였다고 볼 수 있다. 그들은 향촌사회에서 많은 특권을 누렸다. 지방행정과 사법에 깊이 간여했고, 많은 이권을 누렸다. 중국의 신사가 하급관청의 아전을 두려워하는 일은 없었다.

조선의 선비들은 마을의 주인이었다. 이제부터 그들이 마을에서 어떻게 살았는지를 스케치해볼 생각이다. 또 그들이 공들여 가꾼 서당이라는 문화유산도 살펴보려고 한다. 아울러 국난을 극복하기 위해 선비들이 의병을 일으킨 사정도 알아볼 것이다. 이러한 주제들에 관해서는 물론 여러 학자들이 다각도로 연구했다. 이 글은 학계의 많은 연구 성과를 염두에 두면서도, 특히 나의 주목을 끈 몇 가지 문헌자료에 초점을 맞추었다. 선비들의 생활상을 내 나름으로 새롭게 해석하기 위해 그런 것이다.

01

선비,
마을 공동체를 이끈 주역

선비들은 마을에 거주하며 동류(同類)라 할 다른 선비들과 연대했다. 그들은 마을의 문화적 수준을 끌어올리기 위해 부단히 노력했다. 그들에게 마을이란 몸과 마음의 안식처였다. 아울러 자신들이 신봉하는 성리학적 가치를 구현하는 실천의 도량이었다.

15세기 전라도 태인현 고현내를 예로 들어보자. 그곳에는 불우헌(不憂軒) 정극인(丁克仁)이란 큰선비가 살고 있었다. 그는 처가를 따라 서울에서 낙향했다. 정극인의 문집 『불우헌집』을 살펴보면, 당시 그곳에는 여러 선비 집안들이 어울려 평화롭게 살고 있었다(제1권, 「오중거(吳仲擧)가 새로 생원에 합격한 것을 하례하여 동중(洞中)의 제현에게 보이다」 참조).

정극인과 동시대에 고현내의 선비 집안은 30여 호를 헤아렸다. 그들은 서로 약속한 날이 되면 마을 한곳에 모여 향음주례(鄕飮酒禮)를 실시했다. 그들은 성리학적 교양을 기르며 친목을 도모했다. 또 힘을 합쳐서 마을의 질서를 엄하게 세웠다. 이로써 장차 있을지도 모르는 갈등과 반목을 예방했다. 이밖에도 마을생활의 규약을 자세히 정해두었다. 그리하여 해마다 선비들의 잘잘못을 평가하여 그 결과를 기록했다.

16세기 초 고현내의 선비 집안은 그 숫자가 대폭 늘어났다. 서울에서 낙향한 선비들이 많았기 때문이다. 그 가구 수가 50호쯤 되었다. 그때까지도 마을의 선비들은 정극인이 수십 년 전에 시작한 향음주례의 전통을 그대로 이어갔다. 고현내의 새로운 지도자는 취은(醉隱) 송세림(宋世琳)이었다. 1510년 (중종 5) 8월, 정극인의 『불우헌집』에 부록으로 실려 있는 「향음주례발문」에서 그는 고현내의 풍습을 다음과 같이 기록했다.

> 지금은 이미 (선비 집안이) 50여 가구가 넘는데, 무릇 관자(冠者)와 동자(童子)가 선생(즉 정극인)의 서문(향음주례서문)과 약조(마을 규칙)를 외우고 뜻을 음미한다. 마치 기름진 고기를 씹듯이 하여 입에 익숙하고 마음에 젖어들었다. 어느 누구도 불목과 불의를 행할 틈이 전혀 없다. 만약 약조에서 벗어나는 자가 있으면, 드러난 책망은 비록 작으나 눈에 보이지 않는 벌이 두려워할 만하다.

비단 고현내에서만 그랬던 것은 아니다. 16세기 조선에서는 어디서나 비슷한 모습이 목격되었다. 선비들은 이웃에 사는 다른 선비들과 연대하여 성리학적 가치를 실천하기에 바빴다. 1598년(선조 31)에 이정구(李廷龜)가 그의 고향 서울 청파에 살고 있는 친구들에게 보낸 편지를 보아도, 그 시대의 사회풍조를 미루어 짐작할 수 있다.

그때 이정구는 사신으로 중국 연경에 가 있었다. 그는 고향 친구들을 그리워하며 한 편의 시를 지어서 보냈다. 그의 문집 『월사집』에 그 시가 아직도 남아 있다.

이정구는 서울의 남쪽 청파마을 태생이었다. 1575년(선조 8), 그는 동갑인 12명의 마을 청소년들과 계(契)를 만들었다. 그때 이정구 등은 모두 열두 살이었다. 그들이 만든 계는 '오동(五同)'이라 불렸다. 다섯 가지가 같은 사람들의 모임이라는 뜻이다.

모두가 같은 해에 태어났고, 같은 마을에 살았고, 같은 취향을 가졌으며, 같은 학사(學舍)에서 배웠고, 마침 계원의 숫자와 같은 열두 살이었다.

나중에 이 계에 선비들이 추가로 들어오면서 계원은 30여 명으로 늘어났다. 그들 중에는 이정구처럼 크게 현달한 선비도 많았다. 그런가 하면 벼슬은 낮아도 학자로서 명망이 높은 선비도 여럿이었다. 16세기 말 서울 사람들은 오동계의 선비들을 '영선(瀛仙: 영주의 신선들)'이라고 부를 정도였다.

고현내와 청파의 두 가지 사례를 통해서, 우리는 15~16세기 조선 사회의 분위기를 대강이나마 짐작할 수 있다. 선비들은 한 마을 또는 이웃 마을에 사는 다른 선비들과 함께 여러 형태의 사회 조직을 만들었다. 그들은 친목과 유대를 도모했고, 서로 도움을 받으며 인품과 학식을 닦았다. 또 규약을 세워 성리학의 가치를 실천했다. 그들은 오랜 세월 동안 변함없이 신의를 지키며 험난한 인생길을 함께 헤쳐나갔다. 때로 그들의 사회적 연대는 사후까지 이어졌다. 자손들이 여러 대 동안 각별한 관계를 이어나갔던 것이다.

한 마을에 사는 선비들의 관계는 돈독했다. 그때라고 경쟁과 갈등, 또는 이해관계의 대립이 없었다는 말이 아니다. 그들 사이에는 관계의 부정적인 측면을 능가하는 순기능도 존재했다. 16세기 말부터 17세기 초까지 조선 사회는 임진왜란과 병자호란 등 연거푸 전란을 겪었다. 이런 혼란 속에서도 선비들이 모여 사는 마을은 대체로 건재했다. 앞에서 예로 든 고현내도, 청파도 전쟁이 끝나자 재빨리 질서를 회복했다. 전란으로 관청 건물과 가옥이 불탔고 농경지가 황폐해졌으나, 마을에는 이를 회복할 사회적 동력이 존재했다.

18세기에도 조선의 마을은 고유의 전통을 유지했다. 여기에 새로운 활력이 추가되었다. 조선 초기부터 선비들은 차츰 부계 중심의 사고에 익숙해졌다. 전란을 겪은 뒤로는 그런 사고방식이 더욱 견고해졌다. 전국 곳곳에 이른바 동족(同族) 마을이 출현하기 시작했다. 조선의 마을에는 본래 여러 성씨가 함께 모여 살았는데, 18세기부터는 부계혈연 집단이 한 마을을 온통 지배했다. 오랫동안 중복된 결혼으로 가까워진 한두 성씨가 마을을 공유하는 현상도 있었다. 마을의 이러한 사회적 변화를 통해, 본래의 자급자족적 기능과 독립성이 더욱 강화되었다.

18세기 후반에는 평민들조차 이러한 사회적 추세에 편승했다. 전국 어디에나 선비와 평민을 불문하고 반거세족(盤踞世族), 곧 둥지를 틀고 대대로 눌러 사는 집안이 많아졌다. 그들은 다른 마을들과 경쟁이라도 하듯, 성리학의 도덕적 가치인 충효열(忠孝烈)의 생활화에 정성을 쏟았다.

사회적 분위기가 이렇게 변하자, 흉년 또는 자연재해가 닥쳤을 때도 마을 사람들은 효율적으로 공동 대처하는 경향을 보였다. 마을의 내로라하는 부잣집들은 재난으로부터 이웃을 구제하는 데 앞장섰다. 조선 후기 경주 최부잣집의 선행은 유명하다. 그들은 9대 진사를 지낸 선비 집안으로서 대대로 만석꾼이었다. 최부잣집은 사방 100리에 굶주리는 사람이 없게끔 불우한 이웃을 정성껏 돌보았다.

전라도 구례의 운조루(雲鳥樓) 류씨들도 다르지 않았다. 그들은 가난한 이웃들이 양식을 가져갈 수 있게 뒤주를 개방했다. 그 뒤주에는 '타인능해(他人能解)'라는 글씨가 쓰여 있었다. 외부 사람도 뒤주 뚜껑을 열 수 있다는 뜻이다. 사실 자세히 알고 보면, 전국 각지에 어려운 이웃을 돕는 선비들의 미담이 넘쳐난다.

역사적 기록에서 한 가지 예를 더 소개한다. 1789년(정조 13) 6월 10일, 선전관 구담(具統)이 정조에게 올린 서면 보고가 눈길을 끈다. 보고서에는 이웃을 도운 부자의 선행이 자세히 기록되어 있다. 미담의 주인공은 경기도 송파(현재 서울시 송파구) 내동리에 거주하던 김종하(金宗夏)였다. 그는 흉년이 들 때마다 굶주리고 헐벗은 이웃들에게 양식도 주고 밥도 지어 먹였다. 장마나 보릿고개로 인해 이웃 사람들이 곤란을 당하면 그때마다 곡식을 풀어 구제했다. 구담은 이렇게 기록했다.

"그동안 그가 정곡(正穀: 쌀)을 남에게 베푼 것이 600여 석입니다. 올해 장마철에도 동중(洞中)의 곤궁한 백성들이 그의 도움으로 살아난 경우가 많다고 합니다."

놀랍게도 김종하는 자신의 선행이 "임금에게 보고되기를 바라지 않았다." (『일성록』, 정조 13년 6월 10일 기사를 참조할 것)

조선 사회에도 백성을 침탈하는 양반들이 있었다. 그런데 그 점만 지나치게 강조하면 역사적 실상은 왜곡된다. 물론 선행만 부각해도 똑같은 문제가 생긴다. 내가 강조하고 싶은 것은, 조선시대 마을생활의 장점은 선비들의 순기능에서 비롯된 것이 많았다는 사실이다. 선비들의 적극적인 구제활동으로 가난한 이웃들이 생계의 방편을 찾았다. 또 선비들의 지도로 마을 사람들의 도덕관념이 강화되었다. 오늘날의 입장에서는 성리학적 가치관이 비판과 힐난의 대상이 될 수도 있겠으나, 당시에는 교화의 순기능이 많았다.

18세기의 실학자 안정복(安鼎福)은 성리학적 가치를 널리 보급하려고 애썼다. 오늘날 많은 사람들은 실학과 성리학을 서로 정면충돌하는 것으로 오해하는 경향이 있다. 당대의 현실과는 완전히 어긋난, 잘못된 인식이다. 안정복의 시문을 엮은 『순암선생문집』에 실린 「마을에서의 여러 가지 예절(居鄕雜儀)」을 보자. 거기에는 선비가 마을에서 어떠한 태도로 살아야 하는지 상세히 기록되어 있다.

안정복은 공자와 주자를 비롯해, 중국 및 조선의 이름난 학자들의 언행을 거듭 인용했다. 그는 선비들에게 마을의 자율적 질서를 존중하라고 주문했다. 그중 한 대목을 인용하면 다음과 같다.

퇴계 선생이 마을에 사실 적에 부역(賦役)을 반드시 하호(下戶: 평민 집안)보다 먼저 바쳤다. 때문에 아전들은 그분이 높은 관리인 줄 몰랐다.

선생의 집은 예안(현재 경상북도 안동)에 있었다. 그곳 풍속에 선비들은 품관(品官: 전직 관리 및 관품 소유자)보다 반열(班列)이 처지는 것을 부끄럽게 여겼다. 그러자 퇴계 선생이 말씀하셨다.

"시골 마을은 부형과 종족(宗族)들이 사는 곳이라. 귀한 것이 나이다. 선비가 비록 아랫자리에 있다고 해서, 예의상으로나 의리상으로나 안 될 것이 과연 무엇인가."

조정에서 높은 벼슬을 지낸 선비라도, 물러나 마을에 살 때는 이황처럼 자신의 경력을 내세우지 말아야 한다고 했다. 겸손한 이황은 세금과 부역도 솔선하여 먼저 바쳤다. 또 마을 선비들이 나이를 기준으로 서열을 정하는 법을 마련했다.

또한 안정복은 선비가 사적인 인연을 빌미로 고을 행정에 끼어들면 안 된다고 주장했다. 그는 자신의 주장에 설득력을 부여하기 위해 대학자 이이의 『격몽요결』을 인용했다.

『격몽요결』에서 말했다. "시골 마을에 살고 있는 선비는 공사(公事)나 예현(禮見) 및 부득이한 사정이 아니라면, 관청에 출입하지 말 일이다. 수령이 비록 지극히 가까운 친족이라도 자주 찾아가면 안 된다. 친척이나 친구가 아닌 경우는 말할 것도 없다. 의리에 어긋난 일로 청탁하는 짓은 절대 하지 말아야 한다."

이이, 이황, 안정복 등은 조선시대를 대표하는 큰선비들이다. 앞에서 언급한 다른 선비들, 곧 이정구, 송세림, 정극인 등도 하나같이 이름난 명사였다. 그들 선비는 모두 시골 마을에 살며, 선비로서 기상과 꿈을 키웠다. 그들은 한때 조정에서 일했으나 벼슬을 그만둔 뒤에는 고향 마을로 돌아갔다. 한가로이 자연을 벗하며 독서에 힘썼던 것이다. 또 그들은 마을의 인재를 발굴하여 학문을 지도했다. 그들은 성리학의 가르침으로 마을 사람들을 이끌어, 그들이 저마다 자신의 언행을 돌아보며 풍속을 순후하게 만들게 했다.

조선시대의 마을은 신분을 초월하여 모든 사람의 삶터였다. 그때도 도시가 있기는 했다. 서울을 비롯하여 평양, 개성, 전주, 대구가 가장 번화한 도회지였다. 조선 건국 초기 서울의 인구는 20만 명쯤에서 시작하여 30만~40만 명으로 차츰 늘어났다. 그밖의 대도회는 인구가 수만 명에 불과했다. 19세기 말 조선의 총인구는 2000만 명쯤으로 추정되지만, 도시 거주자의 비율은 10퍼센트에 미치지 못했을 것이 틀림없다.

이보다 더 중요한 사실도 있다. 조선시대에는 도회지의 삶도 별로 '도시적'이지 않았다, 런던이나 파리, 또는 베이징이나 도쿄의 생활양식과는 확연한 차이가 있었다. 조선의 도회지는 기계식 공장이나 국제교역 또는 금융업을 토대로 발달한 것이 아니었다. 그때 조선에는 대중 교통수단도 존재하지 않았다. 극장, 호텔, 대중목욕탕, 휴게소 등의 편의시설이나 대중 오락시설도 거의 없었다.

설사 도회지에 살더라도, 그 생활양식은 농촌과 유사했다. 집집마다 텃밭을 가꾸었고, 의식주의 대부분을 가정에서 해결했다. 조선에서는 시장 기능도 매우 제한적이었다. 그런가 하면 주민들의 유대관계는 어디서나 끈끈했다. "도시의 공기는 자유롭다!" 이러한 서구 도시의 보편적 정서와는 거리가 멀었다.

조선 후기가 되면 도회지의 상업과 수공업이 차츰 발달했다. 수공업과 상업으로 재산을 모은 사람도 나타났다. 그런데 그런 사람들조차 농경지를 매입하는 데 열을 올렸다. 고관대작이나 왕실도 마찬가지였다. 자신의 수입을

김홍도, 〈논갈이〉, e뮤지엄. 19세기 조선은 농업이 소비와 생산의 중심인 사회였다.

공업시설이나 서비스업에 고스란히 투자한 사람은 사실상 아무도 없었다. 조선 사회에서는 생산 및 소비활동의 중심이 농업이었다.

도회지 사람들도 농업 중심의 세계관을 공유했다. 현대인의 관점에서 보면 이해하기 어려운 일이다. 그런데 그것이 바로 조선 사회의 특징이었다. 누구라도 경제적 이익을 함부로 추구해서는 안 된다는 성리학의 가르침이 지배하던 시절이었다. 이러한 농업 위주의 가치관은 물론 성리학에서 비롯한 것이었다.

성리학만을 참된 학문이라 믿어 의심하지 않는 선비들이 어디든 넘쳐났다. 이웃나라인 중국이나 일본과는 기본 조건이 달랐다. 일본에서는 과거시험이 단 한 차례도 실시된 적이 없었다. 그러므로 일본 사회 전반에는 성리학적 가치관이 깊이 뿌리내리지 못했다. 중국에서는 송나라 이후 성리학이 학문의 주류였으나, 양명학과 고증학 등의 다양한 사상적 흐름이 형성되었다. 중국인들은 성리학을 교조적으로 맹신하지 않았다. 그들은 성리학적 이념의 포로가 아니었다.

그러나 조선 사회는 달랐다. 선비들은 성리학만을 진정한 학문으로 맹신했다. 중국에서 다양한 사조가 유입되었다고 해도, 성리학의 권위에 도전할 만큼 세력이 자라나지 못했다. 조선 사회는 철저히 성리학 중심이었다. 상공업과 금융업, 또는 교역활동에 많은 제약이 따랐다. 농업을 제외한 모든 산업이 이념과 제도의 양 측면에서 억압 대상이었다.

그런데 조선 사회의 이런 사정을 부정적으로만 평가할 이유가 없다. 조선 사회는 그 나름의 독특한 이념체계를 지향했다고 보면 그만이다. 그때는 선비가 국가 체제를 유지하는 중심 세력이었다. 그들은 서당을 중심으로 소박하고 검소한 마을공동체를 이끌었다. 물론 시간이 흘러갈수록 더 많은 사람들에게 교육의 기회가 제공되었다. 이에 조선 사회는 더욱 도덕적이고 지적인 사회 분위기를 형성했다. 빈부의 격차도 있었고, 그로 인한 갈등도 있었으나, 마을의 삶은 비교적 안정된 편이었다. 이웃 간의 협동이 강조되었고, 신분을 초월한 사회적·경제적·문화적 연대가 이뤄졌다.

요컨대 조선시대에는 선비 중심의 평화롭고 질서 있는 목가적 사회질서가 유지되었다. 서울에서 멀리 떨어진 시골은 문화로부터 소외된 변경처럼 보였으나, 실제는 그렇지 않았다. 서울에서 수백 리 떨어진 마을이 성리학 문화의 주된 산실이었다. 이황, 조식, 김인후, 서경덕 등 조선시대를 대표하는 석학들의 주된 활동무대는 먼 시골의 한적한 마을이었다.

아마 그래서였을 것이다. 조선이 망하고 세월이 한참 흐른 뒤에도 마을의 인심과 질서는 전과 크게 다르지 않았다. 일본제국주의자들은 총독부를 통해 한반도의 정치적·경제적·문화적 권력을 거머쥐면, 단 기간 내에 내선일치(內鮮一致)가 달성될 줄로 기대했다. 그러나 결과는 예상 밖이었다. 35년의 폭압과 갖은 횡포에도 불구하고, 마을은 문화적 정체성을 잃지 않았다.

무자비한 일제 말기의 징병, 징용, 위안부를 비롯한 강제동원을 겪은 뒤에야 마을에 평화가 사라졌다. 그럼에도 마을의 순기능은 사라지지 않았다. 마을을 토대로 한국인은 고유한 전통문화를 지켜냈다. 마을 사람들의 전통 가치관은 그대로 유지되었다. 이것은 실로 기적에 가까운 일이었다.

1945년 8월 15일, 일제가 항복을 선언하자, 조상 전래의 언어는 물론이고 고유의 전통과 관습이 단시일 내에 복구되었다. 마을에는 선비들이 500년 동안 정성으로 심고 가꾼 성리학 문화가 살아 숨 쉬었다. 이웃을 존중하고, 조상과 부모를 공경하며, 처자를 제 몸보다 사랑하는 전통의 뿌리가 깊었다. 어지간한 외부의 충격에는 끄떡하지 않는 내적 견고함이 있었다. 목소리를 높여 유교 경전을 읽고 외는 선비는 거의 사라졌으나, 마을의 공기를 지배하는 성리학의 가르침은 미풍양속이란 이름으로 생생히 살아 있었다. 이것이 조선의 문화유산이었다.

침략자인 일제도 뒤늦게나마 마을의 견고함에 주목했다. 그들은 마을의 성씨를 조사하고, 고유한 전통과 관습을 조사하는 데 박차를 가했다. 식민통치의 효율성을 높이기 위해서였다. 그러나 일제는 선비들이 구축한 마을의 전통적 질서를 몽땅 파괴하기 전에 스스로 망국의 길에 접어들었다.

마을의 역사는 한 가지 분명한 교훈을 준다. 공동체의 보편적 가치를 되살려야 한다는 것이다. 선비가 사라지고 없는 오늘날, 시민사회의 진정한 가치는 무엇인가. 우리 가운데 과연 누가 그 가치의 수호를 자임할 것인가. 이런 물음에 대해 우리는 곧 응답해야 한다.

02

서당은
마을문화의 거점

선비의 가장 큰 특색은 그들이 문화적 존재였다는 사실이다. 선비들은 자신들이 신봉하는 성리학적 가치관을 보급하는 데 적극적이었다. 그런 점에서 서당은 선비들의 문화적 정체성을 상징하는 기관이었다.

18세기 이후 동족마을이 많아지자 서당은 더욱 활기를 띠었다. 마을이 한 집안 사람들로 가득 찼기 때문에, 자제들의 교양을 함양하기 위해 서당의 건립이 필수적이었다. 경제적 형편이 조금 넉넉한 평민들도 앞다투어 마을에 서당을 세웠다. 19세기 후반 전국의 거의 모든 마을에는 크고 작은 서당이 하나씩 있었다. 1910년 나라를 일제에 빼앗기자 서당의 수는 점차 줄어들었다. 서당에 대해서도 일제는 간섭과 탄압의 손길을 강화했다. 그럼에도 1920년대까지는 제법 많은 서당이 건재했다.

1927년 청주 지방의 예를 들어보겠다. 당시 청주에는 총 202개의 서당이 운영되었다. 그 이듬해인 1928년, 청주군은 18개 면에 355개 마을이 있었다. 총인구는 16만 2402명이었다. 한국인이 15만 8724명, 일본인이 3434명이었다. 중국인을 비롯한 기타 외국인도 약간 명이 있었다. 주목할 점은 355개 마을에 202곳의 서당이 운영되고 있었다는 사실이다(정상철 편역, 『1929년도(소화 4년) 4월 충청북도 청주군 군세 일반』, 충북발전연구원, 2015).

청주의 서당 중에는 한글과 산수를 가르치는 신식 서당이 7개소, 한문만 가르치는 재래식 서당이 195곳이었다. 신식 서당에 다니는 학동은 총 118명으로, 여학생이 2명, 남학생이 116명이었다. 훈장은 8명이었다. 연간 학비는 학동 1인당 8원 78전이었다. 재래식 서당의 학동은 총 1432명으로 모두 남학생이었다. 훈장은 195명으로 서당 수와 일치했다. 학비는 1인당 10원 39전으로, 신식 서당보다 약간 비싼 편이었다(정상철,『충청북도요람』, 충청북도, 1996).

19~20세기 서당의 시설은 열악했다. 초가집에 방 두 칸 정도의 규모가 일반적이었다. 한 칸은 훈장이 사용하고, 나머지 한 칸은 강의실이었다. 학동들은 각자 집에서 가져온 개인 책상을 사용하기도 했다.

규모가 더 초라한 서당도 적지 않았다. 즉 개인 집의 사랑채에 서산대와 글판만 갖춘 서당이었다. 초가집의 사랑방을 빌려 서당이라 부르는 경우도 있었다(이항재,「충남지역 서당교육에 대한 연구(Ⅰ)」,『교육사학연구』18집, 1996, 164쪽).

하지만 전국의 모든 서당이 규모도 영세하고 재정도 부실했던 것은 아니다. 18세기 이후 각지의 명족들은 경쟁적으로 서당을 지었다. 그중에는 규모가 번듯하고 장서도 넉넉히 갖춘 서당도 많았다. 조선 후기 서당의 기능과 규모를 통틀어 말하기는 곤란하다. 관련된 통계가 거의 없기 때문이다. 그럼에도 한 가지 분명한 사실이 있어 우리의 주목을 끈다. 곳곳에 서당이 들어섬에 따라 선비 집안의 청소년뿐만 아니라 중류층의 청소년들도 초보적인 교육 혜택을 골고루 입었다는 점이다. 성리학적 지식은 더 이상 지배층의 전유물이 아니었다.

전국의 여러 서당들 가운데서도 특히 내 관심을 끈 서당이 있다. 대구의 농연서당(聾淵書堂)이다.

1766년(영조 42) 영남의 큰선비 대산(大山) 이상정(李象靖)은 농연서당의 유래를 일목요연하게 서술했다.「농연서당기(聾淵書堂記)」에 따르면, 17세기 중반에 최씨 집안 조상인 최동집(崔東㠍)이 서당을 세웠다고 한다. 최동집은 효종(봉림대군)의 잠저 시절 스승으로서, 1640년(인조 18)에 봉림대군을 따라 심양으로 갈 예정이었다. 그런데 사정이 여의치 않았다. 그는 향리로 물러나 강학(講學)에 힘썼다. 당시 사람들은 최동집을 '숭정처사(崇禎處士)'라고 불렀다.

그 뒤 세월이 흐르자 그 서당이 자취를 감추었다. 이를 안타깝게 여긴 사람들이 있었다. 1754년(영조 30) 최동집의 5대손 최흥원(崔興遠)이 "(서당을) 중건하기 위해 여러 친척들과 힘을 모아, 옛터를 닦아서 작은 건물을 지었다." 이것이 바로 농연서당이다.

서당은 모두 세 칸이었다. 동쪽 두 칸은 (공부하는) 방으로 만들어 '세심재(洗心齋)', 서쪽 한 칸은 마루를 놓아 '탁청헌(濯清軒)'이라 불렀다. 그 뒤편에 몇 개의 기둥을 세워 절간의 승방처럼 따로 공간을 만들었다. 이러한 건물 전체를 농연서당이라고 불렀다.

연못을 만들어 연꽃을 심고, 화단을 꾸며 국화를 심었다. 매화, 대나무, 모란, 해당화와 여러 가지 기이한 화초도 심었다.

이상정은 농연서당을 재건한 최흥원과 평소 친밀한 사이였다. 이상정은 최씨 일가의 자제들이 장차 이 서당에서 '명성(明誠)' 공부에 힘써, '지행(知行)'이 모두 진보하기를 기원했다. 그들의 존양(存養)과 성찰(省察) 공부가 내실을 다지기를 당부하기도 했다. 여기서 중요한 개념이 '명성'인데, 본래는 『중용』에 나오는 것이었다. "밝으면 성실해진다[明則誠]"는 뜻이다. 조선에서는 정여창이 강조한 개념이었다. 최씨의 선조가 정여창의 제자였기 때문에 이상정이 따로 언급했다. 요컨대 이상정은 농연서당을 통해 최동집의 자손들이 대대로 정여창의 학문적 이상을 계승하고, 성리학의 정수를 체득하기를 바랐다.

이상정의 문집을 살펴보면, 18세기 후반 경상도 각지에 서당 건립의 기운이 크게 일어났다는 사실을 알 수 있다. 가령 영양에는 월록서당(현재 경북 영양 군 일월면 주곡리)이 들어섰고, 안동에도 모산서당이 자리를 잡았다.

「모산서당기(茅山書堂記)」에서 이상정은 서당 공부의 목적과 방향을 다음 과 같이 명확하게 밝혀놓았다.

"과거시험 공부는 학자가 정신을 쏟을 일은 아니다. 그런데 국가가 인재를 뽑는 방법이 이 한 길뿐이지 않은가. 완급과 선후의 분별을 잘 살펴서 과거 준비를 하는 것이 좋겠다. 하찮은 외부의 욕망 때문에 마음을 빼앗기지 않고, 작은 유혹 때문에 소중한 것을 변치 않을 수만 있다면, 과거시험 준비에 매 달리더라도 선비들 자신에게는 해가 되지 않을 것이다."

서당이라면 초보적인 문리(文理)나 깨치는 곳쯤으로 지레짐작하기가 쉽다. 그렇게 쉽게 단정할 일은 아니었다. 서당의 수준은 그야말로 천차만별이었 다. 모산서당처럼 과거시험 공부를 위주로 한 곳도 있었다. 또 농연서당과 같 이 심오한 성리철학의 이치를 탐구하는 경우도 있었다. 서당의 학문적 위상 과 시설 규모에서도 상당한 차이가 있었다는 사실을 기억하자.

심지어 당쟁의 전초기지 역할을 담당한 서당들도 있었다. 홍여하의 산양 서당과 박세채의 남계서당이 그에 해당했다. 당파 싸움이 심해지자 각 파는 지방에 정치적 발판을 구축하려고 했다. 그 과정에서 여러 개의 서당이 건립 되었으니, 서당은 곧 당파의 소굴이 되기도 했다.

홍여하의 문집 『목재집(木齋集)』을 읽어 내려가다, 나는 그가 산양서당의 유생들을 대신하여 지은 「산양서당에 사당을 세우면서 관청에 보낸 글(山陽 書堂立祠呈文)」을 발견했다.

글의 요점은, 관청에서 사당의 건립에 요구되는 노동력을 제공해주었으면 좋겠다는 것이었다. 일종의 청원이었던 셈인데, 그 일절은 다음과 같았다.

"저희들의 간절한 마음을 헤아리시옵소서. 부디 우리 고을의 한 면(面)을 지정하여 마을마다 각각 정부(丁夫: 일꾼) 몇 명을 보내, (건축자재) 운반을 도와주시기 바랍니다. 그러면 사람들이 마음 깊이 감사할 것입니다. 준공도 빨라질 것입니다. 길이 후세에 칭송을 받으실 것입니다."

조선시대 서당에는 사당의 기능이 없었다고 주장하는 연구자들도 많은 것 같다. 잘못된 생각이다. 산양서당의 경우에서 보듯, 서당 중에는 서원과 체제와 격식이 유사한 경우가 있었다. 홍여하의 산양서당은 훗날 근암서원(경상북도 문경시 산북면 서중리 소재)으로 발전했다. 하기야 도산서원도 이황이 생존하던 당시에는 도산서당이었다.

한 마디로 서당은 선비들의 정치적·문화적 활동 거점으로 훗날 서원의 모체가 되었다. 또한 성리학을 연구하는 장소이자 과거시험을 준비하는 공간이었다. 이와 달리 규모가 영세한 서당도 많았다. 그런 서당들은 공부를 처음 시작한 청소년들에게 기초 문리를 가르쳐주었고, 선비로서 유념해야 할 제례에 관한 지식을 제공했다.

19세기 후반에는 다종다양한 서당들이 전국 어디에나 있었다. 마을마다 서당이 있어 성황리에 운영되었다고 해도 틀린 말이 아니었다. 같은 시기 서구의 여러 근대국가들과 달리, 조선왕조에서는 의무교육을 실시하지 못했다. 그러기에는 국가 재정이 너무도 열악했다. 대신에 민간이 주도하는 서당이 마을마다 운영되었다. 그 덕분에 대다수 남성은 최소한의 교육 기회를 제공받았다. 조선의 서당 교육은 이웃나라인 중국이나 일본에 견주어 결코 못하지 않았다. 역사의 시곗바늘을 거꾸로 돌려 19세기 초로 거슬러 올라갈 수 있다면, 조선의 교육 여건은 유럽의 국가들과 비교해도 결코 뒤떨어지지 않았을 것이다. 서당은 한국 사회의 문화적 저력을 웅변했다. 그것은 성리학 이념을 모든 계층에 확산시킨 강력한 수단이었다.

전국 어디에나 서당이 있었기에, 조선 사회는 높은 수준의 문화를 자랑하는 성리학 국가가 되었다. 조선 후기에 유행하던 통속소설들도 충, 효, 열의 도덕적 가치를 선양하는 것이 거의 대부분이었다. 심지어 무속인들 사이에서 전해져 내려온 서사무가조차도 성리학적 가치에 위배되는 것은 하나도 없었다.

서당을 통한 고급문화의 경험은 훗날의 교육열로 다시 꽃을 피웠다. 일제의 압제에서 풀려난 한국 사회는 사상 최고의 교육열을 보였다. 전 세계가 깜짝 놀랄 지경이었다. 교육 열기가 현대 한국의 산업화와 민주화를 견인한 주된 동력이었다. 조선 후기에 퍼졌던 서당 교육의 열기가 되살아나, 한국의 근대화를 선도한 것이다.

아쉬운 점도 있다. 오늘날 한국의 교육은 입시지옥을 낳았고, 한국인을 무한경쟁으로 몰아넣고 있다. 조선시대의 서당은 경쟁과 갈등을 부추기기보다는 조화로운 삶에 기여하는 바가 훨씬 컸다. 사회적 통합과 도덕적 삶의 가치를 앙양하는 등, 서당은 교육의 사회문화적 순기능을 강화하는 토대가 되었다. 현대 한국의 교육제도는 서당의 역사적 전통을 적극 수용해야 할 것이다. 여기서는 변화를 위한 구체적인 계획을 언급할 겨를은 없다. 단지 그 필요성을 힘주어 강조하는 데 그친다.

03

한마을 선비와 농민이
손잡고 의병이 되어

─────────

19세기 후반이 되자 서구열강의 침략이 시작되었다. 병인양요(1866년 프랑스 함대의 침략)와 신미양요(1871년 미국 함대의 침략)가 이러한 추세를 입증한다. 서세동점의 추세를 누구도 피할 수 없었다. 이제 조선 사회는 마치 거대한 파도에 떠밀려 난파하는 한 척의 조각배와 같았다. 서구열강은 근대식 살상무기를 동원하여 조선을 압박했다. 조선은 개항을 강요당했고, 열강과 불평등 조약을 맺어야 했다. 그들은 여러 가지 이권을 빼앗아갔다. 그 와중에 메이지 유신(1868)으로 서구식 근대화에 성공한 일본도 서구열강과 어깨를 나란히 하여 조선의 국권을 강탈하려 들었다.

조선의 선비들이 일어났다. 그들은 국권을 회복하기 위해 구국의 의병운동을 전개한 것이었다. 마을이 선비들의 부름에 호응했다. 성리학의 이념으로 무장한 농민들이 죽음을 무릅쓰고 저항의 길에 함께 나섰다.

기존의 사회질서에 불만을 가진 사람들은 동학의 기치 아래 뭉쳤다. 그런데 동학운동의 저변에도 성리학의 근본정신이 맥맥이 흐르고 있었다. 동학의 종지(宗旨) '인내천(人乃天: 사람이 곧 하늘이다)'은 천인합일설을 변형한 것이었다. 동학의 교조 최제우는 성리학자 최옥의 자제로, 어린 시절에 성리학적 교양을 착실히 쌓은 선비였다. 1894년 동학농민운동을 주도한 전봉준과 김개

남 등도 모두 이름난 선비의 후예로, 평시에는 마을에서 훈장 노릇을 했다. 훗날 동학을 계승한 증산교 측에서는 최제우의 가르침이 지나치게 성리학(유교)에 기울었다고 비판할 정도로 성리학과 동학 사이에는 사상적 유대가 깊었다.

선비가 구국의 일념으로 창의(倡義)하자, 마을 사람들이 뒤따라 일어났다. 조선 사회의 특징이 여기에 있었다. 선비와 농민이 가치관을 공유했기 때문에 가능한 일이었다. 선비가 농민들의 신망을 잃지 않았음을 증명하는 것으로도 볼 수 있다.

국운이 위태로웠던 19세기 말부터 20세기 초까지 전국에서 의병운동이 전개되었다. 그 중심에 선비들이 있었다. 가장 대표적인 인물은 최익현이었다고 생각한다. 그는 제자 임병찬 등과 함께 호남의 순창 지방에서 의병운동을 일으켰다. 평일에는 단 한 번도 무기를 손에 쥐어본 적이 없는 그들이 무장투쟁을 일으켰다. 그들의 싸움은 물리적인 전쟁이 아니었다. 도덕심의 투쟁이었다. 그들은 살고자 일어선 것이 아니라, 죽음으로써 신념을 지키고자 했다. 다름 아닌 자기희생의 길이 의병운동이었다.

1906년(광무 10) 윤 4월 11일, 최익현은 「의병을 일으켜 역적을 토죄할 것을 건의하는 소」를 고종에게 올렸다. 상소문에서 그는 의병투쟁의 막다른 길에 나설 수밖에 없는 처참한 심정을 다음과 같이 토로했다.

"나라 안팎의 도적들이 합세하여 임금을 협박하고 강제로 조약을 맺어 침탈을 강행하였습니다. 이제 나라가 존재한다는 말은 허울에 지나지 않고, 폐하가 계시는 자리도 허위(虛位)에 불과합니다. 종묘와 사직은 보전할 길이 없고, 민생은 어육(魚肉)이 될 날만 손꼽아 기다릴 뿐입니다. (……) 그런데도 역적들은 적(일본)의 앞잡이가 되어 우롱을 감수하며 이렇게 둘러댑니다. '일본에 외교권을 잠시 빌려주었다가 우리가 부강하게 되면 다시 찾을 것이다.'

아, 저 왜놈들이야 어차피 마음과 행실이 짐승 같은 오랑캐이니 인간의 도덕으로 꾸짖을 수도 없습니다. 하지만 우리나라의 역적들은 국가와 무슨 원수를 졌기에 기어이 나라를 망치고자 이처럼 차마 입에 담지 못할 일을 저지른다는 것입니까?"

1905년에 조선왕조는 일본의 협박을 이기지 못하고 을사늑약을 맺었다. 나라의 외교권을 박탈당하고, 하루아침에 일본의 보호국으로 전락하고 말았다. 이완용 등 이른바 '을사오적'은 나라의 대신으로서 길이 씻을 수 없는 매국의 죄를 지었다. 최익현은 그러한 역적들을 통렬히 규탄했다. 그는 국가의 운명을 염려하는 선비로서의 입장과 각오를 단호한 어조로 밝혔다.

"만약 하늘이 내린 재앙을 (우리가) 뉘우치지 않아, (구국의) 뜻을 이루지 못하고 저들에게 짓밟히게 된다면, 신은 죽음도 달게 받아들이겠습니다. (장차 저는) 사나운 귀신이 되어 원수 놈의 오랑캐를 쓸어 없앨 것입니다. 맹세코 저들과 더불어 같은 하늘 아래 살지 않을 결심입니다."

의병을 일으켜 뜻을 이루지 못하는 일이 있더라도, 죽을 때까지 싸우겠다고 최익현은 맹세했다. 죽어서라도 사나운 귀신이 되어 일본에 원수를 갚겠다고 다짐했다. 이때 최익현의 나이 74세였다. 바로 그해에 최익현은 거사에 실패하여 쓰시마로 끌려가 온갖 고초를 당하다가 순국하고 말았다. 그는 자신의 말을 끝까지 행동으로 실천했다.

객관적인 정세로 보면, 의병투쟁에는 승산이 거의 없었다. 이를 모를 리 없었으나, 최익현은 고종에게 올린 상소문에서 이렇게 부언했다.

"(역적들이 스스로) 저들의 노예가 됨을 즐거워하며, (도리어) 대의를 세운 우리들을 원수처럼 여겨 (제 놈들끼리 앞을) 다투어 (우리들) 의병을 비도(匪徒: 도적 떼)라 부르며 헐뜯는다 해도, 신은 그런 일을 (털끝만큼도) 염려하지 않을 것입니다."

그의 짐작대로 매국노들은 의병을 '비도'라고 헐뜯었다. 연로한 큰선비 최익현은 억울하게 도적 떼의 누명을 쓰게 된다 해도, 목숨을 바쳐 구국의 대열에 나서지 않을 수 없었다. 그는 비통한 그 심정을 고종에게 미리 털어놓았던 것이다.

　그런 슬픔이 어찌 최익현 한 사람만의 것이었겠는가. 황량한 들판에서, 깊은 산골짜기에서 이름 없이 쓰러져간 모든 의병의 공통된 심정이었을 것이다. 그들은 미관말직의 영예조차 누리지 못한 평범한 농부들이었다. 사랑하는 처자식을 버리고 스스로 죽음의 대열에 합류한 무명의 마을 사람들이었다. 이것이 어찌 예사로운 일이었을까. 수만 수십만을 헤아리는 평범한 농부들이 그때 그렇게 비장한 선택을 했다. 그들은 나라를 잃고 구차하게 살기보다 차라리 떳떳하게 죽기를 바랐다. 우리 역사에는 이런 엄숙한 순간이 있었다. 죽음의 깊은 의미를 모르고서는 차마 단행할 수 없는 운명의 선택이었다. 이것이 성리학의 역사적 결실이요, 선비의 문화적 역량을 증명하는 좌표이기도 했다.

　구한말 의병장으로 유독 나의 눈길을 끄는 이가 또 있었다. 고광순(高光洵)이다. 그는 임진왜란 때 의병장으로 활약하다 순국한 고경명의 12세손이다. 명망 높은 선비 가문의 후예로서, 고광순은 을미사변(1895년 민비 시해사건)이 일어나자 의병을 일으켰다. 그는 여러 고을에 격문을 보냈고, 기우만과 함께 의병을 모집했다. 그는 좌도의병대장에 추대되었고, 나주와 광주를 무대로 의병활동을 펼쳤다.

　그 뒤 1906년 4월, 최익현이 순창에서 의병을 일으켰다는 소식을 듣고 바로 달려갔다. 그러나 그가 순창에 도착하기도 전에, 최익현은 패전하여 서울로 압송되었다.

　그 이듬해 1월 24일, 고광순은 고향 마을에서 고제량, 고광훈, 고광채 등 여러 일가와 윤영기, 박기덕 등과 뜻을 모아 다시 의병을 일으켰다. 그해 2월에는 남원의 양한규와 힘을 합쳐 전라도 남원성을 공격했다. 5월에는 전라도 능주를 공격했고, 8월에는 동복으로 쳐들어갔다. 곧이어 지리산 문수암을 거점으로 활약하던 의병장 김동신과 연합작전을 계획했다.

그해 8월에는 구례 연곡사 방면으로 진출하여, 화개동과 문수암 일대에 의병을 주둔하고 군사훈련을 실시했다. 군량미도 확보하여 '불원복(不遠復: 곧 나라를 회복한다)'이라는 깃발을 세우고, 의병들의 사기를 북돋았다. 하지만 그해 9월, 일본군이 연곡사를 습격했다. 그는 부장 고제량 등과 함께 장렬히 전사했다.

고광순도 그러했고, 구한말 의병들은 불리한 전세에도 불구하고 의병투쟁을 계속했다. 그들은 죽음을 무릅쓰고 최후의 순간까지 치열하게 항쟁을 계속했다.

구한말 의병운동은 어느 한 지방에 국한되지 않았다. 침략자 일본은 선비들이 이끄는 의병운동에 경악했다. 마침내 그들은 극약처방을 강구했다. 1910년 강제합병을 눈앞에 두고 그들은 이른바 '남한대토벌'을 단행했다.

1909년 9월부터 2개월에 걸쳐 일제는 의병활동이 유난히 활발했던 남부지방에 최정예부대를 파견했다. 최신 무기로 무장한 일본군은 조선 의병들에 대해 무차별적이고 대대적인 살상을 감행했다. 그때 남부지방의 의병은 지리산과 전라도 해안지역을 중심으로 많은 활약상을 보였다.

일본군 보병 2개 대대와 해군함정이 투입되었다. 그들의 조직적이고 근대적인 군사작전에 맞서기에는 무기와 전력 면에서 역부족이었다. 일본군은 사방에서 의병을 포위하고, 의병의 근거지가 될 만한 마을을 샅샅이 수색했다. 이때 무고한 인명이 곳곳에서 목숨을 잃었다.

일제는 토벌작전을 구실로 조선 사회 전반을 강하게 압박했다. 시국은 살

얼음판이 되었고, 전국이 공포 분위기에 사로잡혔다. 그런데 잔학무도한 토벌작전에서 용케 살아남은 의병들도 있었다. 그들은 조국을 등지고 만주로 떠나 그곳에서 무장투쟁을 계속했다. 1910년 강제합병이 현실화되자, 북부지방에서 활동하던 의병들도 만주와 연해주 등지로 떠났다.

오직 붓과 책만 숭상하던 선비였다. 또 그들의 교화로 순후한 인심을 자랑하던 농민들이었다. 그러나 외적이 침입하여 나라의 운명이 위태로워지자, 그들은 서로 손을 잡고 분연히 일어섰다. 목숨을 아끼지 않고 최후의 순간까지 투쟁을 전개했다. 그들의 비상한 의기와 애국심은 과연 어디에서 비롯되었는가. 만약에 그들이 성리학의 가르침을 몰랐어도 이런 운동이 가능했을까. 서당이 없었어도, 문자를 몰랐어도, 이처럼 의로운 행동이 일어났을까. 곰곰이 생각해볼 일이다.

조선 의병의 전통은 임진왜란 때부터 시작되었다. 이긍익의 역사책 『연려실기술』 「선조조고사본말(宣祖朝故事本末)」에는 16세기 말에 활약한 의병들의 활동이 기록되어 있다. 당시 제일 먼저 의병을 일으킨 선비는 곽재우였다. 1592년 4월 27일, 그는 의병을 거느리고 적과 싸워 이겼다. 의병을 일으킬 때 곽재우는 마을 사람들을 모아놓고 이렇게 말했다.

"적병이 이미 박두하였다. 우리의 부모처자는 장차 적들의 포로가 될 것이다. 지금 우리 고을에 나이가 젊어 (적과) 싸울 수 있는 장정이 수백 명은 될 것이다. 만약 마음을 모아서 정암나루(경상남도 의령군)에 진을 치고 방어전을 편다면, 우리 고장을 보전할 수 있을 것이다. 어찌하여 가만히 앉아 죽기를 기다릴 것인가."

곽재우는 재산을 처분하여 군자금으로 내놓았다. 자신의 의복을 의병들에게 나눠 입혔고, 처자의 옷을 가져다 의병의 가족들에게 주었다. 그가 하는 일은 매사가 이런 식이었다. 이에 많은 사람들이 그를 믿고 따랐다. '천강홍

의장군(天降紅衣將軍: 하늘에서 내려온 붉은 옷 입은 장수)'이라는 별명이 그냥 생긴 것은 아니었다.

곽재우가 거느린 의병은 일본군과 싸워 수십 차례를 이겼다. 경상우도를 지킬 수 있게 된 것은 모두 그의 공이었다. 허목은 「망우공유권서(忘憂公遺卷序)」에서 이렇게 말했다.

"온 나라가 함락될 지경이었으나, 남쪽 지방 사람들은 그를 장성(長城)처럼 믿었다. 왕도 그를 장하게 여기며, 그의 명성을 뒤늦게야 알게 된 것을 한탄하였다."

전쟁이 끝나고 광해군이 즉위하자, 곽재우에게 궁중의 수비를 맡겼다. 그를 함경도 관찰사로 임명하기도 했다. 그러나 그는 병을 핑계대고 곧 고향마을로 물러갔다. 곽재우는 자신이 전란 때 세운 공훈을 자랑하지 않았고, 초야에 묻혀 살며 마을 사람들의 존경을 받았다. 이 얼마나 떳떳하고 아름다운 선비의 모습이었던가.

왜란의 혼란 속에서도 참다운 선비들이 있었다. 앉아서 조용히 죽음을 맞을지언정 결코 지조를 잃지 않은 의병장들이었다. 전라도 나주 출신 김천일(金千鎰)과 양산숙(梁山璹)이 대표적이었다. 1593년(선조 26) 요충지인 경상도 진주가 왜군에 포위되어 형세가 매우 위급했다. 그러자 김천일은 의병을 이끌고 사지로 쫓아갔다. 주위에서는 그에게 진주성을 떠나 목숨을 보전하라고 강권했다. 김천일은 그 말을 따르지 않았다. 그는 촉석루 한쪽을 끝까지 수비했다. 적군이 성 위로 올라오자, 그는 엄숙하게 북쪽을 향하여 두 번 절하고 적의 칼을 받았다.

양산숙 또한 호남의 선비로서 김천일의 휘하에 있었다. 김천일을 따라 죽지 않아도 무방한 처지였다. 김천일은 그에게 성 밖으로 탈출하라고 간곡히 권유했다. 그러나 양산숙은 의리를 저버릴 수 없다며, 김천일과 함께 장렬히 전사했다. 이항복은 김천일과 양산숙의 절개를 기리며, "평소 행동이 독실한 선비들이 아니었다면, 어찌 이렇게까지 할 수 있었으랴" 하고 탄식했다.

이렇듯 임진왜란 때에도 의병은 빛을 발했다. 선비는 마을의 스승으로서 평일에는 뭇 사람들의 사표(師表)였다. 국난을 당해서는 재물을 아낌없이 내놓아서 군자금으로 썼고, 목숨을 초개처럼 버리고 국운을 바로잡았다. 그 전통이 면면히 이어졌기에 구한말에도 많은 선비들이 의병운동을 이끌었던 것이다.

어떤 이는 임진왜란 때 의병에 대한 국가의 대접이 소홀해서, 그 뒤에는 의병을 일으키려는 사람이 없었다고 말한다. 터무니없는 낭설에 불과하다. 최익현, 임병찬, 고광순, 김동순 등 이루 헤아릴 수 없이 많은 의병장들이 조국의 산하를 끝까지 지켰다는 사실을 잊지 말자.

의병운동에 투신하는 것은 목숨을 버릴 각오와 재산을 하루아침에 잃어버리는 큰 결단이 필요한 일이었다. 생사를 건 비장한 결심이었다. 어찌 선비들만의 힘으로 가능한 일이었겠는가. 그들의 곁에는 생사를 함께 한 마을 사람들이 있었다. 조선 사회의 참모습이 여실히 드러난 장면이었다.

선비로 형상화된 양심적 지식인은 제 한 몸의 지조를 지킬 뿐만이 아니다. 그에게 감화된 무수한 이웃들까지도 의인(義人)으로 바꿔놓는다.

지난 수십 년 동안 한국 사회에서는 민주화가 성공적으로 진행되었다. 이웃한 여러 나라와는 비교할 수 없을 정도로 성공적이었다. 독재권력의 무자비한 탄압에도 불구하고, 이 땅에는 꿋꿋한 지식인들이 많았다. 그들과 뜻을 함께 하여 행동으로 연대하는 시민들도 많았다. 모두가 거센 저항운동으로 폭력적인 독재정권에 맞서 싸웠다.

그간의 시민운동을 이렇게 관련짓는 것은 지나치게 단순하고 편의적일지도 모르겠다. 그런데 지식인과 시민들이 혼연일체가 되어, 왜곡된 역사 흐름을 바로잡은 것은 명백한 사실이었다.

그 사이 성리학은 거의 명맥이 끊어졌고, 갓 쓴 선비는 주변에서 자취를 감추었다. 마을과 서당을 중심으로 펼쳐진 선비들의 사회문화적 활동도 끝이 났다. 의병운동은 그 마지막 불꽃이었을 것이다. 그런데도 조선 선비의 전통은 완전히 소멸하지 않은 것이 아닐까. 그것이 이렇게 살아남아서 현대 한국 사회에 막대한 영향을 미치고 있는 것은 아닐까.

우리는 이제 더욱 뚜렷한 의지를 가지고 선비의 길을 이어나가야 하지 않을까. 21세기의 변화된 세상에 걸맞게 선비의 전통을 되살릴 방안을 숙고할 때다. 전통의 단순한 답습이 아니라 재창조가 절실히 요구된다고 생각한다. 우리 사회에 누적된 갈등과 대립의 분화구를 깨끗이 쓸어내고, 실의와 절망에 빠진 대중에게 소생의 기운을 불어넣을 방법을 본격적으로 궁리해야 한다. 우리 사회가 선비의 떳떳한 길을 이어나갈 수 있기를 나는 소망한다.

9장

인간관계와 사회 질서의
촘촘한 그물망

오늘날 우리는 무연(無緣)의 사회에 살고 있다. 노년의 고독사가 더 이상 남의 이야기가 아니다. 왕따는 이미 오래전부터 국어사전에 버젓이 올라 있다. "따돌리는 일. 또는 따돌림을 당하는 사람"이라고 했다. 우리 사회의 약자들은 갈수록 고립되어 의지할 데가 없다.

강자들은 다르다. 그들은 온갖 특권을 누리며 부와 지위를 세습한다. 오죽했으면 '유전무죄 무전유죄'라는 말이 생겼을까. 죄를 지어도 돈이 있으면 벌을 받지 않고, 죄가 없어도 약자는 벌을 받는다는 말이다. 이런 세상이 되고 말았다면 정말 끔찍한 일이다. 근년에 금수저 타령이 생긴 것도 결코 우연이 아니다.

세태가 이러할수록 관계의 따뜻함과 정의로운 질서를 바라는 마음이 더욱 커진다. 나 혼자만의 바람이 아닐 것이다. 선비들의 세상은 과연 어떠했을까. 문득 호기심이 생긴다. 이미 지나가버린 과거가 현재의 문제를 직접 해결해주지는 못할 것이다. 그러나 역사가 현재의 우리에게 위로와 용기를 주고, 미래를 위한 계획에 적잖은 도움이 될 수는 있다.

그런 점에서 내가 주목한 것은 선비들의 계회, 즉 각종 모임이었다. 특히 집안의 족계(族契)를 비롯하여, 마을의 동약(洞約) 또는 향약(鄕約), 그리고 한 사람의 큰선비에게 함께 배운 문생(門生)들이다.

무턱대고 선비들이 관여한 각종 조직을 미화할 생각은 없다. 그러기에는 목에 가시처럼 걸리는 폐습이 적지 않았다. 세상 인연을 지나치게 강조하다 보면 사회적으로 물의가 빚어지기 마련이었다. 그럼에도 선비들 사이에는 훈훈한 정이 넘쳤고, 미담도 많았다. 이 글에서는 단점을 들추기보다는 주로 장점에 초점을 맞출 생각이다. 그것이 이 글의 목적에 부합하는 일이라 믿는다.

01

정이 넘치는
계모임 풍경

조선시대에는 일일이 셀 수 없이 많은 계모임이 있었다. 신분과 성별에 관계없이 사람들은 인연을 소중히 여겼기 때문이다. 그들은 다양한 계를 만들어 친목을 도모했다. 어려움이 있으면 계원들이 힘을 모아 서로서로 도왔다.

선비들도 예외가 아니었다. 가령 그들은 같은 관청에 근무하게 된 인연을 예사로 여기지 않았다. 자연히 관청마다 계가 조직되었다. 그들은 때로 모임을 열었고, 그 광경을 그림으로 그려 계회도(契會圖)를 만들기도 했다. 그럴 때면 계원 중에서 특히 글을 잘 쓰는 이가 전후사정을 글로 적어 첨부했다.

1593년(선조 26), 최립(崔岦)은 승문원 제조(종2품)로서 본원의 계회도에 자신의 소감을 적었다(『간이집(簡易集)』). 그때는 임진왜란 중이라서 외교문서를 작성하는 승문원의 임무가 더더욱 중요했다. 당대의 이름난 문사들이 모두 승문원에서 함께 일했다. 그러다가 직임이 달라져 서로 석별의 정을 나누기도 했다. 당대의 명문장가로 손꼽히던 최립은 승문원의 계모임을 다음과 같이 적었다.

> 그동안 성대하게 (승문원에) 모여 있다가 이렇게 뿔뿔이 흩어지게 되었으니, 어찌 아쉬운 마음이 들지 않을 수 있는가. 이에 (……) 경치 좋은 장소를 골라서 그동안

쌓인 회포를 풀며 술잔을 높이 들고 즐겁게 노는 자리를 마련하였다. 처음에는 질서정연한 좌석 위에 빙호(氷壺)의 빛만 어른거리다가, 산자락에 석양빛이 깔리자 옥수(玉樹)가 일제히 기우뚱해졌도다. 사람들이 이 광경을 보았다면 아마도 신선들이 내려와 노닐지 않는지 의심하였을 것이다.

승문원에서 함께 근무하던 선비들이 인사 발령으로 뿔뿔이 헤어지게 되었다. 이별을 아쉬워하며 승문원의 모든 선비들이 온종일 경치 좋은 곳에서 잔치를 벌였다. 처음에는 어색한 광경도 없지 않았으나, 해 질 무렵이 되자 모두들 격의 없이 가까운 사이가 되었다. 그들은 마치 하늘에서 내려온 신선들처럼 격조 있게 이 모임을 즐겼다고 했다.

한 관청에서 함께 근무한 선비들이 계를 맺어, 평생 형제처럼 친하게 지내는 풍습은 실로 오래되었다. 15세기 후반 정극인은 사간원 정언(정6품)을 지냈는데, 사간원의 계회도에 동료 간의 두터운 정의(情誼)를 다음과 같이 기록했다(『불우헌집』 제1권, 「미원계회도(薇垣契會圖)」).

예부터 궁궐의 서쪽은 문신이 머무는 곳(古來西掖着詞臣)
우리 정분은 형제나 다름없다오(骨肉斯文分義均).
봉사를 아뢰느라 대궐에서 늦게 돌아오고(封事奏回丹鳳晚)
시를 읊으며 사간원의 봄에 취하네(哦詩醉罷紫薇春).
마음에 다짐함은 다만 명철한 임금께 보답할 일(矢心只爲報明主)
손을 뒤집듯 어찌 벗을 저버릴 것인가(飜手何曾負故人).
그대들이여, 힘써 만절을 보전하오(努力諸君全晚節).
생각건대 영락은 모두 작은 티끌일세(尋思榮落摠微塵).

아름다운 봄날 술과 음악이 흥을 돋운 사간원의 계모임이 손에 잡힐 듯하다. 정극인은 간관(諫官)으로서 끝까지 절개를 지키리라 다짐했다. 또 형제 같은 동료들과 죽을 때까지 신의를 지키겠노라 맹세했다. 세상에서의 출세는 티끌과도 같다며 권력에 아부하기보다는 도덕의 명령에 따르기를 결심한 것이 일품이다.

16세기 전반까지도 같은 관청에 함께 근무한 선비들의 정이 도타웠다. 이행(李荇)의 시에도 승정원 동료들의 정겨운 모습이 역력하다(이행, 『용재집(容齋集)』 제2권, 「은대계회도(銀臺契會圖)」). 한 대목을 아래에 옮겨본다.

> 평안한 시절이라 할 일 별로 없네(安帖文書少).
> 느리게 흐르는 세월이 길게 느껴지오(委蛇日月長).
> 동료들은 모두 빼어난 인재요(同僚群俊彦)
> 마음이 모두 하나같이 잘 통하네(久要一肝腸).

태평성대의 평안함이 느껴진다. 생각하기에 따라서는 조금 지루한 세월이었을지도 모르겠다. 승정원의 동료는 모두 당대의 빼어난 선비들이었다. 서로가 서로의 재능을 인정하고 깊은 정을 주고받으며 하루하루 우정을 키우고 있었다. 이행의 승정원 시절은 평안하고 다복했던 것 같다. 그는 1517년(중종 12) 승정원 좌승지(정3품)와 도승지(정3품)를 지냈다.

그런데 16세기 후반부터 당쟁이 격화되었다. 선비들의 사회에 틈이 생겼다. 동일한 관청에 근무하는 선비들이라도 저마다 당색을 달리했다. 서로 갈등하고 깊은 혐의를 두게 되어 조정의 분위기가 날로 흉해졌다. 화합이 깨지고 만 것이다. 이전의 계회도에 기록된 선비들의 아름다운 우정이 되살아나기는 쉽지 않은 일이 되었다. 당쟁의 폐습이 안타깝기만 하다.

물론 선비들 사이의 정의가 완전히 사라진 것은 아니었다. '동방(同榜)', 즉 같은 과거시험에 합격한 선비들끼리는 내내 친구로서 우정을 쌓기도 했다. 1902년 매천 황현이 쓴 「동복의 사평으로 동년 평숙을 방문하다(同福沙坪訪平叔同年)」라는 시에서도 그러한 예를 발견할 수 있다.

여기서 말하는 '동년'이란 1888년(고종 25) 생원진사 시험에 함께 합격한 선비들을 가리킨다. 평숙은 누구인가. 진사 송태회(宋泰會)를 가리킨다. 송태회는 전라도 화순 출신으로, 1902년 봄 중국 상하이에서 돌아왔다. 그는 중국으로 건너가서 해외사정도 알아보고 많은 공부를 했다. 나중에는 『대한매일신보』의 기자로도 활약했다. 황현과는 서로 뜻이 통하는 벗이었다.

황현의 시에서 나는 다음과 같은 구절에 주목했다.

등불 아래 주저하며 잠깐의 이별에 놀라네(燈下依遲驚少別).
기이한 소식을 떠올리노라니 미간이 뭉클하네(眉間蓬勃想奇聞).

진사 송태회는 전년(1901년)에 중국으로 떠났었다. 1년 만에 일시 귀국하여 중국에서 보고 들은 기이한 소식을 친구 황현에게 들려주었다. 그러나 송 진사는 곧 중국으로 돌아갈 예정이었다. 황현은 그와 함께 중국에 유학할 날이 오기를 바랐다.

어찌하면 그대와 함께 서쪽으로 건너갈 수 있을까(安得携君更西渡).
오악의 봉황들과 함께 날아볼까(交翔五岳鳳鸞羣).

이것은 조금 다른 이야기지만, 1905년에 을사늑약이 강제로 체결되자 황현은 중국으로 망명할 생각을 품기도 했다. 그러나 형편이 여의치 않았다. 송태회는 그때도 아직 중국에 머물고 있었다. 어쨌거나 황현은 같은 해(1888)에 진사가 된 송태회를 '동년'이라 부르며, 평생 동안 각별한 정을 느꼈다.

조선시대에는 동년인 선비들이 계를 전국적인 규모로 만들고 합격자 명부인 '동방(同榜)'을 인쇄하여 한 부씩 나눠 가졌다. 만일 그들 선비 중에서 이황, 이이 같은 훌륭한 선비가 배출되었을 경우에는 후손들까지도 이를 큰 영광으로 여겼다. 그리하여 방목을 다시 인출(印出)하고, 후손들끼리 친목을 다지기도 했다. 훌륭한 선비와 뜻깊은 인연이 있다는 것은, 오랜 세월이 흐른 뒤에도 결코 잊지 못할 아름다운 일이었기 때문이다.

족계,
든든한 사회안전망

많은 사람들은 족계라면 고개를 가로젓는다. 아무래도 그것은 자기 집안 사람들의 이익만 도모하는 조직이라고 생각하기 때문이다. '족계는 한낱 구시대의 유물로서 가문 이기주의를 낳은 근본적인 원인이다.' 어디서나 쉽게 들을 수 있는 비판이다. 일리 있는 지적이라고 생각한다.

그러나 그렇게 속단해버린다면 족계의 역사적 기능을 제대로 이해하지 못하게 된다. 족계를 함부로 비판하기에 앞서 우리가 할 일이 있다. 이런 사회 조직이 등장한 것은 언제이며, 누가, 왜 이런 조직을 필요로 했는지를 차근차근 따져볼 필요가 있다.

왜, 하필 족계인가라며 의아하게 여길 사람들도 있을 것이다. 그 이유는 간단하다. 조선의 선비들, 특히 16세기 이후의 선비들은 너나없이 족계에 관심을 가졌기 때문이다. 선비들은 족계의 구성원이자, 그 대표로서 핵심적인 역할을 담당했다. 족계를 떠나서는 선비다운 삶을 영위할 수 없었다.

족계가 본격적으로 등장한 것은 16세기 초였다. 알다시피 성리학이 한국 사회에 수용되기 시작한 것은 14세기 후반이다. 그런데 그것이 각지에 널리 퍼져 하나의 실천이념으로 뿌리내리기까지는 100년도 넘는 세월이 걸렸다. 조선의 선비들은 성리학을 신봉했기에, 예법의 시행 주체가 되는 부계혈연 조직인 족계를 구성하기를 열망했다. 집안 살림이 가난해도 대대로 선비를 길러내려면 집안의 도움이 필요했다. 조상의 유지(遺志)를 받들기 위해서도 족계라는 조직이 반드시 있어야 했다.

그리하여 각지의 선비들은 앞다퉈 족계를 조직하기 시작했다. 하지만 16세기 말, 임진왜란이 일어났다. 뜻밖의 전쟁으로 인해 조선 사회는 위기에 빠졌다. 선비들의 인적·물적 기반도 일시에 무너졌다. 갓 출범한 족계의 운명도 위태로웠다. 그 전쟁은 무려 7년을 끌다가 겨우 끝이 났다. 평화는 다시 찾아왔으나 논밭은 황폐해졌다.

이에 선비들은 족계 재건에 박차를 가했다. 계를 중심으로 그들은 성리학적 질서를 회복하려 했다. 그들은 자랑스러운 선비의 자손으로서 정체성을 확립하고, 상호 친목을 강화하며, 서로서로 도와서 하루빨리 위기를 극복하고자 했다.

자연히 조선시대 문헌에는 족계의 활동에 관한 기록이 많다. 그 가운데서도 나는 영남의 큰선비 여헌 장현광이 쓴 한 편의 글에 주목했다. 알다시피 그는 17세기 영남을 대표하는 학자였다. 1601년(선조 34) 7월, 인동장씨 족계를 중수(重修)하며 그는 족계 서문을 지었다(『여헌선생문집』, 제8권). 이 글은 족계의 성격과 기능을 구체적으로 이해하는 데 큰 도움이 된다.

우선 장현광은 인동장씨 족계가 언제, 어떻게 시작되었는지를 설명했다. 그 계를 처음 만든 사람은 그의 족조(族祖)인 진사 장잠(張潛)이었다. 16세기 중엽의 일이었다. 장현광의 선친 장열(張烈)도 족계가 출범할 때 많은 힘을 보탰다. 그럼 초창기 족계의 구성은 어떠했고, 그 목적은 무엇이었을까. 장현광의 설명을 들어보자. 인동장씨 족계는 순수한 부계혈족 집단이었다고 한다. 그들은 친족 간의 화목을 도모하고, 어려운 일이 있으면 서로 돕고자 했다. 계원 중에서 재산이 넉넉한 이들은 가난한 친족의 의식주를 힘껏 도와주었다. 또 집안에 경사가 있으면 서로 모여 축하했고, 근심이 있으면 힘을 합쳐 문제를 해결했다. 이처럼 온 집안을 화목하게 만들고 종족을 길이 보존하기 위한 조직이 족계였다.

우리 역사에서 족계가 널리 퍼진 것은 17세기의 일이었다. 인동장씨 족계는 다른 집안에 비하면 일찌감치 시작한 편이었다. 장씨들 중에는 성리학 공부에 전념하는 선비들이 많았기에 가능한 일이었다.

초기의 족계는 규모가 그다지 크지 않았다. 그 점을 장현광은 다음과 같이 기술했다.

"늙은이와 어린이, 적자와 서자를 합하여 계에 (참가시켜야 하겠는데, 정식으로) 가입한 인원은 모두 30여 명이었다. 나이가 어려 아직 결혼하지 못한 관계로, 부형(父兄)의 이름 아래 수록된 이들도 또한 많았다."

정식 계원은 30여 명 정도였던 것이다. 그들은 이미 결혼하여 가정을 이룬 성인 남성이었다. 오래전 나는 전국 각지의 족계를 조사한 적이 있었다. 그때의 기억에 따르면, 초창기의 족계는 계원 수가 대략 20~30명이었다. 인동장씨의 족계는 규모나 운영 방식에 있어서 결코 예외가 아니었다고 생각한다.

임진왜란으로 인해 전국의 족계는 사실상 기능이 거의 마비되었다. 특히 경상도 일대는 전란의 피해가 가장 큰 편이었다. 전쟁이 끝나자 여러 지방의 선비들은 족계를 재건하는 데 힘을 쏟았다. 유교문화의 전통이 가장 깊었던 경상도 지방이 제일 적극적이었다. 인동장씨 집안도 그런 시대적 흐름 속에 위치했다.

장현광은 당시 명성이 높은 대학자였다. 그럼에도 나아가지 않고 향리에 머물며 학문 연구에 잠심했다. 그는 자연히 집안의 중심인물이 되었고, 틈나는 대로 집안 자제들과 이웃의 젊은 선비들에게 글을 가르쳤다. 그런 장현광에게 족계란 일종의 학습공동체였다. 그는 참다운 선비를 기르는 것보다 더 중요한 일은 없다고 확신했다. 그의 뜻은 족계의 서문에도 잘 나타나 있다.

"마침내 글을 강(講)하고 외우는 과정을 만들어, 집안 어린이들에게 학문을 권장하였다. 매달 초하루와 보름이면 모여 앉아서 글을 강하게 한 다음, 등급을 정하여 장려하였다. 이는 우리 족계의 아름다운 일이었다."

인동장씨 족계는 매달 두 차례씩, 즉 초하루와 보름에 집안 자제들을 소집하여 학력검정을 실시했다. 그런데 장현광 등이 재건한 족계는 순수한 부계 혈연 집단이 아니었다. 그들은 이 계에 참여할 수 있는 자격을 많은 사람들에게 허용했다. 장씨의 외손들에게도 가입을 허락했다. 내외의 친족을 모두 후하게 대접하려는 그들의 마음을 읽을 수 있다.

그러나 당시의 형편을 헤아려보면, 어쩔 수 없는 일이기도 했다. 전란을 겪고 보니, 부계혈연 집단이 수적으로 크게 위축되었다. 장현광 등이 내외손을 막론하고, 족계에 가입하기를 원하는 사람을 모두 수용한 데는 전쟁으로 인한 인구 감소가 크게 작용했다고 생각한다.

인동장씨와 그 외손들, 이에 더하여 그들과 인척관계인 여러 집안 자손들이 족계에 참여한 것이다. 족계에서는 그들의 이름을 모두 기록하여 한 권의 책자로 만들었다. 계원이 지켜야 할 규약도 새로 정비했다. 그럼 새로 정비된 규약에는 어떤 내용이 들어 있었을까. 내가 보기에는 다섯 가지 사항이 특히 중요한 것 같다.

첫째, 모든 계원이 동등한 권리를 누렸고, 의무도 똑같았다는 점이다. 예외는 있었다. 장씨 조상의 제례를 모시는 일만은 장씨 성을 가진 계원들이 담당하기로 했다. 그밖의 행사에는 내외자손을 구별하지 않고, 모두 동등하게 참여했다.

둘째, 계원들은 생업인 농업에 최선을 다하기로 맹세했다. 농사일이 잘못되면 먹고살 방법이 없기 때문이었다. 선비들이 농업에 힘쓰기로 약속하다니, 뜻밖의 일이라고 생각할 사람들도 있을 것이다. 장현광 등은 그 점을 다음과 같이 설명했다.

"난리를 겪은 뒤라 사람들은 의식(衣食)이 곤궁하다. 그런데 농업이 근본임은 모두 잘 알고 있다. 지금은 모두들 힘써 밭을 갈고, 농사일에 부지런하다. 서로 권면할 필요조차 없을 지경이다. 그런데 (앞으로) 한두 해 동안 풍년이 들면 곡식을 천하게 여기고 술 마시기를 좋아하게 될 염려가 있다. 이렇게 되면 농사일에 게을러질지도 모르겠다. 우리 계원들은 이를 깊이 경계하여야 한다."

임진왜란 직후라 선비들도 생계 문제를 해결하기 위해 농사일에 열심이었다. 하지만 사정이 조금 나아지면 농사일에 게으름을 피울 사람들이 나올 염려가 있었다. 이런 상황 변화에 대비하여 족계에서는 계원들의 각성을 촉구했다.

서양의 기사와 젠트리 또는 일본의 사무라이는 조선의 족계와 비교할 만한 조직을 가진 적이 없었다. 더구나 그들이 농사일에 최선을 다하기로 다짐하는 일은 상상할 수 없는 일이었다. 하지만 조선 선비들은 생계를 자력으로 해결해야 했기 때문에, 농업의 중요성을 철저히 인식했다.

중국의 신사들도 족계를 운영했다. 그들의 조직은 17세기 조선 사회와는 달리 순수한 부계혈연 집단이었다. 중국 족계는 영리를 목적으로 한 사업체이기도 했다. 그들은 상업에 투자하기도 했고, 농지개발 등에도 투자했다. 성씨가 다른 여러 족계들이 한 가지 사업에 공동 투자한 경우도 적지 않았다. 중국의 족계는 일종의 기업과도 같았다. 이에 비해 한국의 족계는 제사공동체, 학습공동체로서의 성격이 짙었다. 또 사회적 안전망의 역할을 담당하기도 했다. 이에 관한 설명은 아래에서 계속된다.

셋째, 족계는 선비들의 사회 조직이었던 만큼, 자제들의 교육에 많은 관심을 가졌다. 장현광의 서문에는 그 점이 다음과 같이 기술되었다.

"계원 중에 나이가 어려 아직 공부에 힘써야 할 아이들에 관한 일이다. 평소처럼 그들이 초하루와 보름에 글을 공부하지 못하는 경우가 있더라도, 그들의 부형은 자식들을 감독하고 권면하여야 한다. 만일 계원의 어린이와 청소년들이 장차 평민이 되고 만다면 어떻게 될까. 준수한 선비가 그들로부터 나오지 못한다면 이 어찌 우리 계의 복이라 하겠는가."

농사일도 중요하지만, 집안의 어린이들을 교육하는 것은 더욱 소중한 일이었다. 자제들이 어려서부터 학업에 힘써, 선비 가문의 명예를 실추하는 일이 없어야겠다고 계원들은 확신했다.

"농부로서 농사일을 부지런히 하지 않거나, 아이 때 공부를 부지런히 하지 않는 이가 있으면 어떻게 할까. 유사(간부)가 살펴보았다가 계가 모이는 날에 이를 모두에게 알린다. 또는 당사자를 불러다가 벌을 주거나, 그 부형 또는 가장(家長)을 꾸짖어야 한다."

족계는 성인으로서 농사일에 태만하거나, 아동인데도 학업을 게을리 하는 경우가 없도록 최선을 다했다. 족계의 본질은 이런 것이었다. 족계란 양반들이 이기심을 노골적으로 드러내며, 백성을 착취하는 수단이었다고만 볼 수 없는 이유다.

넷째, 족계는 맹목적으로 사익을 추구하는 양반들을 강하게 비판했다. 적극적으로 해석하면, 사회 정의를 구현할 강력한 의지를 표명한 셈이었다. 인동장씨 족계는 계원 모두에게 사회적 의무에 충실할 것을 요구했다. 그들이 선비로서의 품위를 지키기를 소망했던 것이다.

"난리를 겪은 이후 서로 토지 소유권을 다투고 노비 때문에 송사하는 일이 곳곳에 풍속이 되다시피 하였다. 참으로 불미스러운 일이다. 만일 약자가 강자에게 침해를 당하고, 정직한 자가 거짓된 자에게 억울함을 당하고, 졸렬한 자가 사기꾼에게 사기를 당하고, 천한 자가 귀한 자에게 빼앗김을 당한다면, 법을 맡은 관가에 그 시비(是非)와 곡직(曲直)을 판별해달라고 요청하지 않을 수가 없다. 그러나 이런 때를 틈타 요행을 바라고, 도덕을 무시한 채 남과 다투기를 좋아함은 매우 추악한 일이다. 우리 계원들은 이런 일을 경계하여, 단 한 사람도 부끄러운 짓을 말아야 한다. 더구나 상란(喪亂.. 임진왜란)을 겪은 뒤라, 지금 마을이 빈터가 된 상황이다. 게다가 밭두둑에도 쑥대와 갈대만 자라고 있지 않은가. 우리가 부지런히 농사에 힘쓴다면 어찌 의식(衣食)을 걱정하겠는가. 비옥한 토지를 널리 차지하는 것이야말로 자손을 위한 계책이라고 여기는 자들이 우리 족계에 들어와 있다면, 그 어리석음이 어찌 딱하게 여기지 않을 수 있겠는가. 어찌하여 남과 다투어 송사를 벌이고 모질게 싸워, 이 난리에 살아남은 외로운 이웃과 화목을 도모하지 않겠다는 것인가."

이것은 왜란으로 폐허가 된 16세기 말의 향촌 사정을 사실적으로 기록한 것이라 생각한다. 당시 많은 양반들은 소송을 벌여서라도 좋은 땅을 차지하려고 서로 다투었다. 또는 남의 건장한 노비를 제 것으로 만들고자 혈안이 되어 있었다. 인동장씨 족계는 이런 일에 계원들이 일체 마음을 둬서는 안 된다고 엄중히 경고했다.

부지런히 농사에 힘쓴다면 생계를 꾸리는 것쯤은 얼마든지 가능하다. 그러므로 공연한 욕심을 부려 이웃과 불화를 일으키지 말라. 이것이 족계의 다짐이었다. 선비 가문의 생명은 도덕심에 있다는 사실을 은연중 강조하는 말이었다.

다섯째, 족계는 계원들이 서로 믿고 의지할 사회적 안전망을 구축하기 위해 힘썼다. 상호구휼이야말로 족계의 또 다른 기능이었다. 장현광은 그 점을 다음과 같이 적었다.

"계원 중에 수재나 화재, 도적 등 의외의 변고를 입으면 모두 힘을 다하여 구원하여야 한다. 만일 환난을 듣고도 급히 구원하지 않는 자가 있으면, 계에서 함께 처벌하도록 한다."

계원들은 크고 작은 어려움이 있을 때마다 무조건 도와주기로 약속했다. 특히 상례와 장례에는 인력과 물자가 많이 소요되므로, 힘껏 도왔다. 선비 가문의 체모를 유지하는 데 필수적인 일이었다. 그밖에 결혼에도 많은 물자가 소요되었다. 이 역시 서로 도와서 무난히 해결하기로 했다.

"세속의 풍습을 보면, 계를 하더라도 길흉사를 부조할 때 횟수를 정해놓고 돕는다. 이미 한정된 횟수가 넘으면 다시 길흉사가 생기더라도 계원들이 다시는 돕지 않는 것이다. 이것은 안 될 일이다. 마치 물건 빌린 사람이 빌려온 숫자만큼만 되돌려주는 행위와 같다니! 기쁜 일과 근심스러운 일을 서로 함께 나누며, 정으로 돕는 의리는 그런 것이 아닐 것이다. 지금 우리 계원들은 세상 사람들이 적고 많음을 따지는 옹색한 규칙을 본받지 말며, 옛사람들을 모범으로 여겨 한결같이 후하게 도와주는 아름다운 마음을 가져야 하겠다."

세상 사람들은 영악해서 상호부조에도 횟수를 정해두고 있었다. 절대 손해 보지 않겠다는 심산이었다. 그러나 인동장씨 족계는 부조의 횟수에 한계를 정하지 않았다. 형편에 따라 도움의 크고 적음을 정할 수는 있겠으나, 어려움에 처한 계원을 외면하는 일은 절대 없기로 약속했다.

그러므로 인동장씨 족계의 구성원이 된다는 것은 부러운 일이었을 것이다. 마치 무한책임이 보장된 보험에 가입한 것이나 다름없었다. 조선 후기에는 이 같은 족계의 규약을 묵묵히 실천하는 선비들이 전국 어디에나 존재했다. 선비의 힘은 족계의 상호부조에서 나왔다고 해도 과언이 아니었다.

위에서 보았듯, 인동장씨 족계는 계원 자제의 교육과 길흉사에 반드시 상호부조를 실천했다. 다른 족계들도 그러했다. 남인의 영수 허목이 작성한 공암 허씨들의 족계 서문에서도 확인되는 일이었다(『기언』 제12권, 「문소족계서(聞韶

族契序)」」).

"기쁜 일에는 축하하고, 우환에는 돕고, 길 떠날 때에는 전별해주고, 때때로 회합을 가져서 신의와 화목을 닦으며, 효제를 돈독히 하고, 풍속을 두텁게 할 것이다. 이는 예부터 전해오는 가르침이다."

시대가 아래로 내려올수록 족계의 규모는 확대되었다. 한 조상에서 갈라져 나온 자손들이 여러 지방에 퍼져 살았기 때문이다. 18세기 후반 죽산안씨의 족계에 관해 호남의 실학자 위백규가 쓴 글이 증명하는 바였다(『존재집』제21권, 「여경화설서죽산안씨문안후(餘慶花說書竹山安氏門案後)」). 호남의 죽산안씨들은 입향조로부터 12대를 지나는 동안 자손들이 여러 곳으로 퍼져나갔다. 장흥, 보성, 강진 및 서울에 흩어져 살았다. 그런데 그들이 사는 지역은 달랐어도 혈족으로서 오랫동안 공고한 유대관계를 유지했다.

안씨들은 해마다 음력 10월이면 공동의 조상(직장공) 산소 앞에 모여 시제를 함께 지냈다. 그날 산소에 진달래꽃이 피면 집안에 큰 경사가 있다고 믿었다. 세상 사람들은 그 꽃을 여경화(餘慶花), 조상의 음덕을 상징하는 꽃이라고 부르기도 했다.

안씨들도 당연히 족계를 운영했다. 그들은 계원 명부를 작성하여 문안(門案)이라 했고, 집안일을 담당하는 유사(有司)를 뽑아 집안의 길흉사를 비롯해 여러 가지 사무를 담당하게 했다.

20세기 중반까지도 모든 선비 집안에서는 위에서 살핀 장씨, 허씨, 안씨들과 마찬가지로 족계를 운영했다. 족계는 서당을 만들어 집안의 자제들뿐만 아니라, 인근 지역의 청소년들에게 교육의 기회를 제공했다. 또 과거시험에 응시하는 자손들에게 여비와 문방구를 후원했다. 당연한 일이겠지만, 집안의 이름난 조상의 위패를 모신 사당도 지었고, 족보도 편찬했다. 훌륭한 조상의 유지를 새기고 가문의 위상을 지키기 위해서였다. 또 길흉사에는 반드시 상호부조를 했다. 특히 가난에 시달리는 집안사람들과 이웃을 구제하는 데 적극적이었다(백승종, 『한국사회사연구』, 일조각, 1996 제7장을 참조).

위에서 확인한 것처럼, 선비들은 기득권층으로서 사사로이 명예와 이익을 추구하는 것을 부끄럽게 여겼다. 그들은 솔선수범하여 도덕적 책무를 다하고자 노력했다. 누구보다 앞장서 세상의 폐단을 없애고 성현의 말씀에 충실한 선비가 되고자 했다.

모든 족계가 이처럼 긍정적인 역할을 수행했다고 보기는 어렵다. 본래의 의미를 잃어버린 족계도 많았을 것이다. 그럼에도 불구하고 족계 본연의 설립 목적이 집단적 이기심의 추구에 있었던 것은 아니다. 우리로서는 마음에 깊이 새겨야 할 것이다.

족계는 계원들에게 사회적 안전망을 제공했고, 계원들이 선비로서 도덕심을 고양하도록 격려했다. 오늘날에는 이러한 전통이 어디로 갔는지 행방을 찾기 어렵다. 물론 지금까지도 여러 대종회에서는 경제 사정이 나쁘거나 장래가 유망한 청소년에게 장학금을 제공하는 경우가 있기는 하다. 방학 때마다 선조의 사당에 모여 조상의 기상을 배우고 전통문화의 장점을 가르치는 집안도 아예 없지는 않다. 그나마 다행이다.

그런데 현대사회에서도 과연 조선시대와 똑같은 형태의 족계가 필요할까. 나는 과거의 족계를 재건하자는 주장을 펼 생각이 전혀 없다. 다만 족계의 주요한 기능이었던 학습공동체의 부활을 바라고 있다. 또 국가의 역할과는 별도로 훈훈한 정이 넘치는 민간 차원의 사회적 안전망이 필요하다고 생각한다. 우리 모두 지혜를 모을 수는 없을까.

03

합당한 규칙이 있는
마을공화국

———

현대 한국 사회는 지방자치제도를 운영하고 있다. 이 제도가 어느 정도 뿌리를 내리게 된 것은 1987년부터였다. 9차 헌법 개정에 따라 지방자치법이 전면 개정되었고, 1991년에는 각급 지방의회가 구성되기에 이르렀다. 그 후 1995년에는 기초·광역자치단체 의원 및 장을 선출하는 동시선거가 치러졌다. 민주적인 헌법 아래 본격적인 지방자치시대가 열린 것이다.

그러나 우리의 지방자치제도에는 부족한 점, 또는 그릇된 점이 적지 않다. 지방은 여전히 중앙에 예속되어 있다. 지방자치단체는 재정적으로 중앙정부에 예속된 상태다. 자치단체가 벌이는 각종 사업도 중앙정부의 강력한 통제와 감시 아래 놓여 있다. 이름만 지방자치일 뿐이다. 실제로는 중앙정부가 각 지방의 크고 작은 일을 좌지우지하는 형편이다.

자유, 평등, 정의의 실현을 바라는 시민사회는 지방자치의 성공을 기원하고 있다. 거대한 중앙정부는 평범한 시민들이 쏟아내는 다양한 요구와 지역적 특성에 어울리는 정책을 한꺼번에 펼칠 수 없다. 가령 인구가 희소한 농어촌 지역의 숙원사업을 현장에서 멀리 떨어진 중앙정부가 결정하는 것은 비효율적이다.

조선시대의 선비들은 강력한 중앙정부를 원하면서도, 그와 동시에 자율적인 '마을공화국'을 꿈꾸었다. 그들은 물론 보통선거라고 하는 민주적인 선거 절차를 알지 못했다. 3권 분립이라는 제도적 장치도 미처 고안하지 못했다. 선비들의 뇌리에는 서구에서 발달한 근대 계몽주의 사상이 털끝만큼도 존재하지 않았다. 그렇지만 조선의 선비들은 그들 나름의 철학과 윤리에 부합하는 마을의 질서를 꿈꾸었다. 동약 또는 향약이 바로 그것이었다.

선비들은 이웃들과 함께 약속, 즉 규칙을 정했다. 이를 '향규(鄕規)', '약속(約束)', 또는 '향약조목(鄕約條目)'이라고 불렀다. 그들은 마을의 규칙을 통해 어떠한 목적을 달성하려 했을까. 단순히 치안을 유지하고 신분질서를 확립하는 데 그친 것이 아니었다. 선비들은 그들의 도덕적 이상이 구현된 이상세계를 현실세계로 불러들이기 위해 노력했다. 물론 조선의 모든 선비들이 다 그랬던 것은 아니다. 서구의 모든 상류층이 이상적인 의미의 신사가 아니었던 것과 마찬가지다.

지구 저편에 루소와 볼테르처럼 고상한 뜻을 품은 계몽사상가들이 존재했듯, 이 땅에도 윤리적 이상국가를 건설하려는 큰선비들이 많았다. 그 가운데서도 나는 백호(白湖) 윤휴(尹鑴, 1617~1680)에 주목했다. 그는 경기도 여주의 향리에서 생애의 대부분을 보냈다. 그가 쓴 「향약조목」은 내용이 방대하여, 그 일부만 발췌해서 소개할 수밖에 없다. 윤휴의 글을 함께 읽으면서 선비들이 마음속에 그렸던 마을공화국의 이상을 음미해보자.

윤휴의 생각이 현대 시민사회가 지향하는 지방자치제도의 미래와 일치할수는 없다. 시공의 차이를 고려할 때 양자 사이에 큰 간격이 존재하는 것은 당연한 노릇이다. 그럼에도 윤휴의 예를 타산지석으로 삼아 몇 가지 지향점을 발견할 수 있다고 본다. 그에 대한 논의는 조금 미뤄두고 우선 윤휴가 남긴 「향약조목」(『백호전서』 제31권)부터 살펴보자.

윤휴는 마을 사람들이 공동으로 일종의 법안을 제정해야 할 이유를 다음

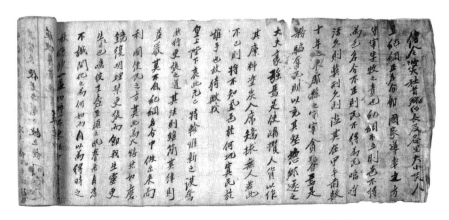

법을 간단히 하고 규칙을 엄히 하는 사실을 마을 사람들에게 알리는 글. 국립중앙박물관 소장.

과 같이 설명했다.

"우리 모든 한 마을 사람들이 서로 사랑하고, 서로 돌보고, 인륜을 돈독히 하고, 신의를 다지면서 그것을 끝까지 변함없이 지키기 위해서는 부득이 일정한 기준과 법이 있어야 할 것이다. 이 때문에 지금 조약을 만드는 것이다. 우리 모두 함께 이 조목을 지켜야 할 것이다."

인용문에는 마을공화국이 존재해야 하는 이유가 짤막하게 밝혀져 있다. 서로 사랑하고, 서로 돌보고, 인륜(人倫)을 돈독히 하고, 신의를 다지기 위해서였다. 마을은 소수가 다수를 지배하고, 착취하고, 오만방자하게 굴며, 배신을 일삼는 곳이 아니라는 말이다. 마을은 공공의 선을 실천하는 곳이므로, 신분과 지위고하를 막론하고 마을의 모든 사람들은 법규를 성실히 준수할 의무가 있다고 보았다.

윤휴는 마을 사람들과 함께 생활에 직접 관계되는 법규를 세밀하게 정했다. 그 가운데 특히 중요한 것은 인간관계에 관한 것이었다. 부모와 자녀, 형제자매 사이, 부부 사이, 나이 든 사람과 젊은이들의 관계 등을 빠뜨리지 않고 일일이 거론했다. 그중에서도 우리 현대인이 관심을 가질 만한 몇 가지 예만 들어보자.

> 부부간에 바르지 못한 자: 남편이 아내를 바르게 이끌지 못하고, 아내가 남편을
> 존중하지 않는 경우 등.
> 남녀간에 무례한 자: 서로 함부로 장난하고 낄낄대고 음란한 짓을 하는 따위.
> 행동거지에 법도가 없는 자: 도둑질을 하거나 교활한 행위를 하는 따위.
> 예(禮)를 어기고 귀신을 섬기는 자: 무당이나 승려를 불러 기도하는 일 등.

「향약조목」에 표현된 남성과 여성의 역할은 위계적이다. 남성은 앞장서서 이끌고, 여성은 뒤따라가야 하는 존재다. 그러나 이 법규를 만든 것이 17세기 후반이었다는 사실을 감안하면 문제될 것이 없다. 그때는 온 세상이 여성을 차별하던 시절이었다.

조선 사회는 종교의 자유가 없지 않았다. 그럼에도 윤휴의 마을에서는 무당이나 승려를 집안에 불러들이는 것조차 심각한 문제로 보았다. 상장례의 기준을 유교 경전에 두었기 때문이다.

중범죄를 저지른 사람은 어떻게 다스렸을까. 윤휴는 다음과 같이 말했다. "매우 중하다고 생각되면 관청에 고하여 죄를 다스린다. 경미할 경우는 마을 사람들이 모두 모인 자리에서 벌을 준다. 세 번 벌을 받고도 고치지 않으면 (향약에서) 제외한다. 그가 집안에 큰일을 당해도 가서 도와주지 않는다. 또는 그 집안의 길흉사를 일체 돌아보지 않는다. 그러나 당사자가 마음을 고쳐먹고 행동을 고쳐 (향약에) 다시 들어오기를 바라면 허락한다."

마을 전체 회의에서 죄를 묻고 벌을 주어도 잘못된 행동을 바꾸지 않으면 상습범이다. 그럴 경우에는 다양한 방식으로 제재를 가했다. 가장 심한 경우에는 관청에 고발하여 정식으로 처벌하는 것이었다. 그보다 죄질이 경미한

경우에는 마을 사람들이 상의하여 여러 가지 방법으로 죄를 다스렸다. 크게 보면 경제적으로 불이익을 주는 방법도 있었고, 사회적으로 고립시키는 방법도 있었다. 그러나 당사자가 죄를 뉘우치면 공동체의 구성원 자격을 복권시켜주었다.

윤휴의 마을공화국에서는 생업에 게으른 것도 문제 삼았다. 사회생활에 무신경하거나 등한한 것도 마을 사람들이 간여했다. 이를 구체적으로 알아보면 다음과 같다.

> 농사일을 게을리 하는 자, 여러 사람이 모인 자리에서 무례하게 구는 자, 남의 경작지를 침해하는 자, 일의 책임을 맡았는데 제대로 하지 않는 자, 술을 마시면 습관적으로 주정을 부리는 자, 거짓말로 남을 헐뜯는 자, 의복을 너무 사치스럽게 입는 자, 장례를 사치스럽게 치르는 자, 마을의 나무를 제멋대로 베는 자, 소나무를 베어 불을 때는 자, 목장을 살피지 않는 자, 장기나 바둑을 두며 떠드는 것을 일삼는 자, 모이는 약속시간을 지키지 않는 자, 무절제하게 놀기만 하는 자. 이런 사람들도 그때그때 사안의 경중을 헤아려 알맞은 벌을 준다.

통상적인 의미로는 도저히 범법(犯法)이라고 규정할 수 없는 내용이 다수 포함되어 있다. 남의 경작지를 침해하거나 마을의 나무를 함부로 베는 것은 범죄라고 할 수 있다. 그러나 자신의 농사일을 게을리 하거나 장기바둑을 두며 떠드는 것조차 처벌하는 것은 조금 지나치다는 생각이 든다. 의복을 사치스럽게 입는다거나 부모의 장례를 성대하게 모신 것조차 처벌을 받아야 한다면 억울하게 생각할 사람들도 있었을 것이다. 약속시간을 어긴다거나, 술 주정을 부리고, 이웃에게 거짓말을 하는 등의 사소한 실수와 잘못된 버릇까지도 마을공동체가 일일이 들여다보고 있었다. 이쯤 되면 사회 통제가 극단적으로 심하지 않은가, 하는 생각이 들기도 한다.

그러나 생각을 달리해보면, 윤휴를 비롯한 마을 사람들의 심정이 조금 이해되기도 한다. 마을생활의 어려움은 살인이나 폭행 같은 큰 범죄로 인한 것이라기보다는 되풀이되는 사소한 잘못과 나쁜 습성에서 비롯된 경우가 많다. 윤휴 같은 선비들은 마을을 평생교육의 장으로 보았다. 그들은 법이 지배하는 세상이 아니라, 도덕률이 지켜지는 세상을 원했다. 따라서 그들은 현대인으로서는 도저히 법의 영역에 포함시킬 수 없는 사항들도 마을의 당당한 법규로 정했던 것이다.

심지어 마을 사람들이 길흉사에 서로 도와줄 품목까지도 조목조목 정해두었다. 이를 어기면 마을에서 부과하는 벌을 받아야 했다. 일일이 다 기록할 수 없어서 몇 가지만 임의로 골라서 적어둔다.

"수재와 화재를 당하거나 도둑이 들면 이웃 마을이라도 모두 달려가서 구제한다: 이엉 다섯 마름, 새끼 스무 묶음, 서까래 하나씩을 가져간다. 가난, 중병 또는 재화(災禍)를 입어서 자력으로 살기 어려운 이는 함께 도와주고 구제한다. 죄 없이 법망에 걸려 자력으로 해명하지 못할 경우에는 연명장을 작성해 구원한다."

이러한 규약을 마을 사람들이 모두 지킨다면, 마을은 그 자체가 복지공동체라 해도 과언이 아니었다. 설사 물려받은 재산이 없어 가난해도, 중병에 걸려 일을 못해도 살길이 있었다. 또는 천재지변을 당해도 이웃이 외면하지 않을 것이었다. 애매하게 국가의 법에 저촉되어 죄인이 될 경우에도 마을 사람들이 협력하여 구원의 손길을 뻗어올 것이었다. 윤휴 같은 선비에게 마을은 국가 안의 또 다른 국가였다.

그런데 단순히 마을에 함께 산다는 이유만으로 향약에 가입할 수 있는 것은 아니었다. 향약에도 엄격한 가입 절차가 따로 있었다.

"처음으로 계에 들어오는 사람은 존위(尊位: 향약의 대표) 앞에 단자(單子: 이름 등을 기록한 문서)를 올린다. 이어서 그 이름을 명부에 기록한 다음, 쌀 서 말과 종이 한 묶음을 계에 바친다."

향약의 구성원, 즉 계원은 봄가을에 모여 술과 음식을 함께 나누었다. 나이 순으로 자리를 정해 앉았는데, 그때 동규, 즉 「향약조목」을 소리 높여 낭독했다. 계원 중에 사망한 사람, 행실이 모범적인 사람, 또는 규약을 어긴 사람이 있으면, 그 내용을 모두 책자에 기록했다. 과거에 규약을 어긴 사람이라도 잘못을 완전히 시정했을 경우에는 해당 기록을 삭제했다.

향약의 계원들은 계절마다 여러 가지 공동 작업을 했다. 마을 사람 전체를 위한 노력봉사였다. 가령 2월이 되면 담장 아래 또는 밭 가장자리에 각자 뽕나무 다섯 그루 이상을 심었다. 농사철이 시작되면 젊은 계원들이 모여 제방을 쌓았다. 장마가 끝나면 마을 길도 손보았다. 서리가 내리기 시작하면 마을로 통하는 다리를 수리했다.

관청과 관련한 부역이나 조세납부 등의 사무가 있으면, 향약의 간부들, 즉 '공원(公員)'이 마을 이장 및 노인들과 논의하여 존위에게 여쭈어 최종 결정했다.

계원들은 일종의 기금을 조성했다. 이를 '대동물(大同物)'이라 했다. 향약의 간부(유사)의 집에 저장해두고, 공적인 목적을 위해 사용했다. 계원들은 매달 초하루에 집집마다 쌀 한 되씩을 모았다. 대동미(大同米)였다. 이것으로 면포를 마련하여 대동포(大同布)라고 했다. 마을에 결혼 또는 상례(喪禮)가 있으면, 그 일부를 떼어서 도와주었다. 대동미와 대동포는 봄마다 필요한 계원에게 빌려주었고, 가을에 다시 거두어들였다. 이자율은 쌀은 2할, 베는 5할로 정했다. 오늘날의 입장에서 보면 엄청난 고리대였다. 그러나 당시에는 오히려 낮은 편이었다. 경제학자들의 연구에 따르면, 이자율이 유난히 높다는 것은 자금의 회수비율이 그만큼 낮았기 때문이다. 상당수 사람들은 이자조차 지불하지 못하고 파산했다. 정든 고향을 버리고 유리걸식하는 사람이 많았던 것이다.

계의 간부로는 존위 외에도 몇 사람이 더 있었다. 마을의 모든 의논을 주관하는 이를 공사원(公事員)이라 했고, 이밖에 유사(有司) 두 사람이 있어서 재정 및 연락을 담당했다. 또 사령(使令) 한 사람을 두어 심부름을 맡겼다. 그밖에 정법(正法) 세 사람을 두어 규약에 어긋난 사람을 적발하고 존위 및 공사원에게 보고하게 했다. 간부들의 임기는 제한이 없었다. 잘못이 없는 한 그 직책을 오랫동안 수행하는 것이 효율적이라고 보았기 때문이다.

윤휴는「향약절목」의 마지막 부분에서 향약계 본연의 목적을 재차 상기시켰다. 모쪼록 사람의 도리를 다하기 위해서라는 것이었다.

"모든 계원들은 나의 말을 잘 들으라. (……) 세상일에는 길한 일, 흉한 일, 형편이 좋을 때와 나쁠 때의 차이가 있기 마련이다. 농사짓고 누에치며 초상 치르고 제사 지내는 것은 살아 계신 분을 봉양하고 돌아가신 분을 잘 보내기 위해 하는 일이다. 이런 일을 도리대로 잘하면 효제충신독후상선(孝悌忠信篤厚祥善)의 사람이 된다. 그러나 잘못하면 흉역패만불효불인(凶逆悖慢不孝不仁)의 백성이 되고 마는 법이니, 이를 가려서 실천할 줄 모르면 안 되겠다."

요컨대 효제의 도리를 알고 충신한 사람이 되어, 매사에 신뢰가 돈독하고 항상 좋은 기운을 가져오는 착한 사람을 만드는 것. 여기에 향약계의 목적이 있었다. 유교적 도덕을 충실히 실천하는 마을을 건설하는 데 뜻을 둔 조직이었다.

그러려면 계원들은 모든 규칙을 정확히 이해하고 일상생활에서 조금도 어긋남이 없어야 했다. 윤휴는「향약조목」의 학습을 연중 반복해서 시행할 필요를 느꼈다. 그는 규약의 정기적인 학습을 다음과 같이 강조했다.

"봄가을 강독 이외에도 1월, 5월, 7월, 11월 중 각기 하루 날을 잡아서 모두 모여라. 이 법을 한 번 읽고 경건한 마음으로 새겨들어, 꼭 그대로 실천해야 한다."

윤휴는 계원들이 연중 6회씩 「향약조목」을 학습해야 한다고 주장했다. 또 그때마다 충분한 해설이 필요하다면, 동규를 읽을 때는 모든 항목을 우리말로 해설한다고 덧붙였다. 한 걸음 더 나아가, 듣는 사람들은 모두 서서 듣게 하는 것이 옳다며 계원들에게 경건한 태도로 학습하기를 주문했다.

윤휴의 글을 읽는 사이, 한 가지 의문이 들 법하다. 윤휴의 「향약조목」은 과연 얼마만큼의 대표성을 갖는가 하는 것이다. 관계 문헌이 없지 않으나, 통계적으로 가부를 판단하기는 어렵다. 그러나 나의 연구 경험에 비추어 말한다면, 상당히 일반적인 현상이었다고 생각한다. 전국 어디에나 비슷한 내용의 규약이 남아 있기 때문이다. 18세기 후반 전라도 나주지방의 향약도 윤휴의 「향약조목」과 유사했다. 실학자 홍대용이 쓴 「향약서(鄕約序)」의 일부를 소개하면 다음과 같다(홍대용, 『담헌집(湛軒集)』, 내집(內集), 제3권).

나주(羅州)라는 지방은 규모가 크고, 인구와 물산도 풍부하다. 실로 전국적인 웅부(雄府)인 것이다. (……) 그런데 (태수의) 명령이 행해지지 못하고 송사만 날로 늘어난다. 악한 사람은 꺼리는 바가 없고 착한 이는 본받을 일이 없다. 내가 이런 사실을 두렵게 여겨, 고을 어른들과 풍속을 바로잡을 계책을 상의하였다. 그리하여 향약의 법을 설치, 시행하기에 이르렀다. 이에 찬동하는 여러 분의 주장을 따른 것이다. 향약의 규모와 조항은 모두 전현(前賢)이 남긴 규범을 참작하는 한편, 예나 지금이나 통용되는 제도 가운데서 골랐다. 삼대(三代: 중국의 이상적인 고대)가 남긴 뜻을 그 근본으로 삼았다.

유교의 가르침을 실천하려는 움직임이 어찌 여주와 나주에 국한된 일이었 겠는가. 정극인의 전통을 물려받은 전라도 태인, 이황의 뜻이 서린 안동과 이 이의 가르침을 물려받은 해주도 다를 바가 없었다. 선비문화가 발달한 마을 과 고을이라면 어디서나 풍속의 교정을 목표로 일종의 향약조목을 제정하여 실천에 힘썼다.

서양 중세의 기사와 영국 근대의 젠트리는 시골에 살더라도, 자신을 마을 사람들과는 완연히 구별되는 특수한 존재로 인식했다. 일본의 사무라이 역 시 마찬가지였다. 따라서 그들은 윤휴를 비롯한 조선 선비들처럼 이러한 규 약을 만들지 않았다. 그들로 말하면 국가의 법을 집행하는 사람이었을 뿐이 다.

조선의 선비들은 달랐다. 그들은 자신이 살고 있는 마을에서 이상적인 인 간관계와 사회질서가 구현되기를 바랐다. 그들의 노력은 다음의 세 가지 점 에서 21세기 시민사회가 나아갈 지표를 제시해준다.

첫째, 중요한 것은 양적 성장이 아니라는 점이다. 경제가 고도성장을 거듭 한다 해도, 시민들의 생활이 질적으로 개선되지 못하면 그 의미는 반감되고 만다. 윤휴 같은 조선의 선비들은 공동체의 외적 발달과 성장에는 관심이 없 었다. 그들의 마음을 사로잡은 것은 상부상조를 통해 완벽한 사회적 안전망 을 구축하는 문제였다. 결과적으로 향약 계원들은 결코 방치되거나 소외되 지 않았다. 질병과 가난, 그리고 천재지변으로 말미암아 생존이 위급한 상황 에서도 계원들은 언제나 이웃의 위로와 헌신적인 도움을 기대할 수 있었다.

둘째, 마을 사람들이 주고받는 위로와 격려, 그들의 상호연대는 가시적이 고 구체적이었다. 조선의 선비들은 자신의 생활공간에서 상벌을 시행했다. 그들의 연대는 추상적이거나 형식적, 관념적인 것이 결코 아니었다. 실명(實 名)의 개인들이 함께 웃고 함께 땀을 흘리며 정의와 평화를 실천하고자 애썼다. 그들의 '마을공화국'은 국가 속의 진정한 소국(小國)이었다.

현대 세계는 훌륭한 제도적·법률적 장치에도 불구하고, 민주주의의 가치를 진정한 의미에서 실천하지 못하고 있다. 모든 것이 형식화되고 추상화된 결과다. 대면관계의 상실이 사회적 소외를 양산하고 있다. 그런 점에서 선비들의 마을공화국으로부터 배울 점이 적지 않다고 생각한다.

끝으로, 선비들의 주된 관심사는 내적 가치의 구현이었다. 그들의 마을공동체는 일종의 평생교육 기관이었다. 선비들은 인간의 삶을 끊임없는 배움과 실천이란 관점에서 바라보았다. 자연히 이웃을 바라보는 그들의 시선은 깊었다. 절도와 폭행 같은 명백한 범죄행위만 문제가 아니었다. 그들은 일상생활에서 모든 사람들이 도덕적인 태도를 지향하고, 이를 언행으로 정확히 표현하기를 요구했다.

오늘날 우리의 삶은 어떤 모습인가. 법률을 명백히 위반하지 않은 행동이라면, 아무런 문제도 되지 않는다는 식이다. 타인에게는 결코 도덕을 요구하지 못하는 세상이 되었다. 편법적인 사고가 세상을 지배하게 되었다. 관계의 불신이 깊어졌고, 사회 불안도 증폭되었다. 만약 이런 추세를 바로잡고자 한다면, 우리는 다시 우리가 지향하는 내적 가치가 무엇인지를 캐물어야 할 것이다. 이 점에서 선비들은 우리의 스승이 되기에 충분하다.

과거의 선비들이 다 옳았다는 뜻이 아니다. 우리가 지양해야 할 점도 분명히 있다. 예컨대 그들은 개인의 사생활에 시시콜콜 간섭했다. 개인의 자유에 대한 지나친 통제와 억압은 금물이다.

04

스승과 제자,
운명을 건 진리공동체

―――――

선비들의 따뜻하고 끈끈한 인간관계를 잘 보여주는 또 다른 예는 무엇일까. 사제관계일 것이다. 이른바 문생(門生) 또는 동문(同門)이 그것이다. 물론 이런 표현에도 과장된 점이 없지는 않다. 실학자 이익은 진정한 문생이 무엇인지를 깊이 숙고했다. 결국 그는 이렇게 말했다(『성호사설』 제7권).

> 퇴계 선생은 덕이 높고 지위가 영화스러웠다. 찾아오는 손님들도 많았고, 내왕하는 편지들도 당연히 빈번하였다. 그것을 하나하나 모두 문생록(門生錄)에 기재하고, '모두 계발(啓發)하고 진보와 보람이 있었다'고 말한다. 이것은 사실이 아니었다. (……) (스승의) 벼슬이 굳이 높지 않고 재주가 특이하지도 않으며 이름이 유명하지 않고 도가 높지 않을 수 있다. 그래도 처음부터 끝까지 그 문하에서 한마음으로 깊이 배운다면, 군자의 문도(門徒)라 하겠다.

예나 지금이나 사람들은 명예를 숭상한다. 이름이 높으면 찾아오는 사람이 많다. 반드시 무엇인가를 배우기 위해서 몰려드는 것이 아니다. 진정한 의미의 제자라고 하는 것은 무엇일까. 한 스승에게 처음부터 끝까지 한마음으로 깊이 배운다면, 그것이 진정한 사제관계라고 했다. 이익은 그렇게 믿었다.

그렇다면 한 사람의 스승에게 수백 수천의 제자가 존재할 가능성은 거의 없다. 많아야 10~20명이 고작일 것이다.

세상 사람들은 이익처럼 엄격한 기준을 사제관계에 적용하지 않았다. 스승에게 폐백(幣帛)을 바쳤는가, 여부를 가지고 사제관계를 판단하는 것이 일반적이었다. 『논어』에 보면, 공자는 누구든지 최소한의 예물을 가지고 찾아와서 가르침을 청하면 제자로 받아주었다고 했다. 퇴계 이황도, 우암 송시열도 모두 그러했다. 신분에 하자가 있다 해도, 배우고자 하는 성의만 있으면 문하에 들어갈 수 있었다. 학덕이 높은 분이라면 설혹 신분에 약점이 있어도 기꺼이 스승으로 모시기도 했다. 16세기의 대학자 구봉 송익필은 지체가 높지 않았으나, 사계 김장생을 비롯하여 굴지의 재사들을 제자로 거느렸다. 송익필은 당대 최고의 학자로서 율곡 이이와 우계 성혼의 심우(心友)였다. 이런 모습은 우리가 잘 몰랐던 조선 사회의 또 다른 얼굴이다.

이름난 학자들은 저마다 사우록(師友錄), 문생안(門生案), 문인록(門人錄) 같은 기록을 남겼다. 선비 집안에서는 조상들의 학문에 연원(淵源)이 뚜렷했다는 점을 강조하는 전통이 있었기 때문이다. 자신의 조상이 저명한 학자의 문하에서 후세가 인정하는 인사들과 함께 학문을 연마했다는 사실을 밝힘으로써, 가문의 품격을 과시하는 풍조가 조선 후기에 널리 유행했다. 동문수학한 제자들의 후손들 사이에도 상당한 연대감이 존재했다. 그들은 조상의 당파적 정체성을 공유하며 끈끈한 정을 대대로 이어갔다.

물론 이러한 풍조에는 부정적인 면이 존재했다. 무엇이든 지나치면 부작용을 낳기 마련이다. 학문적 전통에 대한 자부심의 이면에 도사린 배타성과 우월감이 큰 문제였다. 송시열과 대립했던 어느 집안에서는 자기 집의 개를 '시열'이라고 불렀다고 한다. 이 일화를 듣고 나는 몹시 경악한 적이 있다. 배타성과 과장된 우월감은 우리가 버려야 할 전통의 부정적인 찌꺼기다.

긍정적인 측면에서 보면, 훌륭한 스승에게서 동문수학한 제자들이야말로 세상을 바꾸는 원동력이었다. 아래에서는 일두(一蠹) 정여창(鄭汝昌)의 경우를 간단히 소개할까 한다. 그의 스승은 점필재(佔畢齋) 김종직(金宗直)이었다. 알다시피 김종직과 그의 제자들은 조선 사회에 성리학의 이상을 불어넣었다. 그들은 부정부패를 일삼던 기득권층에 대항했다. 그러자 기득권층은 무오사화(1498년, 연산군 4)와 갑자사화(1504년, 연산군 10)를 일으켜, 김종직의 학맥을 중심으로 형성된 사림세력에게 큰 타격을 안겨주었다.

무오사화는 『성종실록』을 편찬하는 과정에서 생긴 사건이었다. 김종직의 제자 김일손(金馹孫)이 제출한 사초(史草)가 문제의 핵심이었다. 사초 가운데는 김종직이 쓴 「조의제문(弔義帝文)」이 포함되어 있었다. 의제는 초나라의 임금으로, 항우에게 무참히 살해당한 비운의 인물이다. 기득권층은 김종직이 세조의 왕위찬탈을 비꼬아 이런 글을 지었다며, 정치 쟁점화했다. 이로 인해 김종직의 문인들은 물론, 그들을 비호한 대간(臺諫, 언관)도 피해를 입었다. 사초가 문제였기 때문에 무오사화(戊午史禍)라고 한다.

이어서 벌어진 갑자사화의 성격은 조금 달랐다. 이는 연산군의 어머니 폐비 윤씨의 복위를 둘러싸고 일어난 사건이다. 연산군은 폐비 윤씨를 복위하려고 했는데, 사림과 관료들이 반대했다. 그러자 연산군의 최측근 임사홍 등은 평소 갈등이 있었던 사림파를 일망타진했다. 이 사건에는 일부 훈구세력까지 포함되어 사건이 더욱 복잡해졌다.

연이은 두 차례의 사화에도 불구하고 선비들은 좌절하지 않았다. 그들은 끈끈한 사제관계를 바탕으로 외연을 확대했고, 기회를 보아 끊임없이 중앙 정계로 진출했다. 중종 때는 조광조가 약관의 나이에 사림의 영수로 추앙을 받았다. 조광조 등은 조정에 진출해 향약을 보급했고, 특별한 공도 없이 사익만 추구하는 훈구파를 조정에서 축출하려 했다. 그들은 추천제 과거시험인

현량과를 시행하는 등 과감한 개혁정치를 펼쳤다. 조광조로 말하면, 김종직의 손제자였다. 정확히 말해, '소학동자(小學童子)'로 이름난 김굉필이 조광조의 스승이었다.

김종직의 문하에서 수학한 문인은 수십 명이었다. 제자들의 명부도 여럿이었다. 그 가운데 내가 주목한 것은 정여창의 「사우문인록(師友門人錄)」이다. 이 명부는 정여창의 『일두속집』 제4권에 실려 있다. 이 문서를 토대로, 우리는 15세기 조선 사회의 대표적인 선비들이 스승과 제자로서 얼마나 끈끈하게 결속되어 있었는지를 살펴볼 것이다.

우선 한 가지 궁금한 점이 있다. 스승 김종직을 정여창 등은 어떤 선비라고 보았을까. 「사우문인록」에는 스승 김종직의 이력을 간단히 적은 다음, 그 학술에 관해 간단한 평가를 했다.

> 점필재 김 선생의 휘는 종직(宗直)이고, 자는 계온(季昷)이며, 본관은 선산이다. 경태(景泰) 계유년(1453, 단종 1)에 진사시에 급제하였고, 천순(天順) 기묘년(1459, 세조 5)에 문과에 급제하였다. 관직은 형조판서에 이르렀고, 시호는 문간(文簡)이다. 선생의 학문은 정밀하고 깊으며[精深], 문장은 격조 있고 고아하였다[高古]. 그리하여 한 시대 선비들의 으뜸[儒宗]이 되었다. (……) (선생은 불행히도) 무오사화 때 부관참시의 화를 당하였다.

과연 그랬다. 김종직은 한 시대를 대표하는 성리학자요 문장가였다. 학문은 정밀했고, 문장은 격조가 높았다. 많은 선비들이 그를 추종한 것은 당연한 일이었다. 그러나 불행히도 사후에 그는 무오사화에 연루되어 중벌을 받았다. 그의 무덤은 파헤쳐지고 관마저 베이는 끔찍한 형벌(부관참시)이 가해졌다.

김종직의 제자는 누구였을까. 그의 문하에는 기라성 같은 선비들이 많았다. 그들 가운데는 성리학(도학)이 뛰어나서 후학들에게 학문의 길을 열어준 선비들이 많았다. 특히 4명의 제자가 호평을 받았다. 김굉필, 정여창, 유호인, 박한주가 그들이다. 정여창과 어깨를 나란히 한 당대의 석학으로는 김굉필, 유호인, 박한주 등이 있었던 것이다.

「사우문인록」에 보면, 정여창과 김굉필의 관계는 유별났다. 한 번은 정여창이 김굉필에게 이렇게 물었단다. "학문하여 마음을 알지 못한다면 배워서 무엇하겠는가?" 그러자 김굉필은 답했다. "마음은 어디에 있는가?" 그에 대한 정여창의 짧은 대답이 참으로 정곡을 찔렀다. "마음이 있지 않은 곳이 없고, 또 있는 곳도 없다."

내가 보기에 그들 두 선비는 성리학의 고전적 주제인 마음, 곧 도심(道心)의 문제를 토론한 것으로 짐작된다. 이 논의에서 정여창은, 마음의 편재(遍在: 어디에나 있음)를 인정하면서도, 다른 한편으로는 이를 부정했다. 무슨 뜻이었을까. 편재하는 마음은 도심이었다. 그는 도심으로 요약되는 우주 보편의 원리가 어디에나 존재한다고 보았다. 이것이 성리학의 정수였다. 그럼 그 마음이 어디에도 없다고 말한 것은 무슨 뜻일까? 불완전한 인간 사회의 현실을 지적한 것이라 생각한다.

김굉필은 정여창과 더불어 김종직의 고제(高弟)였다. 그는 원칙주의자로서 매사에 굽힘이 없었다. 어지러운 세상에 용납되기 어려운 선비였다. 줄곧 기득권층의 눈밖에 났기 때문에, 무오사화에 연루되어 희천으로 유배되었다. 그 때 김굉필은 우연히 조광조를 제자로 얻어 자신의 학통을 전수했다. 6년 뒤인 1504년(연산군 10) 성종비 윤씨의 복위 문제로 갑자사화가 일어나자, 그는 결국 목숨을 잃었다. 살아서는 연거푸 고난을 당했으나, 후학들의 존경은 갈수록 깊어졌다. 마침내 김굉필은 복권되었고, 문묘에 배향되는 영광을 얻었다.

김굉필의 벗 정여창은 어떤 선비였을까. 그 또한 김종직의 문하에서 성리학을 공부해, 1483년(성종 14) 사마시에 합격하고, 1490년(성종 21) 문과에 급제했다. 1494년(성종 25) 안음현감에 임명되어 선정을 베풀었다. 그러나 4년 뒤 스승이 과거에 저술한 글(조의제문)을 빌미로 무오사화가 일어났다. 정여창은 여러 벗들과 함께 중형을 받았다. 일단 함경도 종성에 유배되었다가, 갑자사화 때 유배지에서 사약을 마시고 죽었다. 그 역시 사후에 복권되어 김굉필과 나란히 문묘에 배향되었다.

그들의 벗이었던 유호인(兪好仁)은 차라리 운이 좋은 선비였다고 하겠다. 유호인은 성품이 선비다웠고, 문장이 탁월했다. 글씨 또한 잘 썼다. 때문에 세상에서는 그를 '삼절(三絶)'이라고 칭송했다. 과거에 급제하여 관직이 군수에 이르렀을 때, 병으로 사망하고 말았다. 정여창은 유호인의 죽음을 안타까워하며 제문을 지어 애도했다. 그는 불행 중 다행으로 사화가 일어나기 전에 죽었기 때문에, 고초를 겪지 않아도 되었다.

그들과 동문수학한 박한주(朴漢柱)는 학행이 매우 뛰어났다. 당시 사람들은 정여창, 김굉필, 박한주를 '필문삼현(畢門三賢: 점필재 문하 3명의 어진 선비)'이라고 부를 정도였다. 박한주는 과거에 급제한 뒤 강직한 언관으로 이름을 날렸다. 그러다가 무오사화를 만나 벽동(평북)에 유배되었다. 그 뒤 갑자사화가 일어나, 여러 벗들과 함께 죽임을 당했다.

이밖에도 정여창이 김종직의 문하에서 함께 수학한 동문이 많았다. 「사우문인록」에는 그들의 이름과 행적이 자세히 기록되어 있다. 그중에는 세상에 널리 알려진 선비들이 많았다. 그 대부분이 무오사화와 갑자사화에 얽혀 귀양을 갔다. 사화로 목숨을 잃은 경우도 드물지 않았다.

가령 김일손은 무오사화 때 처형되었다. 왕실의 일원이었던 주계군(朱溪君) 이심원(李深源)도 무고(誣告)에 얽혀 두 아들과 함께 처형당했다. 역시 왕가의 후손인 무풍부정(茂豐副正) 이총(李摠)도 무오사화 때 죽임을 당했다. 그 외에도 무오사화 때 목숨을 잃은 정여창의 동문은 7명이 더 있었다. 권오복, 권경유, 이목, 허반, 이주, 홍한, 이종준이 그들이었다.

동문수학한 또 다른 벗 8명은 무오사화 때 유배되었다. 강경서를 비롯해, 정승조, 최부, 임희재, 강백진, 이계맹, 정희량, 표연말이었다. 그 가운데 최부는 일찍이 중국에 표류한 경험담을 적은 『표해록(漂海錄)』의 저자로 이름을 날렸다. 정희량은 나중에 귀양에서 풀려나자 어디론가 몸을 숨겨 세상에 다시 나타나지 않은 도인으로 유명하다.

한편 양희지는 사화를 입고 귀양 간 여러 동문을 변호하다가, 집권층의 노여움을 사 익산(전북)으로 귀양 갔다.

정여창의 동문 중에는 갑자사화 때 극형을 받은 이들이 6명이나 되었다. 조위, 남효온, 이인형은 이미 사망했기 때문에 부관참시의 형벌을 받았다. 남효온은 김시습과 더불어 생육신의 한 사람으로 손꼽히던 선비다. 이밖에 이수공, 이원, 강겸은 사약을 마시고 죽었다. 끔찍한 일이었다.

그들과 동문수학한 선비들 가운데서 무사했던 이는 예닐곱 명뿐이었다. 그들은 대체로 처음부터 벼슬을 사양했던 선비들이다.

이상의 설명을 통해 한 가지 사실이 명확해졌다. 조선시대의 스승과 제자는 정치적 운명을 함께했다는 점이다. 김종직의 제자들, 즉 정여창의 동문들은 거의 전부 무오사화와 갑자사화 때 중형을 받았다. 이렇듯 스승과 제자는 단순히 지식을 주고받는 사이가 아니었다. 그들은 죽을 때까지 학문적 이상을 공유하는 운명공동체였다.

설사 죽음의 위기가 닥쳐온다 해도, 그들은 목숨을 구걸하지 않았다. 내 말이 조금 비장해진 느낌이지만, 이것이 조선의 선비들이었다. 그 시대에는 누군가의 스승 또는 제자가 된다는 것은, 생사를 초월한 결단을 의미했다. 그들은 하나의 진리공동체에 뼈를 묻기로 결심했을 때 남의 스승도 되고 제자도 되었던 것이다. 정여창의 「사우문인록」을 읽은 사람이라면, 누구든 이런 생각을 하지 않을 수 없으리라.

조선의 사제관계, 곧 진리공동체는 중세 서양의 기사단이나 일본의 사무라이와는 질적으로 달랐다. 선비들은 생사를 초월한 진리공동체를 구성했으니 말이다. 사무라이와 기사들은 주군에게 충성을 맹세했을 뿐, 진리를 공유하는 사제 간은 아니었다. 서양 근대의 계몽사상가들이라도, 조선의 선비처럼 내적 결속력이 강했을지는 의문이다.

오늘날 우리 사회에는 과연 이러한 진리공동체가 존재하는가. 그런 것은 이제 어디에도 존재하지 않는다고 단언하기는 어려울지도 모르겠다. 그러나 현대의 학교는 진리공동체와 거리가 멀다고 생각한다. 교육은 개인의 출세와 영화를 보장하기 위한 수단으로 전락한 느낌이다. 누구나 입만 열면 공교육의 폐해를 지적하고, 사교육 시장의 과열을 비판한다. 고등학교까지의 교육은 오직 대입시험을 위해 모든 것을 희생하고 있다는 지적은 이제 식상할 정도가 되었다.

그러나 대학 교육의 현주소는 실망스러울 정도다. 대학은 훌륭한 인재를 양성하지도 않고, 풍부한 교양을 갖춘 미래의 시민을 길러내지도 못한다. 한국의 대학들은 무능하고 비효율적이다. 막대한 자원만 낭비하는 대학 교육의 결함에 대해서는 길게 이야기할 필요조차 없겠다.

"교육은 국가의 100년 대계(大計)다." 이미 진부한 말이 되었으나, 예부터 식자들은 그렇게 주장했다. 평생 나는 이렇다 할 뚜렷한 방향도 없이 시류에 떠밀려 조변석개를 거듭하는 부실한 교육정책을 현장에서 지켜보아야 했다. 그래서일까. 때로 나는 100년을 말하는 진부한 표현이 외려 그리울 때가 있다. 기본에 충실한 학교, 공동체의 현재를 걱정하고 미래를 함께 꿈꾸는 학교를 만드는 것이 쉬운 일은 아닐 것이다. 그러나 만일 교육의 진정한 사명이 거기에 있다면, 포기해서는 안 될 일이다.

조선의 선비들은 교육을 통해 그들의 이상을 추구했다. 그러다가 스승과 제자들이 한꺼번에 극형을 당하기까지 했다. 그럼에도 그들은 진리를 향한 발길을 돌리지 않았다. 인간의 삶에는 일신의 안일과 부귀영화보다 몇 갑절 귀한 가치가 따로 존재한다는 신념이 있었기 때문이다. 평범한 사람들은 흉내조차 낼 수 없이 높은 경지였다고 생각한다. 그러나 그처럼 참된 배움이 있어야 혼란한 이 세상을 조금이라도 바꿀 수 있지 않을까 한다.

이제 3부를 마칠 때가 되었다. 우리의 밝은 미래를 위해서는 선비가 걷던 아름다운 길을 사장(死藏)하지 말자는 의견을 적어보았다. 과거에 선비가 살던 풍습을 그대로 복원하자는 주장은 물론 아니었다. 그들의 참된 정신을 되살릴 수 있으면 좋겠다는 의견을 두서없이 말한 것이었다.

8장에서 나는 선비들이 마을을 터전으로 삼았다는 점을 강조했다. 그들이 대대로 서당의 운영에 많은 노력을 기울여, 마을의 사회문화적인 수준을 높이 끌어올렸다는 사실을 확인했다. 그 결과 나라가 큰 위기에 빠지면 선비는 마을 사람들과 함께 의병을 일으켜 신명(身名)을 바치기도 했다.

이어서 9장에서는 선비들의 가치가 구현된 몇 가지 사회 조직을 살펴보았다. 특히 계회, 족계, 동약 그리고 사우(師友)와 문생의 명부에 주목했다. 선비들은 따뜻한 정과 진리를 향한 신념으로 굳게 뭉쳐 자신들의 가치를 실천하는 데 정성을 쏟았다는 사실을 거듭 확인했다.

이러한 선비들의 모습은 현대사회에도 시사하는 점이 있다. 지식인과 시민사회는 가치관을 공유하고, 일상생활 속에서 더욱 깊은 교감을 나눌 방법을 찾아야 할 것이다. 우리가 사는 '마을'은 단순히 거주하거나 심신의 휴식을 취하는 공간이 아니다. 마을과 직장이 엄격히 분리된 오늘날, 마을이 유기적인 공동체로 기능하기는 매우 어려운 일이 되고 말았다. 그렇다 해도 마을은 여전히 우리 삶의 터전이다. 우리의 아이들이 자라나는 소중한 공간이다.

1990년대에 나는 여러 해 동안 독일의 어느 도시에 살았다. 그때 나는 그들의 도시생활이 우리와는 전혀 다르다는 사실을 발견하고 깜짝 놀랐다. 독일 시민들은 마치 조선시대의 선비들처럼 살고 있었다. 그들은 마을 일에 적극적으로 참여했다. 마을에 있는 학교의 운영을 앞장서 돕기도 하고, 학교의 현안을 함께 논의했다. 주말이면 도서관에서 만나 함께 책을 읽기도 하고, 시내 축구장에서 마을 팀을 한 목소리로 응원했다. 여름날 늦은 오후에는 마을 텃밭에서 만나 맥주를 마시며 세상사를 걱정했다. 마을 사람들이 서로에게 선의의 관심을 가지고, 우정을 키워나가는 모습이 퍽 아름다웠다.

이제 우리도 도시 안의 마을에서 어떻게 사는 것이 좋을지 방법을 찾아나서야 한다. 당장 뾰족한 해결책이 없더라도 지레 포기할 수 없는 일이다. 서로 이마를 맞대고 궁리를 거듭한다면 희미하게나마 길이 보일 것이다. 선비들처럼 삶의 가치를 공유하고, 이웃과 깊은 정을 나누며, 서로 연대하는 방법을 찾아보면 어떨까 한다.

불평등의 심화와 역사가의 고뇌

이 책을 쓰는 동안 내 머릿속에는 몇 가지 생각이 늘 떠나지 않았다. 하나는 '유교자본주의'라는 개념이었다. 또 지그문트 바우만의 '액체근대'에 관한 주장과 토마 피케티가 『21세기 자본』에서 지적한 현대사회의 문제점도 내 생각의 한 모서리를 점령했다. 책의 본문에서는 그에 관한 내 의견을 미처 말하지 못했다. 생각이 제대로 정리되지 못했기 때문이다.

아직도 부족한 점이 많다. 그러나 지금은 책의 서술을 마치는 마당이다. 간단하게라도 의견을 적어두어 훗날의 참고자료로 삼고자 한다. 이 글의 제목을 여언(餘言), 곧 생각에 남은 말이라고 붙인 것은 그런 까닭이다.

— 1 —

지금까지 서양 신사들의 근대를 말하고, 조선 선비들의 전통을 되짚어보았다. 나로서는 '유교자본주의'라는 개념을 몇 번이고 곱씹어보지 않을 수 없었다. 자본주의라면 사유재산 제도를 근간으로 하는 근대의 경제체제다. 그런데 그것이 운영되는 모습은 일정하지 않다. 지역과 문화에 따라 자본주의의 구체적인 양상은 꽤 다르다. 가령 북부 유럽에서는 복지자본주의가 발달했다.

한국을 포함한 동아시아는 유교문화의 전통이 뿌리 깊게 남아 있다. 자연히 자본주의 발달에도 유교의 영향이 컸다고 한다. 1960년대 이후 일본을 비롯하여 한국, 홍콩, 대만, 싱가포르의 경제성장이 눈부셨다. 최근에는 중국과 베트남 역시 고도성장을 계속하고 있다. 그리하여 국내외의 많은 학자들은 동아시아의 경제발전을 유교자본주의라고 명명했다.

1990년대 말 아시아 여러 나라는 외환위기를 맞았다. 그때 한국 경제도 중심을 잃고 표류했다. 동아시아 각국이 뜻밖의 경제위기를 맞아 비틀거리자, 서구에서는 유교자본주의를 비판하는 목소리가 커졌다. 그들은 유교사회의 취약점을 거론했다. 특히 문제가 된 것은 온정주의와 혈연주의 등이었다.

애당초 유교자본주의란 존재할 수 없다는 근본적인 비판도 등장했다. 유교는 이익의 추구를 죄악으로 여기기 때문에 자본주의와는 본래 아무 관계도 없다는 것이다. 또 동아시아 재벌들의 행태는 유교의 여러 덕목들, 가령 '인의(仁義)'와 '대동(大同)'과는 거리가 멀다는 지적도 있었다.

그러나 일부에서는 유교자본주의가 동아시아의 특징이라는 주장이 여전하다. 예컨대 공생자본주의야말로 유교자본주의의 장점이라고 한다. 알다시피 유교는 도덕의 실천을 강조했다. 동아시아의 기업들은 바로 그러한 전통을 바탕으로 사회적 안정을 도모하며, 질서를 유지하고 있다고 한다. 유교의 덕목인 공생을 강조하는 동아시아의 자본주의는 사회 구성원의 일체감을 북돋우며, 인간 존중의 정신을 바탕으로 서구적 자본주의를 개조할 수 있다는 견해도 있다.

그러나 솔직히 말해, 한국의 어느 기업이 공생자본주의를 실천하고 있는지 의문이다. 내 생각에 유교자본주의는 동아시아의 현주소가 아니다. 그것은 앞으로 우리가 지향해야 할 미래의 꿈이다. 만약 선비의 전통을 제대로 계승한다면 언젠가는 유교자본주의를 구현할 수 있을 것이다.

그럼에도 한 가지 의문은 여전히 남는다. 그럼 동아시아 각국이 20세기 후반에 지속적으로 괄목할 만한 경제성장을 이룩한 비결은 무엇일까. 그것이 바로 유교의 힘이었다고 믿는다. 특히 '수기'의 교육(학습)을 강조한 유교사회의 고유한 전통과 직접적인 관련이 있어 보인다. 충효를 토대로 한 유교사회 본연의 안정된 사회질서 역시 경제발전에 상당한 기여를 했을 수 있다. 이 점을 단정하기는 어려워, 후일의 연구 과제로 남겨둔다.

어쨌든 유교적 도덕이 경제발전을 견인했다고 보기는 어려울 것이다. 한국의 군사정권만 해도 부정부패로 종말을 고했다. 그들뿐만 아니라, 역대 정권은 재벌과 지나칠 정도로 유착되어 있었다. 또 유교에서 강조하는 인권이 함부로 무시되었고, 극도의 저임금과 노사 문제는 또 얼마나 심각했던가. 이 모든 점에서 현대 한국 사회는 유교 도덕과는 거리가 멀었다.

— **2** —

'액체근대'라는 사회학적 개념도 책을 쓰는 동안 나의 뇌리를 떠나지 않았다. 폴란드계 영국 사회학자인 지그문트 바우만의 영향이었다. 바우만은 20세기 전반까지의 서구사회를 '고체근대'라 명명했다. 여러모로 그와 대조적인 20세기 후반의 현대사회를, 그는 액체근대에 비유했다. 설득력이 있는 주장이다.

가령 세계 최강의 재벌이라도 시대에 따라 그 성격이 다르다. 미국의 석유재벌인 록펠러에게는 그가 세운 공장과 철도 및 유전이 최고의 가치를 가졌다. 그는 산업시설을 영구히 소유하고 운영하기를 바랐다. 그러나 현대의 거부 빌 게이츠는 시설에 집착하지 않는다. 그에게 중요한 것은 속도와 유동성이다. 고정된 사회관계와 부동의 '경직성'은, 빌 게이츠가 소망하는 바가 아니다.

근대에는 고착성이 사회적 질서와 개인 생활의 안정을 뜻했다. 현대에는 이 모든 것이 개인, 기업, 그리고 국가적 입장에서 중대한 위협으로 작용한다. 견고한 '사회적 네트워크'와 '유대감'이 오히려 발전의 걸림돌처럼 취급된다. 바우만은 현대사회의 특징을 '사회의 액체화'로 보았다.

말하자면 갈수록 인간사회가 '유목' 중심으로 바뀐다는 통찰이다. 그에 따라 '자유'가 확대되고 있다. 예컨대 현대사회에서는 직업의 세대 간 계승이 완전히 사라졌다. 대장장이의 아들이라 해서 그가 대장장이로 살아야 할 이유는 없다. 시민들은 정치적으로나 경제적으로 더 큰 자유를 누리게 되었다.

문제는 자유의 확대가 오히려 사회적 혼란을 초래한다는 점이다. 바우만의 분석에 따르면, 시민들은 이러한 '해방(자유)'을 원하지 않았다. 갑자기 확대된 자유란 '무능'의 동의어다. 인간이 책임과 의무를 버리면 권리도 사라지기 마련이다. 현대사회의 비극은, '사람들이 자유로움 그 자체를 싫어하고, 해방의 전망에 오히려 분노할 수 있다'는 점이다.

세상이 '액체화'될 때 시민들은 개인적으로 이를 거부할 권리를 조금도 행사하지 못했다. 시민들은 선택의 자유를 소망하지만, 현대사회는 이를 허용하지 않는다. 그뿐이 아니다. '자유'가 지나치게 확대되어, 이제 모든 것은 개인의 책임으로 귀착된다.

예를 들어보자. 누군가 실업자가 되면, 현대사회에서는 이 문제를 어떻게 해석하는가. 아마도 당사자가 입사에 필요한 면접 기술을 제대로 배우지 못한 탓일 것이라고 생각한다. 또는 당사자가 일자리를 열심히 알아보지 않았기 때문이라는 비난이 돌아간다. 심지어 당사자가 일하기 싫어하기 때문일 것이라고 수군거릴지도 모른다.

독일의 사회학자 울리히 벡은 이와 같은 현대사회의 모습을 다음과 같이 날카롭게 평가했다. 현대인이 살아가는 모습을 살펴보면, 그것은 체제 모순을 외면한 채 개인의 오류에 집착하는 경향이 있다는 것이다. 사회적 모순이 끊임없이 생겨나지만, 현대인들은 그것을 해결할 의무를 개인에게만 묻는다는 뜻이다. 무엇이든 잘못된 일이 일어나면 그것을 '개인의 무능 탓'으로 돌리는 것, 이것이 액체근대의 특징이다.

이런 사회에서는 개인이 겪는 고통이 사회적 목소리로 전환될 수 없다. 개인의 고통이 사회공동체의 구조적 문제와 직결되어 있다는 각성이 필요하다. 모든 문제가 미약한 개인의 책임으로만 치환되는 사회는 어둡다. '헬조선'이라는 한탄이 나온 사회적 배경이 바로 이것이다.

액체근대는 소수의 특권층에게는 축복이다. 하지만 다수의 시민들에게는 일상의 고통을 강요한다. 그러면 인류 사회는 '고체근대'로 회귀해야 하는 것일까. 그것은 아마 불가능할 것이다. 생산과 소비의 양상이 그때와는 완전히 달라졌기 때문이다. 우리들 한국인이 다시 갓을 쓰고 선비로 되돌아갈 수 없는 것과 마찬가지다.

— **3** —

우리는 사회적 변화를 갈망한다. 무엇을 어떻게 바꿀 것인가. 프랑스 경제학자 토마 피케티의 『21세기 자본』이 말을 걸어온다. 피케티는 방대한 자료를 바탕으로 자본주의 사회의 구조적 문제를 파헤쳤다. 그는 주로 '불평등'의 문제를 다루었다. 2014년에 출간된 이 책은 기존의 경제이론을 뒤집기도 했고, 불평등을 근본적으로 해결할 방법을 제시하기도 했다.

피케티의 역사적 성찰에 따르면, 자본소득은 노동소득을 능가했다. 쉽게 말해, 월급보다는 이자수익 또는 임대수입이 월등히 높았다. 현대사회에서 자본소득의 증가율은 연간 4~5퍼센트로 집계되었다. 그에 비해 노동소득의 증가율은 1~1.5퍼센트에 불과했다. 이런 차이로 인해 빈부격차는 갈수록 확대되었다. 부의 세습은 당연한 결과였다. 피케티는 시민들이 빈부격차의 고질적인 문제를 이해하고, 나아가 불평등의 문제를 정치적으로 해결할 의지를 갖기를 촉구한다.

자본소득이 노동소득보다 월등히 높기 때문에, 시간이 흐를수록 중산층이 사라지는 것은 필연적인 추세다. 그들은 결국 하류층이 되고 만다. 이것이 피케티의 통찰이다. 결국 극소수 부자들이 세상의 자본을 독점하게 될 것이다.

피케티는 하나의 대안을 구상했다. 이름 하여, '글로벌 자본세'다. 빈부격차를 줄이는 방법은 세금밖에 없다. 그래서 피케티는 소득세, 자본세, 상속세에 누진세를 강화하는 방법을 고안했다. 특히 자본소득에 대한 과세가 각별한 의미를 가지게 되었다. 이미 언론을 통해 밝혀진 사실이지만, 21세기 세계의 재벌들은 지구를 배회하며 '조세피난처'를 찾고 있다. 따라서 자본세가 소기의 목적을 달성하려면 '글로벌 자본세'라야만 효과를 볼 수 있다.

소득세나 상속세를 조금만 높이려 해도 조세저항이 만만치 않다. 하물며 글로벌 자본세는 오죽하겠는가. 세율의 증가를 통해 현대사회의 근본 문제를 해결하려는 피케티의 의지가 빛난다. 그러나 안타깝게도 실현 가능성은 낙관하기 어렵다.

불평등의 문제는 국가 간의 심각한 문제이기도 하다. 피케티의 연구에서 재차 확인된 사실이지만, 18세기 서유럽의 1인당 소득은 동시대의 인도를 비롯하여 아프리카, 중국의 1인당 소득보다 크게 높지 않았다. 기껏해야 30 퍼센트 정도 높았을 것으로 추정된다. 그러나 현재는 어떠한가. 국가 간의 경제적 불평등이 극심하다. 이런 문제는 또 어떻게 해결할 것인가.

— 4 —

현실에는 이상사회가 결코 존재하지 않는다. 그러나 움직일 수 없는 현실이라 해서, 말없이 수용하기에는 너무도 많은 사람들이 고통을 겪고 있다. 피케티와 바우만의 학문적 고뇌는 바로 그러한 인식에서 비롯되었다. 신사와 선비에 대한 나의 역사적 탐색도 굳이 말하면 마찬가지다. 이 책을 통해 우리가 미래사회에 영감을 제공하는 전통의 가치를 함께 확인했기를 바란다. 이 시대의 좌표를 역사적으로 조망하는 기회가 되었다면 실로 다행이겠다.

"좋은 사회란 자신이 속한 사회가 결코 현재로는 충분하지 않다고 생각하는 사람들이 많은 곳입니다."

-지그문트 바우만

참고문헌

강철구, 『강철구의 우리 눈으로 보는 세계사 1』, 용의숲, 2009.

강철구, 『서양 현대사의 흐름과 세계』, 용의숲, 2012.

구태훈, 『일본 무사도』, 태학사, 2005.

그레고리 클라크, 이은주 옮김, 『맬서스, 산업혁명 그리고 이해할 수 없는 신세계』, 한스미디어, 2009.

기욤 로리스, 『장미와의 사랑 이야기』, 솔, 1995.

김택영, 조남권·안외순·강소영 옮김, 『김택영의 조선시대사 한사경』, 태학사, 2001.

김현수, 『이야기 영국사-아서왕에서 엘리자베스 2세까지』, 청아출판사, 2006.

다니엘 디포, 남명성 옮김, 『로빈슨 크루소』, 펭귄클래식코리아, 2008.

루스 베네딕트, 김윤식 옮김, 『국화와 칼』, 을유문화사, 2008.

리오 브로디, 김지선 옮김, 『기사도에서 테러리즘까지』, 삼인, 2010.

막스 베버, 김덕영 옮김, 『프로테스탄티즘의 윤리와 자본주의 정신』, 길, 2010.

미겔 데 세르반테스 사아베드라, 안영옥 옮김, 『돈키호테』, 열린책들, 2014.

미하엘 쾰마이어, 최병제 옮김, 『니벨룽의 노래』, 동아시아, 2005.

백승종, 『대숲에 앉아 천명도를 그리네』, 돌베개, 2003.

백승종, 『선비와 함께 춤을』, 사우, 2018.

백승종, 『정조와 불량선비 강이천』, 푸른역사, 2011.

백승종, 『한국사회사연구』, 일조각, 1996.

뽈 망뚜, 김종철·정윤형 옮김, 『산업혁명사』, 창비, 1987.

사에키 신이치, 김병두 옮김, 『무사도는 없다』, 리빙북스, 2011.

아민 말루프, 김미선 옮김, 『아랍인의 눈으로 본 십자군전쟁』, 아침이슬, 2002.

안정복, 이상하 옮김, 『순암집-조선의 학문을 반성하다』, 한국고전번역원, 2017.

애덤 스미스, 김수행 옮김, 『국부론』, 비봉출판사, 2007.

에릭 홉스봄, 정도영 옮김, 『자본의 시대』, 한길사, 2013(12쇄).

에릭 홉스봄, 김동택 옮김, 『자본의 시대』, 한길사, 1998.

오만규, 『청교도 혁명과 종교자유』, 한국신학연구소, 1999.

우지이에 미키토, 신은영 옮김, 『무사도와 에로스』, 소명출판, 2016.

우치다 준조, 『일본정신과 무사도』, 경성대학교 출판부, 2012.

위백규, 강동석 옮김, 『(국역) 존재집』, 흐름, 2013.

유수원, 한영국 편, 『우서』, 한국학술정보, 2007.

이기동, 『천국을 거닐다, 소쇄원』, 사람의무늬, 2014.

이승하, 『마지막 선비 최익현』, 나남출판, 2016.

이영석, 『영국사 깊이 읽기』, 푸른역사, 2016.

이이, 김태완 옮김, 『성학집요-성인이 갖추어야 할 배움의 모든 것』, 청어람미디어, 2007.

이익, 『성호사설』, 한길사, 1999.

이종찬, 『난학의 세계사』, 알마, 2014.

이항재, 「충남지역 서당교육에 대한 연구(Ⅰ)」, 『교육사학연구』 18집, 1996.

이황, 이광호 옮김, 『퇴계집-사람됨의 학문을 세우다』, 한국고전번역원, 2017.

장-자크 루소, 김성은 옮김, 『사회계약론-쉽게 읽고 되새기는 고전』, 생각정거장, 2016.

장중례, 김한식 옮김, 『중국의 신사』, 신서원, 2006.

정극인, 『(국역) 불우헌 정극인 문집』, 한국학술정보, 2006.

정상철 편역, 『1929년도(소화 4년) 4월 충청북도 청주군 군세 일반』, 충북발전연구원, 2015.

정상철, 『충청북도요람』, 충청북도, 1996.

정약용, 『(국역) 다산시문집』, 민족문화추진회, 1982.

조남욱, 『정여창』, 성균관대학교 출판부, 2003.

지그문트 바우만, 조은평·강지은 옮김, 『고독을 잃어버린 시간』, 동녘, 2012.

지그문트 바우만, 이일수 옮김, 『액체근대』, 강, 2009.

찰스 디킨스, 강미경 옮김, 『올리버 트위스트』, 느낌이있는책, 2018.

최익현, 『면암집』, 솔, 1997.

콘스탄틴 브리텐 부서, 강일휴 옮김, 『귀족과 기사도』, 신서원, 2005.

크리스토프 부흐하임, 이헌대 옮김, 『세계의 산업혁명』, 해남, 1998.

타임라이프 북스, 김옥진 옮김, 『기사도의 시대』, 가람기획, 2004.

토마 피케티, 장경덕 옮김, 『21세기 자본』, 글항아리, 2014.

토마 피케티, 박상은·노만수 옮김, 『피케티의 신자본론』, 글항아리, 2015.

토마스 로버트 맬서스, 이서행 옮김, 『인구론』, 동서문화동판, 2016.

한영우, 『미래와 만나는 한국의 선비문화』, 세창출판사, 2014.

함재봉, 『한국 사람 만들기』, 아산서원, 2017.

홍영기, 『한말 의병에서 독립군으로』, 선인, 2017.

황현, 허경진 옮김, 『매천야록-지식인의 눈으로 바라본 개화와 망국의 역사』, 서해문집, 2006.

후지모리(M. Fujimori), 이덕훈 옮김, 『유교 자본주의 운명과 대안』, 시공아카데미, 1999.

W. B. 바틀릿, 서미석 옮김, 『십자군전쟁 그것은 신의 뜻이었다!』, 한길 히스토리아 1, 한길사, 2004.

신사와 선비

초판 1쇄 발행 2018년 7월 10일
초판 2쇄 발행 2019년 1월 17일

지은이　백승종
펴낸이　문채원
편집　오효순
디자인　이창욱
마케팅　이은미

펴낸곳　도서출판 사우
출판등록　2014-000017호
주소　서울시 양천구 목동동로 50, 1223-508
전화　02-2642-6420
팩스　0504-156-6085
전자우편　sawoopub@gmail.com

ISBN 979-11-87332-23-7 03900

「이 도서의 국립중앙도서관 출판예정도서목록(CIP)은 서지정보유통지원시스템 홈페이지(http://seoji.nl.go.kr)와 국가자료공동목록시스템(http://www.nl.go.kr/kolisnet)에서 이용하실 수 있습니다.(CIP제어번호: CIP2018017827)」

"이 도서는 한국출판문화산업진흥원 2018년 우수출판콘텐츠 제작 지원 사업 선정작입니다."